“十二五”职业教育国家规划教材
经全国职业教育教材审定委员会审定
普通高等教育“十一五”国家级规划教材
21 世纪高职高专规划教材 ◆ 市场营销系列

商务礼仪

（第四版）

SHANGWU LIYI

主　编　周朝霞
副主编　邢　伟　戚姚云

中国人民大学出版社
·北京·

第四版前言

党的二十大报告指出：“全面建设社会主义现代化国家，必须坚持中国特色社会主义文化发展道路，增强文化自信，围绕举旗帜、聚民心、育新人、兴文化、展形象建设社会主义文化强国，发展面向现代化、面向世界、面向未来的，民族的科学的大众的社会主义文化，激发全民族文化创新创造活力，增强实现中华民族伟大复兴的精神力量。”中国具有五千年文明史，素有“礼仪之邦”之称。从古至今，大到“治国、平天下”，小到“修身、齐家”，中国人民的生活充满着礼仪制度。这些礼仪制度成为广大人民群众行为的规范，维护着中华民族的和谐延续。礼仪文化积淀中华民族深沉的精神追求，是推动中华民族生生不息、发展壮大的丰厚滋养。

在市场经济飞速发展的今天，各方面的竞争日趋激烈，一个人的成功从某种程度上讲就是善于推销自己，赢得社会和他人的接受和尊重。作为一名商务人员，要想保持商务业务的持续发展，除了具备全面的专业知识、高超的营销能力和适度的营销技巧外，掌握正确的商务礼仪同样不可或缺。商务人员通过加强自身修养，注重商务活动过程中的礼仪礼节，使自己由内而外投射出亲和力和感召力，给客户留下良好的印象，从而使商务活动顺利开展。注重礼仪的商务人员不仅能够塑造良好的个人形象，获得客户的信任和认可，还能够塑造良好的企业形象，创造良好的商务沟通环境，最终取得商务活动的成功。

随着礼仪在商务活动中的作用不断加强，商务人员学习礼仪的需求也不断增加，在这种情况下，各院校的市场营销专业纷纷开设“商务礼仪”课程。为给学生学习商务礼仪提供系统、全面、规范的指导，我们特编写此书。

本书与以往教材的不同之处在于：

第一，本书以商务活动的开展顺序为主线，以商务人员个体为着眼点，进行谋篇布局，介绍了商务人员形象设计、商务交往礼仪、商务办公礼仪、商务活动礼仪、商务仪式礼仪和涉外商务礼仪等内容，涵盖了商务人员在日常活动和商务活动中所涉及的各方面的礼仪知识，以及与之相应的礼仪操作。这样的安排使学生能够按照商务活动的顺序循序渐进地学习商务礼仪，便于学生将商务活动与礼仪原理和操作紧密结合在一起，在学习礼仪的同时，熟悉商务活动，强化学习效果。

第二，考虑到礼仪是一门实践性很强的学科，我们在编写本书的过程中，将大部分章节的内容都分为礼仪原理和礼仪操作两部分，便于学生在掌握礼仪原理的基础上进行礼仪操作的实践，有利于学生将礼仪原理转化为可操作的礼仪实践，达到良好的学习效果。

第三，为了更直观地展示礼仪操作的内容，使学生更好地理解和掌握商务礼仪，我们在每章中都插入了很多精选的礼仪案例，并选择一些非常实用的礼仪小知识作为补充材料。在每一章后还附有各种形式的练习题，便于学生课后巩固，掌握实际操作技能。

本书适合市场营销专业的学生和在各类企业工作的商务人员，以及对商务礼仪有兴趣的各类读者学习。本书出版以来深受学生和社会各界人士的欢迎和好评。更令人高兴的是，本书2013年被教育部评为“十二五”职业教育国家规划教材，这对编写本书的老师来说是极大的鼓舞。为了使本书日臻完善，我们进行了大量的修订工作，增加了多处礼仪原理和规范的阐述，并增加了有关网络礼仪的相关内容，选取了很多最新的礼仪案例，同时，为本书配备了课件以辅助教学。相信本书的最新修订会给读者提供更好的学习指导。

本书由中国高等教育委员会公共关系教育研究会理事、浙江省国际公共关系协会理事、浙江传媒学院周朝霞教授担任主编，浙江工商职业技术学院邢伟教授、浙江传媒学院戚姚云教授担任副主编。具体编写分工如下：周朝霞编写第一章、第二章；戚姚云、周朝霞编写第三章、第四章、第六章（部分）；邢伟编写第五章、第六章（部分）、第七章。

本书的出版得到中国人民大学出版社的大力支持，在此表示感谢！在编写过程中，为使本书能反映前人、专家和学者关于礼仪的所有成果，我们参考了大量的观点和案例，在书中未能一一加以注释，在此一并深表谢意。

由于时间和编者水平所限，错误与遗漏在所难免，欢迎广大专家、读者批评指正！

编者于杭州翡翠城

目　录

第一章
礼仪与商务礼仪概述

我不喜欢和一个不注重礼仪的人打交道，我相信别人也这样。

——杰克·韦尔奇

学习目标

1. 理解礼仪的含义；了解礼仪的历史渊源。
2. 掌握礼仪的特征和功能。
3. 掌握商务礼仪的含义；明确商务礼仪在商务活动中的作用。

导入案例

中国长江医疗设备厂准备引进大输液管生产线，欲与美国客商约瑟先生合作。经过一天的详细考察，约瑟先生对该企业的发展和管理都很满意，他同意与范厂长长期合作，双方决定第二天正式签订合作协议。看天色还早，范厂长请约瑟先生到无菌车间参观。见车间秩序井然，约瑟先生赞许地点着头。突然，范厂长感到嗓子不适，本能地咳了一声，走到车间的墙角吐了一口痰，然后连忙用鞋擦去，油漆地面留下一块痰迹。

第二天一早，翻译送来了约瑟先生留下的信，信中写道："尊敬的范先生，我十分佩服您的才智和精明，但是您在车间里吐痰的一幕使我彻夜难眠。恕我直言，一个厂长的卫生习惯可以反映一个工厂的管理素质。况且，我们今后生产的是用于治病的输液管。贵国的成语说得好：人命关天！请原谅我的不辞而别……"

分析：

范厂长在无菌车间吐痰，不仅污染环境，而且引起约瑟先生对其礼仪修养的怀疑，进而对其产品的质量和企业管理水平产生极大的不信任，最终导致长江医疗设备厂痛失合作良机。

第一节 礼仪概述

礼仪在现代生活中越来越受到重视，人们常常被要求遵守礼仪，行为要符合礼仪，举行活动也要遵循礼仪。

一、礼仪的历史渊源

礼仪是伴随着原始宗教的产生而产生的。原始宗教产生于史前社会的后期，当时的人类——原始先民，在其生活的实践中，认识到许许多多的自然现象与自己的生活有关系，有的自然现象对人类的生活有益，有的则有害，而有的自然现象同时具有给人以祸和福的两面，比如由雷电引发的森林大火，既可能烧死人，又能为人类提供熟食，使人类由生食向熟食转变。原始先民还不可能认识这些影响人类命运的自然现象发生的原因和规律，他们对自然现象充满了敬畏和恐惧。于是各种原始宗教、原始崇拜便由此而生，如万物有灵论、拜物教、图腾崇拜、祖先崇拜等。为了表达这种崇拜之意，人类生活中有了祭祀活动，并在祭祀活动的历史发展中逐渐地完善了相应的规范、制度，形成了祭祀礼仪。

（一）中国礼仪的渊源

礼仪包括“礼”和“仪”两部分内容。按照《说文解字》的解释：礼，履也，所以事神、致福也。即礼是用来“事神”“致福”的行为。如祭祀、跪拜、鞠躬、点头都是在致礼或行礼。《辞源》对礼仪作了这样的明确概括：礼仪，行礼之仪式。

人类最初的“礼仪”主要是对自然物的，表达了人类对神秘不可知的自然界的敬畏和祈求。后来，这种敬畏逐渐地扩展到人类自身，首先转到那些在人类与自然界斗争中创造了奇迹、做出了贡献的先贤先哲。例如：中国古代对伏羲氏和神农氏的崇敬，源于他们在人类与自然界的斗争中教会人们最初的农业生产；人们崇敬大禹，是因为他为民治水；人们崇敬尧、舜，是因为他们率领人们与自然作斗争并且形成了人类最初的“社会秩序”。在这种崇敬中，尧、舜、大禹、伏羲氏、神农氏等都被当作神来崇拜。

随着人类社会生活的发展，人们表达敬畏、祭祀的活动日益纷繁，逐步形成种种固定的模式，最终形成礼仪规范。

（二）西方礼仪的渊源

英语表示礼仪的单词“Etiquette”来源于法语，而在法语中其原意是法庭上的通行证。古代的法国法庭，为了显示司法活动的威严和保证司法活动正常有序地进行，不但制定了许多法庭的规定，而且将这些规定印在或写在一张长方形的通行证上，发给进入法庭的每一个人，使其进入法庭后有所遵循。这个通行证就叫作“Etiquette”。这个词的意义后来在英语中有所扩展，不仅指法庭上的通行证，而且泛指人际交往的通行证，因为在社会生活的各个方面，人们都必须遵守一定的规矩和准则。所以，《新英汉辞典》在解释“Etiquette”时给出两个义项：（1）礼节、礼仪；（2）（同业间的）规矩、成规、格式。

礼仪在古希腊和古罗马的诗歌、荷马史诗《奥德赛》、中世纪斯堪的纳维亚的古老传说中都有相关记述。斯堪的纳维亚古代史诗《伊达》中就详尽地描述了当时用餐的规矩，其中提到，举杯敬酒大有学问，一旦失礼就得受罚。在《爱的艺术》这部诗作中，古罗马的年轻诗人奥维德告诫自己的同龄人，用餐时不可狼吞虎咽，也不可贪嗜杯中物。1716年出版的麦兰杰斯的著作《论接待权贵和女士的礼仪——兼论女士如何对男性保持雍容态度》为人们规定了一整套的行为规范。西班牙人佩特斯·阿尔冯希于1204年出版了《行为准则》，之后相继有了王室贵族及资产阶级所应遵循的行为准则。

爱琴海地区和希腊是亚欧大陆西方古典文明的发源地。约自公元前6000年起，爱琴海诸岛居民开始从事农业生产。此后，相继产生了克里特文化和迈锡尼文化。公元前11世纪，古希腊进入因《荷马史诗》而得名的“荷马时代”。《荷马史诗》包括《伊利亚特》和《奥德赛》两部分。这部著名的叙事诗主要描写特洛亚战役和希腊英雄奥德赛的故事，其中也有关于礼仪的论述。如讲礼貌、守信用的人才受人尊重。

古希腊哲学家对礼仪有许多精彩的论述。毕达哥拉斯率先提出了“美德即是一种和谐与秩序”的观点。亚里士多德指出，德行就是公正。他说：人类由于志趣善良而有所成就，成为最优良的动物，如果不讲礼法、违背正义，他就堕落为最恶劣的动物。

公元1世纪末至公元5世纪，是罗马帝国统治西欧时期。此期间，教育理论家昆体良撰写了《雄辩术原理》一书。书中论及罗马帝国的教育情况，他认为一个人的道德、礼仪教育应从幼儿期开始。诗人奥维德通过诗作《爱的艺术》，告诫青年人不要贪杯，用餐不可狼吞虎咽。

公元476年，西罗马帝国灭亡，欧洲开始封建化过程，12世纪至17世纪，是欧洲封建社会鼎盛时期。中世纪欧洲形成的封建等级制以土地关系为纽带，将封建主与附庸联系在一起。此期间制定了严格而烦琐的贵族礼仪、宫廷礼仪等。例如12世纪的冰岛史诗《埃达》，就详尽地叙述了当时用餐的规矩，贵客居上座，举杯祝酒有讲究……

14世纪至16世纪，欧洲进入文艺复兴时代。意大利作家加斯梯良编著的《朝臣》，论述了从政的成功之道和礼仪规范及其重要性。尼德兰人文主义者伊拉斯谟撰写的《礼貌》，着重论述了个人礼仪和进餐礼仪等，提醒人们讲究道德、清洁卫生和外表美。

英国哲学家弗兰西斯·培根指出：“一个人若有好的仪容，那对他的名声大有裨益，并且，正如女王伊莎伯拉所说，那就‘好像一封永久的推荐书一样’。”英国政治家切斯特菲尔德勋爵在其名著《教子书》中指出：“世间最低微、最贫穷的人都期待从一个绅士身上看到良好的教养，他们有此权利，因为他们在本性上是和你相等的，并不因为教育和财富的缘故而比你低劣。同他们说话时，要非常谦虚、温和，否则，他们会以为你骄傲而憎恨你。”

二、中国礼仪的发展

（一）礼仪的起源

1. 原始时期

这一阶段约在公元前21世纪的夏朝产生之前。

综合考古学、民族学的材料可以发现，我国的原始民族在生活中已经形成了一些对后世颇具影响的礼仪规范，原始的政治礼仪、宗教礼仪、婚姻礼仪等均已有雏形。据考证，距今约18 000年前的山顶洞人，就有了礼的观念和实践：山顶洞人缝制衣服以遮羞御寒；

把贝壳串起来，挂在脖子上来满足审美的需要；一旦族人死了，还要举行宗教仪式，如在死人身上撒赤铁矿粉。

2. 新石器时期

到了新石器晚期，人际交往礼仪已初成规模。半坡遗址和姜寨遗址提供的民俗学资料表明，那个时代的人们在交往中已经注重尊卑有序、男女有别了。在房子里，家庭成员按照长幼顺序席地而坐：老人坐上边，小辈坐下边，男人坐左边，女人坐右边。他们用两根中柱把主室分为两边，右边中柱代表女柱，左边中柱代表男柱，男女成年时在各自的柱子前举行成人仪式。这种礼仪在今天的纳西族中仍然存在。

3. 炎黄时期

至炎黄时期，传统礼仪已渐规范，且逐渐被纳入礼制的范畴。这一时期是在我国原始社会后期，是私有制、阶级和国家逐渐形成的时期，反映在礼仪上即是由氏族社会的交际礼仪向阶级社会的交际礼仪逐步过渡的时期。关于礼的来源，历史上有过“礼有三起，礼理起于太一，礼事起于燧皇，礼名起于黄帝”之说。《商君书·画策》有“神农之世，男耕而食，妇织而衣，刑政不用而治，甲兵不起而王。神农既没，以强胜弱，以众暴寡，故黄帝为君臣上下之义，父子兄弟之礼，夫妇匹配之合，内行刀锯，外用甲兵，故时变也”之语，足见当时社交礼仪之盛。

4. 尧舜时期

尧舜时期，国家已具雏形，民间交际礼仪得到了进一步的发展。如拜、揖、拱手等此时已广泛地运用于社交活动之中了。据文献记载，尧舜时期的礼仪已经具有系统性。《书经·虞书·舜典》中说：“慎徽五典，五典克从，纳于百揆，百揆时叙。”这是指为官者必须五典完美。所谓“五典”，是指父义、母慈、兄友、弟恭、子孝五常，也有的解释为父子有亲、君臣有义、夫妇有别、长幼有序、朋友有信。《通典》认为：“自伏羲以来，五礼如彰，尧舜之时，五礼咸备。”“五礼”即吉礼、凶礼、军礼、宾礼、嘉礼。

（二）礼仪的形成

这一阶段大约为公元前 21 世纪到公元前 771 年的夏、商、周三代时期。

夏朝建立后，中国社会进入了奴隶制社会，生产力比原始社会有了更大的发展，与之相适应，社会文化也得到了较大的发展。在这一阶段，奴隶主阶级为了维护本阶级的利益，巩固自己的统治地位，制定了比较完整的国家礼仪和制度，确定了崇古重礼的传统。

尧舜时期制定的礼仪，经过夏、商、周这三个时代 1 000 余年的总结、推广而日趋完善。

周朝还在朝廷设置礼官，专门掌管天下礼仪，使礼仪趋于完备。中国历史上第一部记载“礼”的书籍是《周礼》。《周礼》与《仪礼》《礼记》一起统称“三礼”，其中，《周礼》偏重官员制度，《仪礼》偏重各种典礼礼仪，《礼记》偏重礼的性质、意义和作用。“三礼”所涉及的各种礼制，涵盖了中国古代“礼”的主要内容。在这个时期，礼仪被打上了阶级的烙印。为了维护自己的统治地位，奴隶主开始将原始的宗教礼仪发展为符合奴隶社会政治需要的“ 礼制 ”，并将礼仪制度化，形成了典章制度和刑典法律。由此可见，礼仪在形成时期，从治理国家到家庭生活进行了全面规范，开始形成了古代正式的礼仪。

（三）礼仪的变革

这一阶段约为公元前 771 年到公元前 221 年的春秋战国时期，是我国奴隶制向封建制转变的过渡时期。

这一时期，“三礼”在许多场合废而不行，一些新兴利益集团开始创造符合自己利益和巩固其社会地位的新礼，学术界出现了百家争鸣的局面。以孔子、孟子、荀子为代表的思想家们系统地阐述了礼的起源、本质和功能等问题，第一次从理论上全面而深刻地阐述了社会等级秩序的划分及其意义，并提出了与之相适应的礼仪规范。

孔子提出了“六艺”，包括礼（礼仪规范）、乐（音乐）、射（武功、射箭）、御（武功、乘马）、书（书法）和数（数学），要求统治者的接班人必须学习六艺，“养国之道，乃教之以六艺”。至此开始，礼就成为儒家学说中的重要内容。作为儒家学说的创始人，孔子对礼仪非常重视，他曾明确要求他的弟子们努力做到：“非礼勿视，非礼勿听，非礼勿言，非礼勿动。”孔子之所以这样重视“礼”，是因“礼”代表了孔子理想中的一种政治局面，即“礼治”。“礼治”包括三方面：一是“和”，即主张以仁爱之心待人，“和为贵”，要求人们行为得体，彼此协调。二是“让”，即“互相谦让”，不要争，要安分守己，且“己所不欲，勿施于人”。三是“序”，即“秩序”“顺序”，强调在人际交往中要讲求“有序”，即遵守“君君臣臣，父父子子”的规范，以及“贵贱有等，亲疏有体，长幼有序”。

孟子发展和改造了孔子的“礼治”理论，提出了适合地主阶级理想的“仁政”学说，其中心内容是主张“以德服人”，即“德治”。“仁政”学说的理论基础便是孟子的抽象的天赋道德的“性善”论。礼仪范畴被置于他的唯心主义道德体系之中。孟子认为，像恭敬、辞让这样的礼节，是人生来就有的，因此，人要达到礼的标准，根本问题在于主观的反省，尽可能减少自己的各种欲望。

荀子对“仁政”说又作了发展。他十分注重建立新的封建等级制度，提出了“隆礼”“重法”的主张。他认为，“礼”的中心内容是“分”和“别”，即区别贵贱、长幼、贫富等级。他提出：“礼者，贵贱有等，长幼有差，贫富轻重皆有称（恰当）者也。”“礼”就是要使社会上每个人在贵贱、长幼、贫富等级中都有恰当的地位。这种等级制度，不是奴隶制下完全按照宗族血缘关系的世袭等级制，而是根据新的封建生产关系，按照地主阶级的标准建立起来的等级制。荀子还认为，礼是法的根本原则和基础，也是做人的根本目的和最高理想。人性本来是恶的，因此需要礼仪等制度和规范去引导人们，调节人们的行为。

古代礼仪的变革时期——春秋战国时期，诸子百家争鸣，礼仪也产生了分化。礼仪制度成为国礼，民众交往的礼俗逐渐成为家礼。礼制的形成，对后世治国安邦、施政教化、规范人们的行为、培养人们的人格起到了不可估量的作用。

（四）封建礼仪的形成、强化和衰落

这一阶段大约从秦汉时期到清末民初。

这一时期礼仪的重要特点是：尊君抑臣、尊父抑子、尊夫抑妻、尊神抑人。西汉唯心主义思想家董仲舒总结秦王朝覆灭的教训，认为秦朝实行商鞅、韩非的法治，刑罚苛重，加上徭役和赋敛过重，造成上下严重对立，因而激起农民起义。为此，他建议统治者采取德治和法治，并着重以封建的仁义道德去教化人民，“罢黜百家，独尊儒术”，把以孔子为代表的儒家思想定为封建社会的统治思想。董仲舒在孔子“礼治”的基础上提出了“三纲”“五常”的学说。“三纲”为“君为臣纲，父为子纲，夫为妻纲”。“五常”即仁、义、

礼、智、信。董仲舒强调，“三纲”和“五常”是“天”的意志的表现，“三纲”的主从关系是绝对不可改变的。

在漫长的封建社会中，董仲舒的这一学说一直是人们的礼仪准则。它一方面起着调节、整合、润滑人际关系的作用，作为一种无形的力量制约着人们的行为，使人们循规蹈矩地参与社会生活；另一方面，它又成为妨碍人类个性自由发展、阻挠人类平等交往、窒息思想自由的精神绳索。直到清末民初，西方文化大量传入中国，传统礼仪制度和规范逐渐被时代所抛弃，科学、民主、自由、平等的观念迅速深入人心，新的价值观念和礼仪标准才得到传播和推广。

（五）现代礼仪

这一阶段大约从清末民初直到现在。这是我国现代礼仪的形成和发展时期。这一时期大致又可分为两个阶段：

一是1840年鸦片战争后，中国沦为半殖民地半封建社会，封建礼仪加上西方资本主义的道德观，形成了独特的“大杂烩”式的半殖民地半封建礼仪。

二是1949年新中国成立后，新型的社会关系和人际关系确立，中国的礼学和礼仪进入了一个崭新的历史时期。人民当家做主，人与人之间的同志式的互助合作关系代替了对抗关系。虽然在一段时期内，优良的民族传统、良好的礼仪礼俗被作为“封资修”扫进垃圾堆，但是，改革开放的大潮使传统礼仪获得了新的生命，并在学习和借鉴西方礼仪的基础上形成了现代礼仪。

补充知识1-1

中国古代礼仪故事

黄香扇枕

黄香九岁的时候，母亲就去世了。他自小懂事，帮父亲干活儿时很勤劳，读书时很刻苦，对父亲也很孝顺。夏季炎热时，他拿扇子给父亲扇凉，晚上为父亲把床上的枕头和席子也扇凉，驱赶蚊虫；冬季寒冷时，他替父亲把被窝暖热。黄香成年后知识渊博，成为国家的栋梁之材，受到人们的赞扬和爱戴。

三顾茅庐

汉末，黄巾事起，天下大乱，曹操坐据朝廷，孙权拥兵东吴。汉宗室豫州牧刘备听徐庶和司马徽说诸葛亮很有学识，又有才能，就和关羽、张飞带着礼物到隆中卧龙岗去请诸葛亮出山辅佐他。恰巧诸葛亮这天出去了，刘备只得失望地回去。

不久，刘备又和关羽、张飞冒着大风雪第二次去请诸葛亮，不料诸葛亮又外出了。张飞本不愿意再来，见诸葛亮不在家，就急着要回去。刘备只好留下一封信，表达自己对诸葛亮的敬佩和请他出来帮助自己挽救国家危险局面的意思。

过了一段时间，刘备吃了三天素之后，准备再去请诸葛亮。关羽说诸葛亮也许是徒有虚名，未必有真才实学，不用去了。张飞却主张由他一个人去叫，如果他不来，就用绳子把他捆来。刘备把张飞责备了一顿，又和他俩第三次去请诸葛亮。当他们来到诸葛亮家时，已经是中午，诸葛亮正在睡觉。刘备不敢惊动他，一直站到诸葛亮醒来，才彼此坐下谈话。诸葛亮见到刘备有志替国家做事，而且诚恳地请他帮助，就出来全力帮助刘备建立蜀汉皇朝。

王祥孝母

从前有一个名叫王祥的人，他非常孝敬自己的父母。可是母亲很早就去世了，父亲又娶了一位妻子，但继母不太喜欢王祥，经常在父亲的面前说他的不是。于是慢慢地，父亲疏远王祥，不再爱他。有一次继母病了，说好想吃活鲤鱼。可当时是寒冬，河水都结了冰，怎么可能捉到活鲤鱼呢？王祥光着脚丫，冒着刺骨的寒风，顶着酷寒的霜雪出了门。他来到结冰的河面上，脱下衣服躺在冰面表层。用自己的体温融化冰。过了许久，冰融化了，真的跳出了两条大鲤鱼。吃了鲤鱼后，继母的病很快就好了，从此她改变了对王祥的看法。

千里送鹅毛

“千里送鹅毛”的故事发生在唐朝。当时，云南一位少数民族的首领为表示对唐王朝的拥戴，派特使缅伯高向唐太宗贡献天鹅。路过沔阳河时，好心的缅伯高把天鹅从笼子里放出来，想给它洗个澡。不料，天鹅展翅飞向高空。缅伯高忙伸手去捉，只扯得几根鹅毛。缅伯高急得顿足捶胸，号啕大哭。随从们劝他说：“天鹅已经飞走了，哭也没有用，还是想想补救的办法吧。”缅伯高一想，也只能如此了。

到了长安，缅伯高拜见了唐太宗，并献上礼物。唐太宗见礼物是一个精致的绸缎小包，便令人打开，一看是几根鹅毛和一首小诗。诗曰：“天鹅贡唐朝，山高路途遥。沔阳河失宝，倒地哭号啕。上复圣天子，可饶缅伯高。礼轻情意重，千里送鹅毛。”唐太宗莫名其妙，缅伯高随即讲出事情原委。唐太宗连声说：“难能可贵！难能可贵！千里送鹅毛，礼轻情意重！”

这个故事体现着送礼之人诚信的可贵美德。今天，人们用“千里送鹅毛”比喻虽然送出的礼物单薄，但情意异常浓厚。

程门立雪

“程门立雪”这个故事出自《宋史·杨时传》，说的是宋代学者杨时和游酢向程颐拜师求教的事。杨时、游酢二人，原先以程颢为师，程颢去世后，他们都已四十岁，而且考上了进士，然而他们还要去找程颐继续求学。故事就发生在他们初次到嵩阳书院，登门拜见程颐的那天。相传，一日，杨时、游酢来到嵩阳书院拜见程颐，但是正遇上程老先生闭目养神，坐着假睡。这时候，外面开始下雪。这两人求师心切，便恭恭敬敬侍立一旁，不言不动，如此等了大半天，程颐才慢慢睁开眼睛，见杨时、游酢站在面前，吃了一惊，说道：“啊！他们两位还在这儿没走？”这时，门外的雪已经积了一尺多厚了，而杨时和游酢并没有一丝疲倦和不耐烦的神情。这个故事，在宋代读书人中流传很广，后来人们常用“程门立雪”来表示求学者尊敬师长和求学心诚意坚。

三、礼仪的特征

纵观礼仪的产生和发展，我们将礼仪的定义概括为：礼仪是指在一定社会结构下，国际交往、社会交往和人际交往中表示尊敬、善意、友好的方式、程序、行为、规范和惯用形式，以及实施交往行为过程中体现于语言、仪表、仪态、气质、风度等的外在表象。

礼仪具有一些自身独具的特征，主要表现在规范性、限定性、可操作性、传承性和变动性五个方面。

（一）规范性

礼仪是人们在各种交际场合待人接物时必须遵守的行为规范。这种规范性表现为：礼仪不仅约束着人们在一切交际场合的言谈话语、行为举止，使之合乎标准，而且也是人们在一切交际场合必须采用的一种“通用语言”，是衡量他人、判断自己是否自律、敬人的一种尺度。总之，礼仪是约定俗成的一种自尊敬人的惯用形式。因此，任何人要想在交际场合获得他人的接纳，都必须无条件地遵守礼仪。另起炉灶，自搞一套，或是只遵守个人适应的部分而不遵守自己不适应的部分，都难以被交往对象所接受和理解。

（二）限定性

礼仪适用于一定范围内的人际交往与应酬。在这个特定范围之内，礼仪肯定行之有效。离开了这个特定的范围，礼仪则未必适用。这就是礼仪的限定性特点。理解了这一特点，就不会把礼仪当成放之四海而皆准的东西，就不会在任何场合都拿礼仪以不变应万变。必须明确，当所处场合不同、所具有的身份不同时，所要应用的礼仪往往会因此而不同，有时甚至差异很大。对这一点，是不容忽略的。

（三）可操作性

切实有效、实用可行、规则简明、易学易会、便于操作，这些都是礼仪的特征。礼仪不是纸上谈兵，不能空洞无物、不着边际、故弄玄虚、夸夸其谈，而应既有总体上的原则、规范，又在具体的细节上以一系列的方式、方法仔细周详地将原则、规范加以贯彻，把它们落到实处。礼仪的易记易行，能够为其广觅知音，使其被人们广泛地运用于交际实践，并受到广大公众的认可；反过来，礼仪的广泛应用又进一步地促使礼仪以简便易行、容易操作为第一要旨。

（四）传承性

任何国家的礼仪都具有自己鲜明的民族特色，任何国家的当代礼仪都是在古代礼仪的基础上发展起来的。离开了对本国、本民族既往礼仪成果的传承、扬弃，就不可能形成具有自己特色的当代礼仪。这就是礼仪传承性的特定含义。作为一种人类文明的积累，礼仪将人们在交际应酬之中的习惯做法固定下来，流传下去，并逐渐形成自己的民族特色，这不仅不是一种短暂的社会现象，而且是不会因为社会制度的更替而消失的。对于既往的礼仪遗产，正确的态度应当是有扬弃、有继承，更有发展，而不是食古不化、全盘沿用。

（五）变动性

从本质上讲，礼仪可以说是一种社会历史发展的产物，并具有鲜明的时代特点。一方面，它是在人类长期的交际活动实践之中形成、发展、完善起来的，绝不可能凭空杜撰、一蹴而就、完全脱离特定的历史背景；另一方面，社会的发展和历史的进步使得社交活动不断出现新特点、新问题，这便要求礼仪有所变化，有所进步，推陈出新，与时代发展同步，以适应新形势下新的要求。与此同时，随着世界经济的国际化倾向日益明显，各个国家、地区、民族之间的交往日益密切，礼仪也随之相互影响，相互渗透，相互取长补短，不断地被赋予新的内容，这就使礼仪具有相对的变动性。了解了这一点，就不会把礼仪当作一成不变的东西，而能够以发展、变化的眼光去看待它，也不会对礼仪搞“教条主义”，以致其一成不变、脱离生活、脱离时代。

四、礼仪的原则

在日常生活之中，学习、应用礼仪时，有必要在宏观上掌握一些具有普遍性、共同性、指导性的礼仪规律。这些礼仪规律就是礼仪的原则。

礼仪的原则一共有八条，它们同等重要，缺一不可。掌握这些原则，将有助于更好地学习礼仪、运用礼仪。

（一）遵守的原则

在交际应酬之中，每一位参与者都必须自觉、自愿地遵守礼仪，以礼仪去规范自己在交际活动中的一言一行、一举一动。对于礼仪，不仅要学习、了解，更重要的是学以致用，要将其付诸个人社交实践。任何人，不论地位高低、职位大小、财富多寡，都有自觉遵守、应用礼仪的义务，否则就会受到公众的指责，交际就难以成功，这就是遵守的原则。

（二）自律的原则

从总体上来看，礼仪规范由对自己的要求与如何对待他人两大部分构成。对自己的要求，是礼仪的基础和出发点。学习礼仪、应用礼仪，最重要的就是要自我要求、自我约束、自我控制、自我对照、自我反省、自我检点，这就是所谓的自律原则。子曰：“己所不欲，勿施于人。”若是没有对自己的严格要求，人前人后不一样，只求诸人，不求诸己，不讲慎独与克己，遵守礼仪就无从谈起，就是一种蒙骗他人的大话、假话、空话。

（三）敬人的原则

孔子曾经对礼仪的核心思想作过高度的概括，即：“礼者，敬人也。”所谓敬人，就是要求人们在交际活动中，与交往对象既要互谦互让、互尊互敬、友好相待、和睦共处，更要将对交往对象的重视、恭敬、友好放在第一位。在礼仪的两大构成部分中，如何对待他人这一部分比对自己的要求更为重要，如何对待他人实际上是礼仪的重点与核心。而礼貌对待他人的诸多做法之中最要紧的一条，就是要敬人之心常存，处处不失敬于人，不可伤害他人的个人尊严，更不能侮辱对方的人格。掌握了这一点，就等于掌握了礼仪的灵魂。在人际交往中，只要没有失敬于人之意，哪怕具体做法一时失当，也不能算是失礼。

（四）宽容的原则

宽容原则的基本含义是要求人们在交际活动中运用礼仪时，要严于律己，更要宽以待人。要多容忍他人，多体谅他人，多理解他人，而千万不要求全责备、斤斤计较、过分苛求、咄咄逼人。在人际交往中，要容许他人有个人行动和独立进行判断的自由。对不同于己、不同于众的行为应耐心容忍，不可要求其他人处处效法自己、与自己完全保持一致。宽容实际上也是尊重对方的一种表现。

（五）平等的原则

在具体运用礼仪时，允许因人而异，即根据不同的交往对象，采取不同的具体方法表示礼貌。但是必须强调指出：在礼仪的核心点，即尊重交往对象、以礼相待这一点上，对任何交往对象都必须一视同仁，给予同等程度的礼遇。不允许因为交往对象在年龄、性别、种族、文化、职业、身份、地位、财富以及与自己关系的亲疏远近等方面有所不同，就厚此薄彼，区别对待，给予不同待遇。这便是社交礼仪中平等原则的基本要求。

（六）从俗的原则

由于国情、民族、文化背景的不同，在人际交往中实际上存在着“十里不同风，百里不同俗”的情况。对这一客观现实要有正确的认识，不要自高自大、唯我独尊，不要简单地否定其他人不同于己的做法。必要之时，必须坚持入乡随俗，与绝大多数人的习惯做法保持一致，切勿目中无人、自以为是、指手画脚、随意批评和否定其他人的习惯性做法。遵守了从俗原则，对礼仪的应用就会更加得心应手，更加有助于人际交往。

（七）真诚的原则

礼仪上所讲的真诚原则，就是要求在人际交往中运用礼仪时，务必待人以诚，要诚心诚意、诚实无欺、言行一致、表里如一。只有如此，自己通过礼仪所表达的对交往对象的尊敬与友好才会更好地被对方所理解、所接受。与此相反，倘若仅把礼仪作为一种道具和伪装，在具体操作礼仪规范时口是心非、言行不一、弄虚作假、投机取巧，或是当时一个样，事后一个样，有求于人时一个样，被人所求时另外一个样，将礼仪等同于“厚黑学”，就会不但办不好事，而且遭人鄙视。

（八）适度的原则

适度原则的含义，是要求应用礼仪时，为了保证取得成效，必须注意运用技巧，做到把握分寸、恰当得体。这是因为运用礼仪时，无论做得过了头，还是做得不到位，都不能正确地表达自己的自律、敬人之意。当然，运用礼仪时要想真正做到恰到好处、恰如其分，只有勤学多练、积极实践，此外别无他途。

第二节　商务礼仪概述

一、商务礼仪的含义

运用于商务活动中的礼仪即为商务礼仪，也就是商务人员在商务活动中为表示尊敬、善意、友好等而采取的一系列行为及惯用形式。

二、商务礼仪的作用

当前，商务礼仪之所以被提倡，之所以受到重视，主要是因为它具有多重重要的功能，既有助于商务活动的开展，又有利于企业和社会。商务礼仪的作用如下所述。

（一）有助于提高商务人员的自身修养

在人际交往中，礼仪往往是衡量一个人文明程度的准绳。它不仅反映着一个人的交际技巧与应变能力，而且反映了一个人的气质风度、阅历见识、道德情操、精神风貌。因此，在这个意义上，完全可以说，礼仪即教养。也就是说，通过观察一个人对礼仪的运用，可以了解其有无教养、文明与否。“质胜文则野，文胜质则史。文质彬彬，然后君子。”在礼仪的学习和应用中，我们可以将之理解为：只注重内心品质而不注重礼仪修养，则是粗野；只注重外表修饰而忽略内心修养，则显虚浮；只有既重视内心修养的提高又重视礼仪修养，这样的人才是真正的君子。由此可见，商务人员学习礼仪、运用礼仪，有助于提高自身的修养，有助于“用高尚的精神塑造人”，真正提高商务人员的文明素养。

（二）有助于塑造商务人员的良好形象

个人形象，是一个人仪容、表情、举止、服饰、谈吐的集中体现，而礼仪对这些方面都有详尽的规范。因此，商务人员学习礼仪、运用礼仪，无疑将有益于其更规范地设计并维护个人形象，更充分地展示其良好的教养与优雅的风度。礼仪这种美化自身的功能是任何人都难以否定的。如果商务人员重视美化自身，那么人际关系将会更和谐，商务活动的开展将变得更加顺利。

（三）是塑造企业形象的重要工具，有助于提高企业的经济效益

对企业来说，商务礼仪是企业价值观念、道德观念、员工整体素质的整体体现，是企业文明程度的重要标志。商务礼仪可强化企业的道德要求，树立企业的良好形象。让顾客满意，为顾客提供优质的商品和服务，是树立良好企业形象的基本要求。以礼仪服务为主要内容的优质服务，是企业生存和发展的关键所在。它通过规范商务人员的仪容仪表、服务用语、服务操作程序等，使服务质量具体化、系统化、标准化、制度化，使顾客得到满足，给企业带来巨大的经济效益。

（四）有助于促进商务人员的社会交往，改善人们的人际关系

古人认为：“世事洞明皆学问，人情练达即文章。”这句话讲的其实就是交际的重要性。一个人只要同其他人打交道，就不能不讲礼仪。恰当运用礼仪，除了可以使商务人员在交际活动中充满自信、胸有成竹、处变不惊之外，还能够帮助商务人员规范彼此的交际活动，更好地向交往对象表达自己的尊重、敬佩、友好与善意，增进彼此之间的了解与信任，从而推动商务活动的成功。

三、商务礼仪的准则

（一）认清主客立场

根据待客之道，主方一般为保护者，而客方扮演的则是被保护者的角色。例如：

(1) 在接待宾客时，主方往往走在客方的左前方。此乃沿袭西方古老风俗，由于那时枪手习惯瞄准对手左胸，所以，主人走在客人的左前方以表示保护客人安全之意。

(2) 上下楼梯要特别注意。上楼梯时主方应让客方走在前方，以防止对方不慎跌落；下楼梯时则让客方走在后面，以便领路和保护。

(3) 作为一个引导者，主方应走在客方的前方为其引领方向，且在转弯处、楼梯间及进出电梯时都应放慢脚步，等候客人跟上，这些细节可表现出主人体贴客人的心意。

(4) 进电梯时主方先让客方进入，出电梯时让客方先出，以免电梯门不慎夹到客方。

以上所述看似小事，实则不然。这些事情不仅可以反映出主方的个人修养，更能让客方由此感受到主方的真诚与可靠。

（二）遵时守信，珍惜生命

商界最看重的莫过于守信了，而守时即守信的表现。时间等于金钱，时间等于生命，在商务活动中珍惜时间就是珍惜他人和自己的生命，所以与客户相约一定要守时。特别是

我们正朝着国际舞台大步迈进，此时此刻更要养成守时的好习惯，因为文明程度愈高的国家愈珍惜生命，也愈强调守时的重要。

商务会餐中，如欲喝酒也应讲究礼貌，千万不要有劝酒的行为。酒喝多了会伤身，同时酒后开车后果不堪设想，所以劝酒行为既损人又不利己，是不注重对方生命权的表现。

（三）尊重他人

在商务活动中，尊重他人是最起码的准则。尊重他人的表现有很多，例如：

（1）具备良好的介绍礼仪。不管介绍任何人，都要完整、清楚地说明对方的姓名、职务或职称及服务单位，以示尊重之意。

（2）名片是一个人的象征，因此，收放名片均要适当，这才是尊重自己及尊重别人的表现。商务人员拿到别人的名片时要先浏览一下，然后仔细收好，小心不要污损。放置名片的位置应在腰部以上为宜。给别人名片时，须清楚说一下自己的名字，以免对方误念。

（3）无论是指引还是介绍，都不可以用手指指向人。正确的方式应该是将掌心朝上，拇指微微张开，指尖向上，这才是尊重他人的行为。

（四）多用商量语气

在商务礼仪中，如何与对方商量是一门艺术，对商务人员而言尤其重要。当我们有求于人的时候，宜采用询问商量的口气，如多用“可不可以”或“好不好”，让对方有考虑的余地，因为他有权选择说“行”或“不行”。温和的商量语气会使人感到受尊重，使谈话气氛和谐愉快，也容易获得正面的答复，促使事情顺利进行。

（五）避免惊吓他人

避免惊吓他人是人际交往中应遵循的准则。以下一些情形应特别予以注意：

（1）会议进行中，如笔等物品不慎掉落需要捡拾，应先向身旁的人致歉，然后再俯身去拾捡，并说“对不起，我捡支笔。”切不可直接弯身拾取，吓着身旁的人。

（2）走路时或与人交谈时，千万不可把手放在口袋里，这样会令人缺乏安全感，并易给人留下为人轻浮、无所事事的印象。另外，将双手交叉盘于胸前也是很不礼貌的行为。因为欧洲人认为隐藏双手不让别人看见是带有敌意的表示，所以一定要将双手露出，如果天气很冷可戴上手套。

（3）用餐时不可用刀、叉、筷子等尖锐的东西指向他人，因为这样会使别人产生恐惧感。柜台人员与客人谈话的时候，也不要以笔尖朝向客人。

（六）尊重他人隐私

每个人都希望拥有自己的空间和保留某些私人秘密。所以，在商务活动中不要随意谈论他人隐私，或以爱打听的姿态提出话题。谈论某些过于私人的问题还容易造成尴尬的场面，因此应尽量避免公开谈论这些话题。婚姻状况、年龄、体重、三围以及薪水等话题都不宜在公开场合谈论。

与客户交谈时，如果对方不愿主动提及某事，必有其原因或难言之隐，此刻最不应该有的态度就是“打破砂锅问到底”。如果你知晓了别人的困难，又没有能力替人分忧解难，记住千万不要在背后幸灾乐祸，因为这是很不道德的行为。

本章小结

本章着重介绍了礼仪的起源和礼仪的含义，分析了礼仪的发展阶段，阐述了礼仪的特征和原则。另外，本章还介绍了商务礼仪的含义，分析了商务礼仪的作用及准则。

思考与训练

一、思考题

1. 礼仪的含义是什么？
2. 礼仪的特征有哪些？
3. 商务礼仪的准则有哪些？

二、案例分析题

3万元学礼仪值不值？

武汉市某医院花了3万元请来专业礼仪老师对医护人员进行礼仪培训，在医院内外引起了波澜。部分职工表示不可理解：医院生存的关键在于医疗质量，礼仪培训这套花架子没必要搞！也有人说，3万元搞礼仪培训是把钱往水里丢，要是发给职工每人还能得到实惠。

尽管有少数异议者，医院还是按计划进行了为期4天的礼仪培训，效果出人意料的好。经过培训后，医生、护士的站、坐、言、行都有了很大的转变，体现了高素质的医疗服务。

问题：

1. 3万元学礼仪值不值？为什么？礼仪在医疗服务中的作用是什么？
2. 谈谈礼仪在现代商务活动中的作用。

第二章 商务人员形象设计

只有留给人们好的第一印象，你才能开始第二步。

——海罗德

学习目标

1. 掌握商务人员的形象塑造方法。
2. 了解仪表美的三个层次；明确着装的原则和配色的方法；掌握西服、套装的穿法。
3. 掌握仪容的保养和修饰方法。
4. 掌握正确进行仪态训练的方法。

导入案例

郑小姐在国内的一家公司里工作。有一次，上级派她代表公司前往南方某城市参加一个大型的外贸商品洽谈会。为了给外商留下良好印象，郑小姐特地为出席洽谈会而新置了一套服装——一件粉色的上衣和一条蓝色的裙裤。然而，正是她新置的这身服装使不少外商对她敬而远之，甚至连跟她正面接触一下都很不情愿。这使得郑小姐大惑不解。

分析：

国外商界人士的着装一向讲究男女有别。崇尚传统的商界人士一直认为：女性商务人员在正式场合的着装以裙装为佳，选择裤装是不适宜的。

第一节　个人形象魅力概述

形象魅力是什么？很难一言以蔽之。下面我们从外在特征和内在特征两方面对形象魅力作一阐述。

一、形象魅力的外在特征

形象魅力的外在特征即外表吸引力。外表吸引力可分为两种：一种是静态的外表吸引力，包括五官、身体、发式及化妆等。若只比较这些非常表面的特质，甚至可不用亲眼见到本人而只凭借照片便可评断“美”“丑”。一般人口中所说的美，便是这种外表的美。另一种吸引力则是由言行举止所表达的动态吸引力。脸部神情、举手投足、说话的声调或语气等，都是促成这类“美”的重要条件。一般而言，动态吸引力深受社交技巧影响。那些社交技巧高超的人，常能借着口头或非口头的表达能力，超越先天外表限制，展现出内在的风华。

补充知识 2-1

宋玉的名篇《神女赋》，写楚襄王梦遇巫山神女的故事，其中描写神女“貌丰盈以庄姝兮，苞湿润之玉颜。眸子炯其精朗兮，瞭多美而可视……”即神女体貌丰满端庄，优雅美丽，皮肤滑润，容颜如美玉，眸子炯炯有神，这里写的是静态美。接着描写神女“宜高殿以广意兮，翼故纵而绰宽……以徐步兮，拂墀声之珊珊……”即写她适于在宽广的殿堂中自由舒展，像鸟儿尽情放开双翅一样，她披着薄雾般的轻纱，缓缓走下台阶，衣裙拂地的响声迟缓而从容，这里写的是神女的动态美。我们可以看到，神女的静态美和动态美是有机地结合在一起的，而更能显示其美的神韵的是其动态美。

静态吸引力来自遗传，动态吸引力却可经后天的学习而获得。换句话说，人能借着一些学习而来的行为模式取得独特的吸引力。

静态吸引力在人际互动的最初阶段颇占优势。然而，动态吸引力对人际关系的影响更为关键。那些懂得适度表达自己的人，凭借出众的动态吸引力，即使貌不惊人，一样能在人际交往中吸引他人，赢得人们的喜爱。

二、形象魅力的内在特征

（一）人格魅力——真、善、美

形象魅力的一大重要内在特征就是具有人格魅力。有较高内在价值的形象必然折射出人格魅力的光辉。尽管东方和西方在文化背景上存在差异，但对人格魅力的最高标准或最完美的标准都是真、善、美。

我国著名翻译家傅雷先生说：“一个人只要真诚，总能打动人的。即使人家一时不了解，日后便会了解的。”以诚待人，会在人与人之间架起心灵沟通之桥。真诚待人是赢得人心、产生魅力的必要前提。

人世间存在着不正义或邪恶的现象，而一般来说，人们或多或少地有向往正义（即善）的倾向。因此，有正义感或道义感的人，往往能使人感受到他们的人格魅力。

正义感表现在两方面：一是疾恶如仇；二是同情心。没有正义感的人冷漠、自私、怯懦，他们是以自我为中心的人，稍有是非心、辨别力的人都会对他们心怀戒意。心理学家说：“没有魅力的男性就是没有义愤感的男性，没有魅力的女性就是看到别人的孩子遇到危险也漠不关心、缺乏同情心的女性。”

真与善就构成了美。美是真与善在人们心中形成的综合体验。看过法国大作家维克多·雨果的不朽长篇《巴黎圣母院》的人，都会对书中美丽的吉卜赛女郎艾丝米拉达和丑陋却善良的“敲钟怪人”伽西莫多留有深刻的印象。伽西莫多虽然长相十分丑陋，而且有多种残疾，却始终保持着一颗高尚、纯洁、正义的心。读者在读完后都会认为伽西莫多是美的，他因真诚和善良而美丽。

（二）知性魅力——才华

在交往中，人们对具有学识、智慧和才华的人普遍会表示敬仰与尊重。

才华和学识，是一种知性魅力，是一个人博学多知、善于思考、观念新颖、思路清晰、见解独特、言辞幽默等素质的综合体现。它主要来自后天的求索，即使是天才，也需刻苦钻研才能拥有才华。所以，人们尊重有知性魅力的人，实际上是尊重他们勤奋学习所付出的汗水。歌德说过：“最伟大的天才，最著名的大师，他对自己总是提出无尽的要求，为培养自己付出不可名状的辛劳。”

（三）性格魅力——幽默

“多一分幽默，将给您带来十分的魅力”，有位作家如是说。幽默是一种含笑的魅力，不知幽默为何物的人，犹如不辨花的芳馨，很难真正领略生活的美感。

有幽默感的人，一般都善解人意，随和而给人以亲近感，这映照出一种性格美，由此也就平添了丰盈的魅力。而幽默感匮乏者，就难免使人感觉到枯燥乏味，甚至令人望而生畏。即使受宠于造物主而得天生丽质，其魅力也必定会减损几分。

有幽默感的人具有一种化解力，能化解人际交往中的紧张气氛，化解心灵之间由于陌生或成见而形成的距离，化解冷场、过分严肃乃至对立冲突之类的场面。幽默感能给人带来轻松、愉悦和温馨。这样的人，谁不乐意与之亲密交往呢？

第二节　商务人员仪表设计

礼仪原理

仪表，是指人的外表，包括人的容貌、姿态、服饰和个人卫生等方面，它是人的精神面貌的外观。仪表在人际交往的最初阶段往往是最能引起对方注意的，商务人员常说的“第一印象”多半来自一个人的仪表。一个举止潇洒、相貌俊朗的人比一个言行笨拙、面孔丑陋的人更能打动人；一个衣着得体的人给人的印象总比一个衣衫不整的人给人的印象要好。因为“仪表端庄、穿戴整齐者比不修边幅者更有教养，也更懂得尊敬别人”，已成了一般人的思维定式。

一、通过衣着实施印象管理

衣着长期以来就是个人在特定社会中的角色或地位的标志。根据一个人的衣着，人们可以对一个人的基本情况加以辨别、认识和确认。这可以追溯到旧石器时代。那时，猎人用自己捕杀的动物毛皮或骨头来装扮自己，借此来炫耀他们的收获。千百年来，首脑或领袖都喜欢采用某些装饰品如王冠、首饰等向人们表明自己的身份。又如，通过教皇、主教以及其他教职人员的衣着，我们可以了解教会的等级制度；此外，我们还可以从军装上的标记非常清楚地了解一名军人的职务和地位。

第一印象非常重要。一般来说，视觉印象是你给公众第一印象中的第一印象。据有关研究表明：在语言、声音以及视觉三个方面的印象因素比例中，视觉印象最高，占 55%；声音占 38%；语言占 7%，如图 2-1 所示。

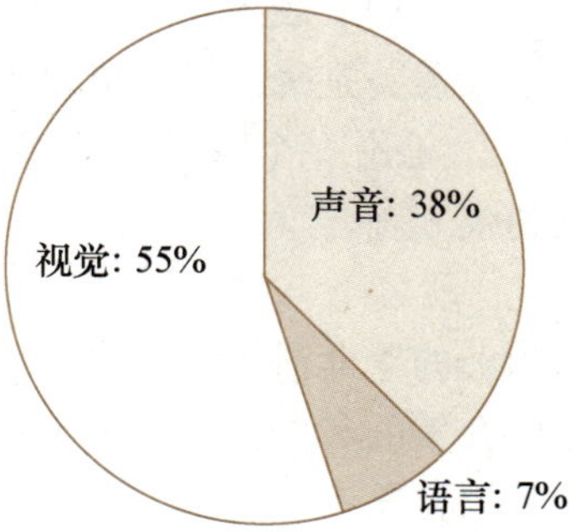

图 2-1　语言、声音及视觉占印象因素的比例

当你刚进入某一场合时，虽然那里的人并不认识你，以前也不曾见过你，但是，他们仅仅基于你的衣着，可能就可以对你的如下 8 个方面（至少 8 个方面）做出推断：

（1）你的经济状况；

（2）你的文化程度；

（3）你的可信任程度；

（4）你的社会地位；

（5）你的老练程度；

（6）你的家庭教养情况；

（7）你是不是成功人士；

（8）你的品行。

可见，衣着对人们的第一印象有着非常大的影响力。我们可以通过衣着来对自身形象进行管理，通过改变衣着来改变给人们的印象。

补充知识 2-2

有趣的实验

行为学家迈克尔·阿盖尔曾做过一个实验，他本人以不同的装扮出现于同一地点，结果却截然不同：当他身着西装以绅士模样出现时，接近他的大多是彬彬有礼、颇有教养、看似属于上流阶层的人，他们向他问路或问时间；而当迈克尔装扮成衣衫褴褛的无业游民时，接近他的人以流浪汉居多，他们找他借火或借钱。

二、仪表美的三个层次

仪表美是一个综合概念，它应当包括以下三个层次的含义：

（一）形体美

人的容貌、形体、仪态的协调美是一种先天的仪表美。如体格健美匀称、五官端正、身体各部位比例协调、线条优美和谐，这些先天的生理因素是仪表美的第一要素。

（二）服饰美

经过修饰打扮以及受后天环境的影响形成的美是仪表美的一种体现。天生丽质这种幸运并不是每个人都能够拥有的，而仪表美是每个人都可以去追求和塑造的，而且即使天生丽质，也需要用一定的形式去表现。无论一个人的先天条件如何，都可以通过化妆、服饰、外形设计等方式来表现自己的仪表美。

（三）气质美

淳朴高尚的内心世界和蓬勃向上的生命活力也是仪表美的一种体现，并且是仪表美的本质。真正的仪表美是内在美与外在美的和谐统一，慧于中才能秀于外。一个人如果没有道德、情操、智慧、志向、风度等内在美作为基础，那么，再好的先天条件，再精心的打扮，也只能是一种肤浅的美、缺少丰富深刻内涵的美，不可能产生魅力。因此，一个人的仪表是其内在美的一种自然展现，我们称之为气质美。

三、着装设计

（一）着装原则

衣着可反映个人的审美能力、道德品质和礼仪水平。若要通过着装来使个人形象更富有魅力，应遵循下述原则。

1. 整体性原则

着装要能与形体、容貌等形成一个和谐的整体美。服饰的整体美的构成因素是多方面的，包括：人的形体和内在气质，服装饰物的款式、色彩、质地，着装技巧以及着装的环境，等等。

2. 个性原则

着装的个性原则中的“个性”不单指通常意义上的个人的性格，还包括一个人的年龄、身材、气质、爱好、职业等因素在外表上的反映所形成的个人的特点。

因此，选择服装时要依据个人的特点，能与个性融为一体的服装才会使人自然、动人，才能烘托个性、展示个性，保持自我，有别于他人；只有当服饰与个性协调时，才能更好地通过服饰塑造出最佳形象，展现出良好的礼仪风貌。

3. TPO 原则

TPO 原则即着装与时间、地点、场合相配的原则。

(1) 时间（Time）原则。

这里说的时间不仅指每一天的早间、日间、晚间等时间段，而且包括每年春夏秋冬四季的更迭，以及不同时期、时代。因此，商务人员在着装时必然要考虑时间层面，做到“随时更衣”。

在通常情况下，商务人员早间无论外出跑步、做操，还是在家里盥洗、用餐，着装都应以方便、随意为宜。可以选择运动服、便装、休闲服等，这样会透出几分轻松温馨之感。

日间是工作时间，着装要根据自己的工作性质而定，总体上以庄重大方为原则。如果安排有社交活动或公关活动，则应以典雅端庄为基本着装格调。

宴会、舞会、音乐会等正式社交活动多安排在晚间。此时，商务人员间的交往空间距离会相对缩小，服饰给予商务人员视觉与心理上的感受程度相对增强。因此，晚间着装以晚礼服为宜，以形成高雅大方的礼仪形象。

（2）地点（Place）原则。

特定的环境应配以与之相适应、相协调的服饰，以获得视觉与心理上的和谐感。

在静谧肃穆的办公室里穿着休闲装、拖鞋，或者在绿草茵茵的运动场上着西装、皮鞋，都会因环境的特点与服饰的特性不协调而显得人境两不宜。试想，在写字楼里，女商务人员穿着拖地晚礼服送文件，男商务人员穿着沙滩花短裤与客户交谈，将是一种什么样的情景？

没有统一制服的单位，职员们的服装一般应尽可能与工作环境相协调，不要过分追求时髦。特别是商务人员，由于经常需要外出，服装应高雅、整齐、端庄、大方，以中性色调为主，不突出体形的线条，以适应各类场合。办公室着装禁忌：太华丽、太时尚、太紧身、太透明。

（3）场合（Occasion）原则。

场合原则是商务人员约定俗成的惯例，具有深厚的社会基础和人文意义。穿着的服饰所蕴含的信息内容必须与特定场合的气氛相吻合，否则，往往会引起其他商务人员的疑惑、猜忌、厌恶和反感，导致交往空间距离与心理距离拉大。

在谈判时，职业女性不能穿着太华丽、太美艳的服装，否则难免会被认为是“花瓶”。刚离开校园参加工作的青年商务人员不能打扮得太清纯、太具学生味，如穿向日葵图案的T恤、着草编凉鞋、戴玻璃手链，会显得幼稚、脆弱、好幻想，让人质疑你的工作能力。

4. 整洁原则

在任何情况下，服饰都应该是干净整齐的。衣领和袖口处尤其要注意不能污渍斑斑。服装应该是平整的，扣子应齐全，不能有开线的地方，更不能有破洞。内衣亦应该勤洗换，特别是西服衬衫，应非常洁净。

皮鞋应该经常保持光亮，一旦落上灰尘要及时擦去（注意不要在人前做）。袜子要经常洗换，特别是有汗脚的人，更要注意袜子的清洁。有些场合需要入室换拖鞋，如果袜子有臭味，会令人讨厌，自己也很难堪。

（二）服装色彩的搭配

服装色彩的选择和体形有着密切的关系。一般来讲，身材较胖的人适宜穿深色调的衣服，这样会给人以苗条的感觉。身材较瘦的人适宜穿浅色调的衣服，这样会给人以丰满的感觉。大花型的面料有扩张的效果，会使瘦削的人看上去丰满些；穿上小花型的面料的衣服使人显得苗条。花色面料还可以适当修饰体形有缺陷的部分，比如女士腿形不美，可穿花裙，上着素色衣；而上身单薄者可穿花衣素裙。总之，配色美是色彩对比与调和相统一的一种表现。

补充知识 2-3

色彩知识

（一）色调

（1）暖色调：红、橙、黄。

(2) 冷色调：绿、蓝、紫。

(3) 中性色调：黑、白、灰（安全色）。

(二) 色彩的象征

(1) 红色：热烈、浪漫、强烈。

(2) 黄色：明亮、活泼。

(3) 蓝色：安静、寒冷、智慧。

(4) 橙色：明亮、温暖。

(5) 绿色：安宁、凉爽、舒适。

(6) 紫色：高贵、财富。

(7) 灰色：稳重、可靠、柔弱、平凡、朴实。

(8) 白色：圣洁、孤高、纯洁、高尚。

(9) 黑色：庄重、干练、肃穆、洒脱、高雅、沉稳。

(三) 色明度

色彩的明暗调子叫作色明度。颜色越浅越亮，明度就越高。彩色里以黄色最亮、紫色最暗，中性色里以白色最亮、黑色最暗。

(四) 色纯度

色纯度也叫彩度，是指色彩的浓淡、强弱。

服装配色有三种主要方法。

1. 同色搭配

同色搭配，即由色彩相近或相同、明度有层次变化的色彩相互搭配形成一种统一和谐的效果。其中，可以用一种颜色以不同饱和度和深浅度相配，如浅蓝色配深蓝色；也可以用一种颜色的数种色调来搭配，比如青配天蓝、墨绿配浅绿、咖啡配米黄等。从整体上看，同色的搭配，如奶黄色上衣配棕黄色裤子或裙子，再配奶黄色或本白色皮鞋，给人端庄、稳重、高雅的感觉。一般而言，同色搭配时宜掌握一个原则，即上浅下深、上明下暗。

2. 相似色搭配

色彩学把色环上大约90°以内的邻近色称为相似色，比如奶黄与橙、绿与蓝、绿与青紫、红与橙黄等。相似色搭配时，两个色的明度、纯度须错开，如深一点的蓝色和浅一点的绿配在一起比较合适。若鲜绿色裙子配鲜黄色上衣，就显得刺眼；而一件深绿色裙子配淡黄色上衣就好看多了。

3. 主色调搭配

主色调搭配是指选一种起主导作用的基调为主色，搭配各种颜色，取得相互陪衬、相映成趣之效。采用这种配色方法，应首先确定整体服饰的基调是冷色调还是暖色调，是亮色调还是灰色调，是红色调还是绿色调；其次选择与基调一致的主色；最后再选出辅色。任何情况下，主色都起决定性作用，装饰色不要过多，如灰色的主色在一处加一道不大的深红装饰色就很悦目，如果多处加装饰色就显俗气。主色调搭配要注意选色，若选色不当，容易造成色彩混乱，有损整体形象。

补充知识 2－4

服装色彩与肤色的搭配

如果脸色红嫩，可采用非常淡的丁香色和黄色，还可采用淡咖啡色配蓝色、黄棕色配蓝紫色、红棕色配蓝绿色以及淡橙黄色、灰色和黑色等。

如果肤色较白，则不宜穿冷色调，否则会越发突出脸色的苍白。这种肤色的人最好穿蓝色、黄色、浅橙黄色、淡玫瑰色、浅绿色一类的浅色调衣服。另外，以较重的黄色加上黑色或紫罗兰色的装饰色，或是以紫罗兰色配上黄棕色的装饰色也很合适。黄色部分最好接近脸部，否则皮肤就会显得过于暗淡。

如果皮肤发灰，那么衣着的主色应为蓝色、绿色、紫罗兰色、灰绿色、灰色、深紫色和黑色。蓝色可用深棕色作为辅色；灰绿色可用微红色作辅色；紫色可以用灰黄色作辅色。这种肤色的人不宜穿白色，哪怕作装饰色也不适宜。

如果皮肤较黑，那么衣着主色最好采用冷色，装饰色可采用较暖的颜色。这类肤色的人衣着以深紫色、灰绿色、棕红色、棕黄色以及黑色为佳。如果以黑色作为主色，那么装饰色宜采用紫罗兰色、黄灰色或灰绿色。若以灰绿色为主色，装饰色可采用樱桃色。若以棕红色为主色，装饰色则可用灰绿色。

四、商务男士着装

（一）西装

西装，又称西服、洋服，起源于欧洲，目前是世界上最流行的一种服装，也是商务人员在正式场合着装的优先选择。西装的造型典雅高贵，拥有开放适度的领部、宽阔舒展的肩部和略加收缩的腰部，男士穿着会显得英武矫健、风度翩翩、魅力十足。不过，有道是“西装七分在做，三分在穿”，商务人员要想使自己所穿着的西装真正称心合意，就不能不在西装的选择上格外注意。

一般而言，要挑选一身风格纯正、有模有样、适用于商务交往穿着的西装，大抵需要把握其面料、色彩、图案、款式、尺寸、做工六个方面。西服的面料要求很高，含羊毛量要在90%以上，这样的西服才能真正挺括。色彩尽量选择中性色调，黑色、蓝色、灰色是常选的颜色，如果只能选择一种，深蓝色最佳。款式可以根据个人的体型和年龄来选择。现在男性常穿的西装有两大类：一类是平驳领、圆角下摆的单排扣西装；另一类是戗驳领、方角下摆的双排扣西装。尺寸要合身，过大过紧都不合适。西服的做工要精细，尽量选择知名品牌的西服。

补充知识 2－5

国际上男士西装的分类与分别适合的人群

1. 美式西装（见图 2－2）

它的基本轮廓特点是O型，就是比较宽松，不太强调腰身，垫肩不是很明显，通常是后开。适合人群：适合稍微宽松的一些场合和身材高大魁伟的男士，特别是肥胖一些的男人。

2. 意式西装，也叫欧式西装（见图2-3）

它的基本轮廓是倒梯形，实际上是宽肩收腰。相比美式西装，意式西装严格和讲究，有特别夸张的垫肩，最明显的特征是：双排扣，枪驳领，裤子卷边。意版西装和欧洲男士比较高大魁梧的身材相吻合，对人的身材比较挑剔，因为他的上身偏长，身材过于矮小和身材比较肥胖的人不太适合这种西装的款式。最重要的代表品牌有杰尼亚、阿玛尼、费雷。

3. 英式西装（见图2-4）

它是意版西装的一个变种。英版西装多是单排扣，领子较狭长，强调收腰，肩部也经过特殊的处理，后面一般是双开的（骑马衩），还有一种衩是中间衩。有两粒扣，但以三粒扣子居多。适合人群：对身材方面不是特别的挑剔，适合普通身形的人。

4. 日式西装（见图2-5）

它的基本轮廓是H型，一般而言，日本版型的西装多是单排扣式，衣后不开衩。适合亚洲男人的身材——肩不特别宽，不高不壮。

图2-2　美式西服

图2-3　意式西服

图2-4　英式西装

图2-5　日式西装

（二）中山装

中山装是我国男士礼服的代表，是应孙中山先生的要求改装和提倡后而风行中华大地的，故名中山装。其前门襟有五粒扣子，封闭式领口，带风纪扣，上下左右共有四个贴袋，袋盖外翻并有盖扣。着中山装要注意衣服要整洁，熨烫要平整，衣领里可稍许露出一道白衬衫领，衣兜不要装得鼓鼓囊囊，内衣不要穿得太厚，以免显得臃肿。无论什么社交场合，都要扣好扣子和领钩。成年男子穿上一套合身的上下同质同色的毛料中山装，配上黑色皮鞋，会显得庄重、稳健、大方，富有男子气概，适宜出席各种外交及社交场合。在国外，当主人要求着正式礼服时，我们穿着中山装赴会，别人都会表示尊重和接受。不过，受外来文化的影响，目前穿中山装的男士越来越少。

五、商务女士着装

女士服装比起男士服装更加丰富多彩、新颖别致。女士不仅以服饰来显示自己美好的体态，而且以此来表现自己的修养和风格。

（一）职业女装的基本类型

职业女装有三种基本类型，即套裙、连衣裙和旗袍。

1. 套裙

裙式服装最能体现女性的魅力，恰到好处的裙子能充分显示女性飘逸的风采。作为职业女性，其工作场所的着装有别于其他场合的着装，应以端庄为宜，尤其是当其代表着一个企业、一个组织的形象时，其着装更要追求大方、简洁、素雅的风格。当前，套裙以其严整的形式、多变却不杂乱的颜色、新颖却不怪异的款式，成为职业女性最规范的工作装。

（1）套裙的款式。

套裙有两件套和三件套之分，套裙的上装以西服式样居多，也有圆领、V 字领式样。套裙的款式主要有“H”形、“X”形、“A”形和“Y”形四款。要根据自身的体型来选择。上衣的长度既可短至腰际，也可长至臀部以下，下装是长短不同的各式裙子。就时尚性而言，套装的整体变化不大，但套装上衣的袋盖、衣领、袖口、衣襟、衣摆，以及下装的开衩、收边等，都在细致之处见风格。

补充知识 2－6

套裙款式的基本特点

“H”形套裙的主要特点是：上衣较为宽松，裙子亦多为筒式，上衣与下裙给人以直上直下、浑然一体之感。“H”形套裙既可以让着装者显得优雅、含蓄，也可以对身材肥胖者起遮掩作用。

“X”形套裙的主要特点是：上衣多为宽松式，裙子则大都是喇叭式。实际上，它是以上宽与下松来有意识地突出着装者腰部的纤细。此种造型的套裙轮廓清晰而生动，可以令着装者看上去婀娜多姿、楚楚动人。

“A”形套裙的主要特点是：上衣为紧身式，裙子则为宽松式。此种上紧下松的造型，既能体现着装者上半身的身材优势，又能适当地遮掩其下半身的身材劣势。不仅如此，它还在总体造型上显得松紧有致，富于变化，动感十足。

"Y"形套裙的主要特点是：上衣为松身式，裙子多为紧身式，并且以筒式为主。上松下紧的造型可在遮掩着装者上半身的短处的同时表现出下半身的长处。此种造型的套裙往往会令着装者看上去亭亭玉立、端庄大方。

---

(2) 套裙的选择。

女性服装的穿着礼仪原则是讲究整洁与高雅。

职业套裙的最佳颜色是黑色、藏青色、灰褐色、灰色和暗红色，图案以精致的方格、印花和条纹为佳。买红色、黄色或淡紫色的两件套裙要谨慎，因为它们的颜色过于抢眼。

职业套裙的面料有多种：羊毛制品的，四季皆宜，经久耐穿，挂一个晚上衣服上的褶子自然就平了；购买亚麻制品时，要选择混有人造纤维的，如聚酯纤维、人造丝或丙烯酸系纤维的，否则衣服很容易出褶子；购买丝绸制品也要谨慎，它们易起褶，而且显得过于考究。穿着套裙一定要注意平整，因此对面料的抗皱性要求较高。检验一种面料是否抗皱的方法是用手攥住布料，然后松开，如果起褶子，则要三思了，因为它可能穿不了一天就变得皱皱巴巴。

2. 连衣裙

连衣裙可以单独穿或者和上衣搭配在一起穿。尽管连衣裙较适宜某些场合，但它们看上去不如西装套裙显得有力度。关于颜色，选择灰色、藏青色、暗红色、米色、驼色、黄褐色、红色和玫瑰红颜色的连衣裙较为适宜，还可以选用简洁的印花或图案的连衣裙，但过于前卫的图案就不适于商务场合了。至于面料，丝绸是最好的，100%的人造丝也可以，亚麻制品中只有加入人造纤维的才宜选用，纯亚麻制品因容易起褶而不适宜商务场合。棉布对于职业服装来说就显得过于随便了，不宜选用。

3. 旗袍

旗袍是我国独有的、富有浓郁民族风格的传统女装。旗袍以流畅的曲线造型十分贴切地自然勾勒出东方女性躯体的婉约柔美，体现出含蓄凝重的东方神韵。高领斜襟，使旗袍在严谨中透出轻松活泼，并便于活动。

作为礼服的旗袍最好是单一的颜色，一般常在绸缎面料上刺绣或添加饰物。面料以典雅华丽、柔美挺括的织锦缎、古香缎和金丝绒为佳。为了体现女性的端庄，旗袍的长度最好是长至脚面，开衩的高度应在膝盖以上、大腿中部以下。穿无袖式旗袍，不要暴露内衣，冬天可配以披肩，但不适合戴手套。

着旗袍可配穿高跟鞋和半高跟鞋，也可配穿面料高级、制作考究的布鞋或绣花鞋。

（二）女性的体型与着装

人的体型差异很大。不同的体型应选择不同款式的衣服，以扬长避短，在商务场合中展现出自己的风采。

(1) 体型较好的人对服装款式的选择范围较大，着装时应该更多考虑的是服装与肤色、气质、身份、场合等的协调。

(2) 体型较胖的人最好着上下一色的深色套装；裤子要略长一些，裤腿略瘦；忌穿连衣裙，忌用单调的横条纹。体型较瘦的人应尽量减少露在服装外面的部分，宜在胸前做些点缀。服装的面料及质地不同，花型不同，会造成形象上的不同感觉。像粗呢、厚毛料、宽条绒等，这些布料如使用不当，会增加笨重感，使体型较胖的人看上去更胖。发亮的料子，比如绸缎和一些化纤面料，会使人看上去丰满。大花型的面料有扩张的效果，会使体型较瘦的人看上去丰满一些，小花型的面料则能使丰满的人看上去苗条些。此外，花色面料还可以适当修饰体型有缺陷的部分。

（3）肩窄臀宽的人应该注意使用垫肩，使肩部看上去宽些，也可以在肩部打褶或选择束腰的服装以衬托肩部的宽大。忌穿插肩上衣、宽大的外套和夹克衫，忌穿无袖上装、长紧袖上装。腰粗的人应选肩部较宽的衣服，以产生肩宽腰细的效果，女士不宜穿腰间打褶的裙，不要把衬衫扎进裙子或裤腰中。

（4）腿较短的人宜选择上衣较短、下装稍长的服装。

（5）腿较粗的人，宜穿上下同宽的深色直筒裤、过膝的直筒裙；不宜穿太紧的裤子和太短的裙子。

（三）职业女性不恰当的着装

（1）过分时髦。现代女性热衷流行的时装是很正常的现象，即使你不去刻意追求流行，流行也会左右着你。但是，盲目地追求时髦是不妥的。例如：女商务人员在指甲上同时涂了几种鲜艳的指甲油，这给人一种压迫感，不利于其与人交往。一个成功的职业女性对于流行必须有正确的判断力，同时要切记：在办公室中，应主要表现工作能力而非赶时髦的能力。

（2）过分暴露。夏天气温高时，许多职业女性便不够注重自己的身份，穿起颇为暴露的服装。如此着装会让人忽视你的才能和智慧，甚至还会让人觉得你轻浮。因此，再热的天气，也应注意身份和场合，不要穿过分暴露的衣服。

（3）过分正式。这个现象也是常见的。职业女性的着装虽以整洁、大方为美，但不能过于呆板。

（4）过分随意。最典型的穿着就是一件随随便便的 T 恤或罩衫，配上一条泛白的“破”牛仔裤，丝毫不顾及办公室的氛围。这样的穿着对于商务场合来说是非常不合适的。

（5）过分俏丽。可爱俏丽的服装款式可以凸显女性的甜美，但不适合在工作中穿，因为这样会给人不可信任、不稳重的感觉。

六、几种常用首饰的选择和佩戴

（一）项链

项链的种类大致可分为金属项链和珠宝项链。金属项链有双套链、三套链、马鞭链、方丝链等。其中方丝链是最常见的款式，由金或银精制而成，这种项链的直径较细，脖子细长的人佩戴可达到纤细柔美的装饰效果。年龄较大的女性则可选择马鞭链，以突出稳重、端庄的气质。双套链和三套链雅致美观，立体感强，适合于少女佩戴。珠宝、钻石项链高雅华丽，适合于中年女性佩戴。佩戴项链还要根据不同脸形进行不同搭配。尖脸形的女性可选用细幅的项链，项链不宜过长，否则会显得脸形更长。方脸形或圆脸形以及体态比较丰腴的女性，可选用较长些的项链，以达到调和脸形与体态的作用。

（二）戒指

戒指的种类繁多，常见的款式有线戒、嵌宝戒、钻戒、方戒、扳戒等。诸多戒指各具特色，因此在选择戒指时要考虑适合自己的特点。戒指应与手指的形状相符。例如，手指较短小或骨节突出的，应戴比较细小的戒指，款式最好是非对称式的，以便分散别人对手指形状的注意力。手指修长纤细的，应选择粗线条的款式，如方戒、钻戒，这样可使手指显得更加秀气。手掌较大的，要注意所戴的戒指的分量不要过小，否则会使手掌显得更大。

戒指的佩戴有一套约定俗成的方法，可以反映出佩戴者的婚姻状况。除大拇指外，各个手指都可以佩戴，不过戴在不同的手指上有不同的含义：戴在食指上，表示求婚；戴在中指上，表示处在热恋中；戴在无名指上，表示已经订婚或结婚；戴在小指上，表示独身，即终身不嫁或不娶。

（三）耳环

耳环的种类很多，按其形状可分为两大类：一类是纽扣式；另一类是悬垂式。耳环的花色更是多种多样，有花形、圆形、心形、梨形、三角形、方形、多棱形、大圈形、剪刀形、蛇形等。

每个人应根据自己的脸形选戴合适的耳环。脸形较大的女性不宜用圆形耳环，但可用较大一些的几何形耳环，佩戴时要紧贴耳朵；脸形小的女性宜用中等大小的耳环，以长度不超过 2 厘米为佳；圆脸形的人，宜戴长而下垂的方形、三角形、水滴形耳环；方脸形的人宜戴有耳坠的耳环，以使脸形显得狭长些；长脸形的人最好戴紧贴耳朵的圆形耳环，以增加脸的宽度。

（四）手镯与手链

手镯作为女性腕臂装饰由来已久，早在盛唐时期，宫廷仕女就时兴戴手镯。那时的手镯多由宝石精磨细做而成。常用来制作手镯的宝石有翡翠、玛瑙、碧玉、孔雀石、松石、珊瑚等，这类手镯统称玉石手镯。

手镯的款式应视手臂的形状而定。手臂较粗短的应选小细线手镯；手臂细长的则可选宽粗的款式，或多戴几只细线手镯来加强效果。戴手镯很有讲究，不能想怎么戴就怎么戴。一般戴在右臂上，表明佩戴者是自由而不受约束的。如果在左臂或左右两臂同时佩戴，表明佩戴者已经结婚。一只手上一般不能同时戴两只或两只以上的手镯，因为它们之间相互碰撞会发出声响。如果为标新立异而非要戴好几个手镯，则要一起戴在一只手上，切不可一只手上戴几个，另一只手戴几个。戴手镯时不应戴手表。

手链是手镯的换代产品，多用金、银、包金编花丝等制成。比起较粗犷的手镯，手链显得纤细精巧。

礼仪操作

一、几种常见的服装色彩穿着搭配法

（一）统一法

统一法是指上下装、帽子、鞋采用一个色调，如白色连衣裙配白手套、白色皮鞋，或全身黑色、全身蓝色等。这种配色法往往产生一种和谐的效果，适合单位、团体的统一制服使用，以产生同工作环境的和谐感。

（二）呼应法

上下装相呼应，如下着黑色裙子，上着黑白条或黑白花上衣；或上衣和帽子、鞋、提包等相呼应，如上着蓝白花上衣，脚着蓝色皮鞋。

（三）点缀法

点缀法就是在主色调基础上，加上非常醒目的小块色作点缀，起到画龙点睛的作用。

（四）对比法

对比法也叫衬托法，即通过色彩的互相对比或衬托，来增强服装的美感。它强调的是对比或衬托的魅力。例如，白色上衣配上黑色裤子，这种黑与白、明与暗的对比，格调新颖，对增加美感作用显著。

（五）照应法

照应法就是同种色、类似色的彼此照应。例如，青莲色的套服，上衣印有红白色花纹，配上白底红花衬衣和白色镶红莲色边的帽子，以及类似花式的鞋、袜等，上衣、衬衣、帽子等上的类似色就能够相互照应，相得益彰，起到和谐、统一的效果。

（六）衔接法

这种方法的要点是，让对比色通过一种中性色（如黑、白、金、银等颜色）的晕合，使人产生色彩衔接的感觉。例如，红色的短袖衫，绿色的短裙，或是黄色的上衣，紫色的裤子，就其色彩性质来说，均属于对比色，因而看起来并不舒服。如果配上一条白色（或金、银、黑等任何一种颜色）的腰带，那么上下衣着的色调就会衔接起来，因而也就达到和谐统一的效果。

二、西装的着装规范

（一）套装和单件上装

西装有套装和单件上装之分，套装又分两件套和三件套。如果是三件套西装，在很正式的场合不可脱下外衣。一般在非正式场合，如旅游、参观、一般性联欢会等，可穿单件上装配以各种西裤，也可视需要和爱好配以时装裤。半正式场合，如一般性会谈、访问、较高级会议和白天举行的比较隆重的活动，应着套装，但也可视场合的气氛在服装色彩、图案的选择上灵活一些，花格呢、粗条纹、淡色的套装都不失为恰到好处的选择。但在正式场合，如宴会、正式会谈、正式典礼及特定的晚间社交活动，可以穿颜色素雅的套装，以深色、单色最为适宜，选择花格、五彩图案的套装是不合适的。

（二）纽扣

西装的纽扣除实用功能外，还有很重要的装饰作用。西装有单排扣和双排扣之分，单排扣又有单粒扣、双粒扣、三粒扣之别。在非正式场合，一般可不扣扣子，以显示飘逸的风度；但在正式的场合，着西装要求必须系扣，即单粒扣、双粒扣和三粒扣的上粒都扣上；双粒扣的第二粒、第三粒扣的下两粒都是样扣，不必扣上。双排扣则有四粒扣和六粒扣之别，上面的两粒和四粒都是样扣，不必扣上。

（三）西裤

西裤是西服的另一个主体部分。西裤立裆的长度以裤带的鼻子正好通过胯骨上边为宜，裤腰大小以合扣后伸入一手掌为标准，裤长以裤脚接脚背最为合适。穿着西裤时，裤扣要扣好，拉锁要全部拉严。西裤的裤带宽度一般为2.5厘米至3厘米较为美观，裤带系好后留有皮带头的长度一般为12厘米左右，过长或过短都不符合美学要求。

（四）衬衫

穿西服时，衬衫是个重点，颇有讲究。一般来说，与西服配套的衬衫必须整洁无皱褶，尤其是领口。西装穿好后，衬衫领应高出西装领口1厘米至2厘米，领口露出部分与袖口露出部分相呼应，有一种匀称感。在正式场合，长袖衬衫的下摆必须塞在西裤里，袖口必须扣上，不可翻起。不系领带时，衬衫领口可以敞开；如系领带，应着有硬衬领的衬衫，领围以合领后可以伸入一个手指为宜。衬衫袖长应比西装上衣袖长长出1厘米至2.5厘米，这样可以避免西装袖口受到过多的磨损，而且可以显得西装干净、利落、活泼、有生气。夏季穿着短袖衬衫时，一般也应将下摆塞在裤子内，穿着无衬软领短袖衬衫可例外。

（五）领带

领带是西装的重要装饰品，在西装的穿着中有画龙点睛的作用。领带的种类很多，大体分为普通型和变型两种。普通型领带有活结领带、方形领带、蝴蝶结领带；变型领带有宽形领带、缎带领带、线环领带等。从领带面料分，有毛织、丝质、化纤等领带。从花型上分，又有小花型、条纹花型、点子花型、图案花型、条纹图案结合花型、古香缎花型等。领带以丝质的为上乘，使用最多的花色品种是斜条图案领带。斜条图案领带又分美式、英式两种，美式的条纹从左上斜到右下，英式的条纹从右上斜到左下。不论是在正式场合还是在非正式场合，一般都应系领带。领带的系法也很有讲究，一般是扣好衬衣衣领后，将领带套在衣领外，然后将宽的一片稍稍压在领角下，抽拉另一端，领带就自然夹在衣领中间，而不必把领子翻立起来。必须保证领带绝对干净，如果领带脏污，还不如不系，因为系领带是为了进一步表明尊严和责任。领结是系领带中最重要的部分，不同的系法可以得到不同大小及形状的领结，可视衬衫领子的宽度选择你所喜欢的领带系扎方法。但不论哪种系扎方法，领带系好后，两端都应自然下垂，上面宽的一片必须略长于底下窄的一片，绝不能相反，当然，上片也不宜长出许多，领带尖压住裤腰甚至垂至裤腰之下也是不雅的。如有西装背心相配，领带必须置于背心之内，领带尖亦不可露于背心之外。领带的宽度不宜过窄，过窄会显得小气，应与人的脸形及西装领、衬衫硬领的宽度相协调。

（六）领带夹

领带夹有各种型号，主要功能是固定领带。除因经常做过大幅度的动作而需要使用领带夹或以之为企业标志外，其他情况最好不用领带夹。佩戴时应注意，领带夹的位置不能太靠上，应以从上往下数衬衫的第四粒和第五粒纽扣之间为宜。西装上衣系好扣子后，要以看不见领带夹为宜。领带棒、领带针、领带别针的佩戴也应如此。

（七）西装手帕

西装手帕的整理很重要。西装手帕是以熨烫平整的各种单色手帕折叠而成的，式样很多，如三角形、三尖峰形、任意形和V字形等，插于西装的上衣口袋，有装饰作用，若使用得当，能起到锦上添花的效果。

（八）西装衣袋

西装衣袋的整理同样重要。上衣两侧的两个衣袋只作为装饰，不宜装东西；上衣胸部的衣袋是专装手帕的，票夹、笔记本、笔等物品可置于上衣内侧衣袋。西裤的左右插袋和后袋同样不宜放鼓囊之物，以免影响裤型美观。

三、套裙的着装规范

女性穿着套裙要注意套裙的色彩搭配，只有搭配得好，才能穿出不俗的效果。

蓝色套裙一般在企业制服中使用得最广泛，尤其是深蓝色套裙。黑头发、黑眼睛的东方人是很适合穿深蓝色衣服的，深蓝色可使体型看起来纤细一点，使皮肤显得白一点。选择粉红、粉蓝、火黄、草绿等颜色，则可显示出女性柔美的气质。

在正式场合，为表明职业女性对工作的严谨和认真，套裙多整套穿；在休闲场合，则较为随便，套裙可与其他服装搭配起来穿。要注意利用裙装的修饰美化作用来“扬长避短”，如可以利用裙装的上短下长来掩盖腿部粗短的缺陷。

四、鞋、袜、帽的穿戴礼仪

（一）鞋袜的穿着

鞋子在整体着装中具有重要地位。一双得体的鞋子能为全身的服装添色增辉，它不仅能够映衬出服装的整体美，而且能够凸显人体本身的挺拔俊美。在正式场合，男性一般穿着没有花纹的黑色平跟皮鞋，女性一般穿着黑色半高跟鞋，露脚趾的皮凉鞋是绝对禁止在礼仪场合穿着的。旅游鞋、布鞋、各式时装鞋与西装都是不相配的。在欧美国家，会议、谈判、舞会、庆典、拜访或接待重要的贵宾等场合是不允许穿凉鞋的，否则会被认为缺乏教养、不懂礼貌。皮鞋的颜色、款式应与衣服、手包相配套。一般来说，鞋的颜色应与衣服的下摆一致或更深一些，这样可以显得人高一些。

袜子的穿着也是重要一环。在礼仪场合，绝不能赤足穿鞋。在正式场合，男性应穿着颜色素净的中长筒袜子，这样可避免坐下谈话时露出皮肤或浓重的腿毛。袜子颜色以单色为好，带条纹、方格图案但不过分抢眼的也可以，色调应比裤子深一些，以使它在裤子和鞋之间呈现一种过渡色。女性在正式场合应穿长筒丝袜或裤袜，白天的活动可穿肉色或浅色的，晚间活动可稍深。不宜穿短袜，更不宜在丝袜内穿棉毛裤。浅肉色的袜子可以使皮肤罩上一层光泽，显得细腻娇嫩，深肉色的袜子可以给人以一种修长健美的感觉。长筒袜的长度一定要高于裙子下部边缘，且留有较大余地，否则一走动就露出一截腿来，极为不雅。在礼仪场合，穿短袜配短裙是不适宜的。

在办公场合穿着裙装却不穿袜子也是不礼貌的。应当在办公室或工作场所预备好一两双袜子，以备袜子钩破时换用。外出工作时最好带上几双备用袜子，和日本客人打交道时更应如此，因为在进日式餐厅小间时要脱去鞋子换上拖鞋，若袜子有破洞或不整洁，就会很尴尬。

鞋袜的选择要注意与整体装束搭配，其颜色至少应当与发带、表带等保持一致，这样才能体现出穿着的整体美。

（二）帽子的选戴

戴帽子的礼仪现在越来越为人们所重视了，应注意以下几方面：

（1）帽子的式样要与衣装相协调。如法式女礼帽与西式长裙相配，会产生一种既浪漫又高雅庄重的风度；但若以法式女礼帽与中式旗袍相配，则会使人产生一种不伦不类的感觉。

（2）帽子款式的选择要与人的脸形、体型相适应。长脸形不宜戴高帽子，而圆脸形戴顶端微凸的帽子就比较合适；个矮戴稍显高凸的帽子会显高，而小个子戴大帽子会产生“小蘑菇”的滑稽感。

（3）帽子的色彩要与肤色相配。肤色白的人选择余地大些，各种颜色皆可；肤色较深的人则不宜戴深色帽子；肤色发黄的人，最好是戴深红色、咖啡色的帽子，这样可显得较健康，戴白、绿、浅蓝色的帽子会加重病态的感觉。

（4）帽子戴法的不同会产生不同的感觉。帽子戴得端端正正，脸部显得丰满，神态显得庄重；帽子略微歪斜，产生的斜向线条会使人脸部略显清瘦，神态妩媚活泼。

（5）从礼仪的角度讲，男子在室内不允许戴帽子，女子则可以把帽子作为礼服的一部分在室内佩戴。

五、男商务人员仪表规范

男商务人员在仪表方面应注意的事项如图 2－6 所示。

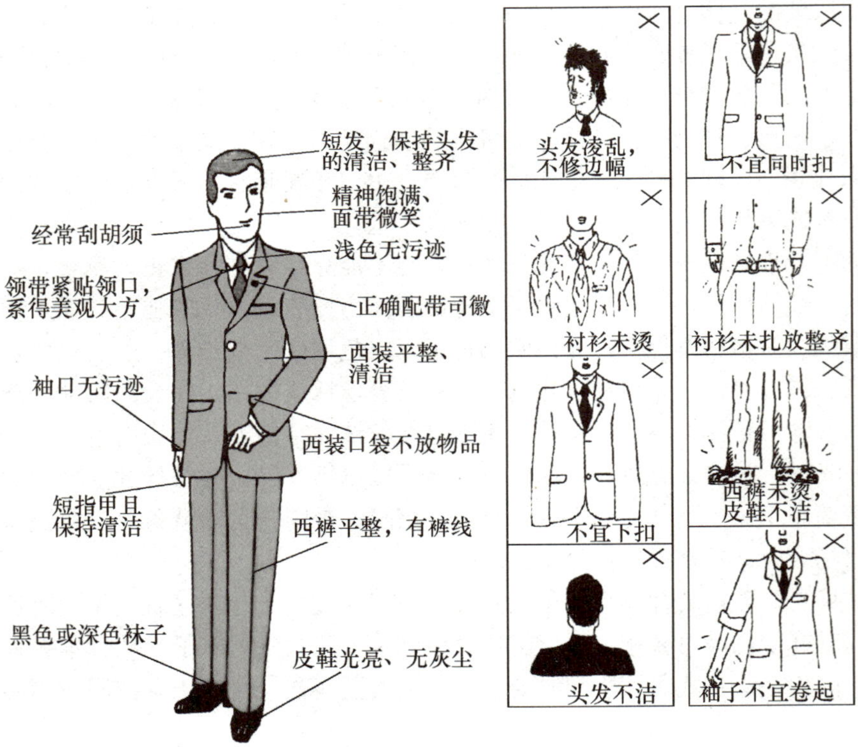

图 2－6　男商务人员仪表规范

六、女商务人员仪表规范

女商务人员在仪表方面应注意的事项如图 2－7 所示。

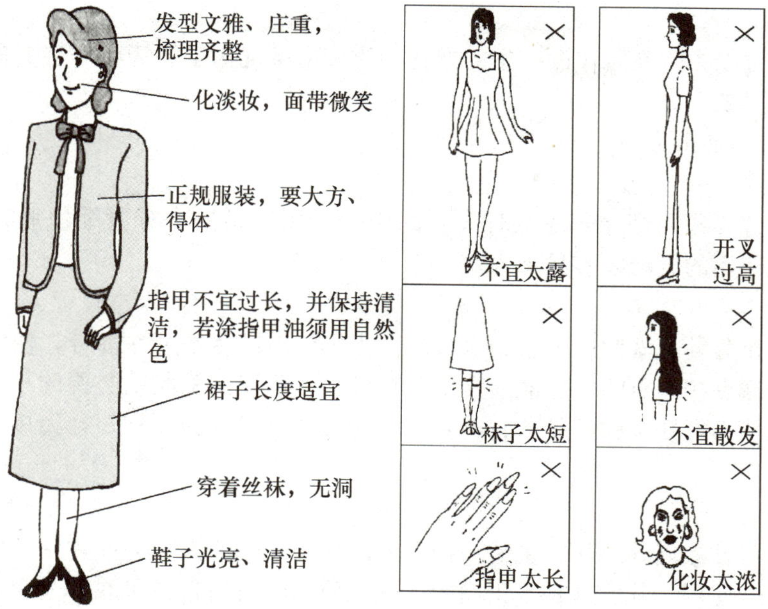

图 2-7　女商务人员仪表规范

第三节　商务人员仪容设计

礼仪原理

仪容主要指人的容貌与仪态。容貌在很大程度上取决于先天条件。容貌的美有天生丽质和气质优雅之分。有的人天生丽质，但缺乏优雅气质；有的人长得并不漂亮，然而气质风度俱佳。容貌美在留给人们的第一印象中占很大比重，应予以重视。适当的容貌修饰，会使商务人员容光焕发，充满活力，在商务活动中给人留下良好的印象。容貌的修饰包括肌肤护理、化妆、美发等。

一、肌肤护理

皮肤好比是人体的“窗口”，通过它，可以折射出人的健康、年龄和情绪状况。健美的皮肤应该是湿润的、有弹性的、光滑细腻、红润健康的。健美的皮肤需要科学的护理和保养。人的皮肤可分为中性、油性、干性和混合性四种类型。每个人必须了解自己的皮肤性质，以便选用不同的化妆品，并采用不同的方法护理。

（一）肌肤的基本护理

皮肤护理在日常生活中至关重要。要保护好自己的皮肤，必须遵循良好的生活方式。诸如正确的生活态度、积极的锻炼、充足的睡眠、彻底的清洁、保健按摩、控制烟酒等，都是日常生活中健肤美容的重要因素。

1. 洗脸

清洁面部可以去除新陈代谢产生的老化物质和由空气污染、卸妆等造成的残留物，同时也可以清洁肌肤。

2. 面部营养的补充

（1）化妆水。

化妆水的首要作用是补充洗脸时失去的水分，用充足的水分紧缩肌肤，使它变得柔软，这样随后使用的乳液才容易渗入。

（2）乳液。

用化妆水充分补充洗脸所失去的水分后，再用乳液补足水分、油分，使肌肤完全恢复原来的状态，这点相当重要。乳液内含水分、油分、保湿剂等肌肤必要的三种成分。乳液是每日保养肌肤不可缺少的产品，它的主要目的是恢复肌肤的柔软，并为接下来的化妆做好准备。

（3）面霜。

除化妆水与乳液以外，面霜也是一种护肤的佳品。一般人认为面霜是油性的，因此油性肌肤的人不应使用，其实这是不正确的认识。面霜的目的是在肌肤渗入含有水分的保湿剂后，在肌肤表面制造油分保护膜，使它继续保持湿润，所以它对天然皮脂膜十分充裕的油性皮肤也是不无益处的。

（二）肌肤的特殊护理

按摩肌肤最大的目的是提高皮肤的新陈代谢，加强血液循环。户外强烈的紫外线及户外空气与冷暖气房间的温差会引起肌肤的生理机能下降，从而引发肤色暗沉、肌肤干燥等问题。为此，按摩肌肤是很有必要的，它能延缓皮肤的衰老。

有些人认为按摩是产生皱纹的主要原因，其实过度的按摩才会对肌肤造成负担。平常可利用毛孔张开、皮肤柔软的沐浴时间，按摩 3～5 分钟，这样做不会给肌肤带来任何副作用。

二、商务女士的化妆

化妆是一门艺术，适度而得体的化妆能使女商务人员在商务活动中达到振奋精神和尊重他人的目的。

（一）正确认识自己

化妆的目的是要突出自己的优点，修饰缺点，这就需要了解一下人的面部的基本结构和特点。人们常说的“五官端正”就是指人的面部五官比例要协调匀称，这是五官美的前提。人的五官位置是有一定规律的，这个比例就是“三庭五眼”（见图 2-8）。

“三庭”是指上庭、中庭、下庭。上庭指从额头的发际线到眉线；中庭指从眉线到鼻底线；下庭指从鼻底线到颊底线。这三庭的长度是相等的。

“五眼”是指从正面看，右耳孔到左耳孔之间的脸部横向距离正好相当于自己五只眼的宽度。

一个人的脸形如果符合这个比例，就会产生匀称美；如果不符合，就要在化妆时运用一定的技法进行修饰和弥补。

（二）化妆的准则

生活中的美容化妆，以修整统一、和谐自然为准则。恰到好处的化妆，给人以文明、

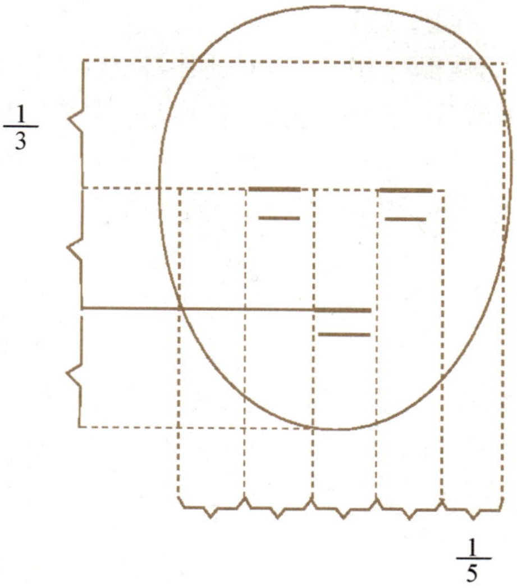

图 2-8　五官的位置比例

整洁、雅致的印象。浓妆艳抹，矫揉造作，过分的修饰、夸张，是不可取的。

（三）化妆品的选用

化妆品种类繁多，必须正确地选择和使用。根据化妆品的功用可以分为三大类：清洁类化妆品，用于清洁皮肤；护肤类化妆品，用于保养皮肤；修饰类化妆品，用于修饰化妆。使用化妆品时要注意这四点：一是根据自己的肤色选择化妆品；二是根据自己的肤质选择化妆品；三是注意化妆品的质量；四是不要频繁更换化妆品。

（四）适宜的妆色

化妆的浓淡要视时间、场合而定。在白天日光下，适合化淡妆。厚厚的粉底，重重的唇膏，与周围的工作气氛是不相宜的，让人感觉你不是在认真工作，甚至认为你不稳重。在日常的工作环境中，应当力求表现自然、质朴，采用不露痕迹的化妆手法。晚上参加舞会、宴会等社交活动，可穿着艳丽、典雅的服装，在灯光照耀下妆色可浓些，可使用发亮的化妆品。旅游或运动时，不要化浓妆，在天然秀丽的风光中最宜表现一个人的自然美。

（五）化妆时应注意的问题

（1）一般不要在众人面前化妆，因为那是非常失礼的，是对他人的妨碍，也是不自重的举动。需要修补妆容，应到洗手间去。

（2）不要议论他人的妆容，每个人都有自己的审美标准和化妆手法，一定不要对他人的化妆评头论足。

（3）不要借用别人的化妆品，这样做既不卫生也不礼貌。

三、商务男士的美容

每一位商务男士都希望自己获得上司的信任和客户的好感，赢得同性的尊敬和异性的青睐，给人留下深刻而美好的印象。要做到这一点，适当的修饰装扮和美化容貌是必不可少的。从根本上看，男士美容和女士没有本质的区别，都是借助修剪、描画、晕染、遮掩等修饰手段达到美化容颜的目的。但应当提请读者注意的是：男士们在做这一切的时候，不能像女性那样精描细画，一团脂粉气，而应当着力表现自己的气质美和风度美，面部化妆要自然而不露痕迹。每位男性都有与别人不同的独特个性与外表，若要寻找出最适合自己的外部形象，就要对自己的特征进行认真分析。如你是一位性格内向、外表秀气、举止文静的人，为表现阳刚之美而留个短平头或蓄一脸胡子，则显得极不协调。可见，男性的美也必须是外在美和内在美的统一。男士美容的原则其实很简单，清洁整齐、精神爽朗即可。

男士美容不外乎四项，即洁肤、护肤、剃须、美牙。

（一）洁肤

男性由于生理因素，一般活动量较大，皮肤比女性粗且硬，毛孔大，表皮容易角质化，同时男性的汗液和油脂分泌量多，因在室外工作的机会多，皮肤上的灰尘和污垢积聚也多，所以清洁皮肤对男士来说最为重要。职业男士应每日用洁面乳洁面，以清除肥皂不能去除的污垢，而且洁面乳不含刺激皮肤的碱性物质，在清洁皮肤的同时不会吸干皮肤本身的油分，洗脸后没有紧绷干燥的感觉。

（二）护肤

空调带来的空气干燥，最易令皮肤表面的水分流失，所以整日在写字间工作的职业男士的皮肤容易缺乏光泽、老化松弛。滋润是唯一的解决方法。滋润皮肤的产品要选择适合自己皮肤的护肤霜，万万不可油腻，否则，不仅显得油光满面，而且容易吸引尘粒，反而不美。在涂抹护肤品时进行自我按摩，可使疲倦的皮肤放松。

（三）剃须

男士经常剃须可以使面部清洁、容光焕发，是男士美容的一项重要内容。

（四）美牙

发黑、发黄的牙齿，在启齿谈笑时显得不雅，因此，有的人不敢说话、不敢笑，或者说话、笑时，用手掌遮遮掩掩做羞涩状，久而久之，形成了社交心理障碍。所以，商务人员须重视自己牙齿的护理和美容，以修饰其不足。

那么，是什么原因导致牙齿变黑变黄的呢？许多情况下，是由于长期的吸烟和喝浓茶而使牙齿表面染上了一层“茶锈”和“烟渍”。商务人员要与各种各样的人打交道，碰到爱抽烟的客户，偶尔陪着抽上一支，对方会认为你有涵养，善解人意，值得信赖。只是千万不能嗜烟成性，否则，你的外观美将大打折扣，同时也显得缺乏理智和文明的生活态度。

如果因为抽烟过度，牙齿已经出现了不健康状况，要想彻底改变，最好的办法是坚决戒掉嗜烟陋习，同时去医院口腔科进行专门的治疗，除掉牙齿表层的色素和牙石。

四、美发

（一）护发

商务人员的头发必须保持健康、秀美、干净、清爽、卫生、整齐的状态。要真正达到以上要求，就必须重视头发的清洗。任何一个健康而正常的人，头发都会随时产生各种分泌物。此外，它还会不断地吸附灰尘，甚至产生不雅的气味，这无疑会影响到头发的外观。

保持头发干净、清洁的基本方法是对它按时地进行认真清洗。清洗头发，最好是每日一次，并且贵在自觉坚持。此外，清洗头发还有助于保养头发。

（二）发型

头发的造型是仪容美的重要部分。有位美容学家说：“发型是人的第二面孔”。恰当的发型会使人容光焕发、风度翩翩。

女性发型如果设计得好，可以使人显得端庄文雅、美观大方，而且能起到修饰脸形、协调体型的作用。发型必须根据自己的脸形来设计。椭圆形脸是东方女性的标准脸形，可选任意发式。圆脸形的人应将头顶部头发梳高，使脸部增加几分力度，并设法遮住两颊。长脸形的人看起来面部消瘦，设计发型时应适当遮住前额，并设法使双颊显得宽些。方脸形的人应设法掩饰棱角，使脸形显得圆润些。额部窄的脸形，应增加额头两侧头发的厚度。

发型应根据季节变化而有所不同。夏天，应选择凉爽、舒畅的短发，若留长发，可梳辫或盘髻，这个季节的发型不宜过长和过于蓬松；冬天衣服穿得厚，衣领高，留长发既美观又利于保暖；春秋季发型可长可短，比较随意。

商务男士的发型体现着一个人的性格、修养和气质。短发可以体现青年人朝气蓬勃的精神面貌。长脸形的人不宜留太短的头发，下巴较方的人可以留些鬓发，瘦高的人应留长一点的发型，矮胖的人和瘦小的人头发不宜过长。

礼仪操作

一、洗脸的方法

（1）步骤基本上是从皮脂分泌较多的 T 字区（眉毛端和鼻梁）开始清洗，额头中心皮脂特别发达，要仔细清洗。手指不要过分用力，应轻轻地由内朝外画圆圈滑动清洗。

（2）用指尖轻柔仔细地清洗皮脂腺分泌旺盛的鼻翼及鼻梁两侧，这一部分洗不干净将导致脱妆及肌肤出现油光。

（3）鼻子下方容易长青春痘，须仔细洗净多余的皮脂。用无名指轻轻画轮廓既不会刺激肌肤又可完全消除污垢。

（4）嘴巴四周也要注意清洗。脸部是否仔细洗净，关键在于有没有注意细小的部位。清洗时以按摩手法从内朝外轻柔地描画圆弧状。

（5）下巴和 T 字区一样，也容易长青春痘及粉刺。洗脸时往往容易忽略这一部位。洗脸时应由内朝外不断画圈，使污垢浮于表面。

（6）面积较大的脸颊部位需要特别仔细地清洗。清洗面颊的诀窍是，不要用指尖而是用指肚充分接触脸颊的皮肤，以起到按摩清洁的作用。洗脸的重要技巧是不要太用力，以免给肌肤带来不必要的负担。

（7）洗时还要记得洗脖子，下巴底部、耳后等也要仔细洗净。如果粉底霜没有去除干净，将引发各种肌肤问题。

（8）冲洗时用流动的水充分地去除泡沫，冲洗次数要适度，在较冷的季节需使用温水，以免毛孔紧闭而影响了清洗效果。

(9) 洗脸后用毛巾擦拭脸上的水分时，不可用力揉搓，以免伤害肌肤。正确使用毛巾的方法是将毛巾轻贴在脸颊上，让毛巾自然吸干水分。

二、化妆水的使用方法

(1) 将两片化妆棉重叠，倒入充足的化妆水，量以水分刚好浸透整片化妆棉为宜。

(2) 两指各夹一片沾满化妆水的化妆棉，按在脸上，使肌肤感受到冰凉感。

(3) 首先由脸部中心朝外侧浸湿，接着浸湿易流汗的 T 字区及鼻翼四周，然后由下而上拍打整个脸部，直到肌肤觉得冰凉为止。

(4) 容易因水分不足而干燥的眼部周围和唇部也要用专门的化妆水补充水分。

三、乳液、面霜的使用方法

(1) 先用手掌温热脸部，使毛孔张开。

(2) 按由中央朝外、由下朝上的要领在脸部边画圆边将乳液、面霜涂抹均匀。

(3) 涂好后，用手掌裹住脸部，让乳液、面霜渗入并去除黏腻感。

(4) 再用眼霜轻柔地按摩眼睛四周的敏感部位。

四、按摩的方法

(1) 取出适量的按摩面霜。

(2) 先用手掌温热面霜，然后迅速点在额、两颊、鼻、下巴五个部位。

(3) 以中指及无名指从下巴向脸颊画螺旋状。

(4) 从额头中心朝太阳穴画螺旋状，左右两边同时进行。基本上应以双手的中指及无名指按摩。

(5) 鼻翼部位按摩力度可强些，凹凸的细部仅用中指按摩即可。

(6) 左右无名指与中指交互使用，由鼻梁上端抚到鼻梁下端，鼻侧也用同样的方法。

(7) 按摩眼部的手法为：上眼睑由眼端移向太阳穴，下眼睑由眼端按向眼尾，眼端及太阳穴处轻压即可。

(8) 轻抚脖子至下巴处。由于皱纹容易沿横向出现，所以按摩方法是往上轻抚。

五、化妆的程序与方法

(一) 清洁面部

化妆前必须先清洁面部，这项工作是十分重要的。用洗面奶等清洁类化妆品洗脸，用水冲净，然后涂以护肤类化妆品，如乳液、护肤霜、美容蜜等。其目的有两个：一是润泽皮肤，二是起隔离作用，防止彩妆直接进入毛孔。

(二) 基础底色

使用粉底的目的是遮盖皮肤的瑕疵，统一皮肤色调。应根据自己的脸形施以粉底，突出面部的优点，修饰其不足。不要用太白的底色，否则会让人感到失真，最好是选用两种颜色的底色，在脸部的正面用接近自己天然肤色的颜色，均匀地、薄薄地涂抹。在脸部的侧面，可用较深底色，从后向前、由深至浅均匀地涂抹，因为深色有后退和深陷的作用，这样做可以收到增强脸形立体感的效果。在面部需要表现后退和深陷的部位，都可以巧妙自然地使用深底色。

（三）定妆

上完底色后需用粉定妆，目的是柔和妆面、固定底色。可使用粉饼或散粉，粉的颗粒越细则效果越自然。粉色不要太白，否则会让人感到像“挂霜”一样。粉一定要涂得薄而均匀。

（四）画眼线

画眼线是为了增加睫毛的浓密程度，为眼睛增添神采。画眼线时，使用眼线笔紧贴睫毛由外眼角向内眼角方向描画，上眼线要比下眼线画得重些。

（五）画眼影

画眼影的目的是强调眼睛的立体感。选择的眼影颜色要适于自己的肤色及服装颜色。画眼影时，贴近睫毛部位要重些，眼角部位也要重些，然后用眼影刷轻轻扫开，与鼻侧影自然相接。

（六）眉毛的修饰

修饰眉毛是为给眼睛这幅美妙的图画配一个精彩的画框。眉毛的生长规律是两头淡、中间深，上面淡、下面深。标准眉形是在眉尾的 2/3 处有转折。描画时，应根据眉的生长规律将其修饰得接近于标准眉形。将眉笔削成扁平状，沿着眉毛的生长方向一根根地描画，这样描出的眉毛有真实感，不要画成黑乎乎的一片。修饰眉形要根据自己的脸形：如果脸盘宽大，眉毛就不宜修得过细；五官纤细的人，不要将眉毛修饰得太浓密。

（七）涂腮红

使用腮红的目的，一是表现皮肤的健康红润，二是利用腮红来矫正脸形。面颊红润，会给人留下生气勃勃、精神焕发的印象。腮红的中心应在颧骨部位，刷腮红时用颊红帚从颧骨处向四周扫匀，越来越淡，直到与底色自然相接。圆脸形的人，腮红的形状应是长条形的，以减弱胖的感觉；长脸形的人应刷得宽些，以增加胖的感觉。关于腮红的颜色，白皮肤的人可选用淡而明快的颜色，如浅桃红、浅玫瑰红；皮肤较黑的人，腮红色可深一些、暗一些。

（八）涂唇膏

涂唇膏可以突出嘴的轮廓，使其生动润泽、富有魅力。涂唇膏时应先用唇线笔勾出理想的唇型，若嘴唇过大、过小，或太厚、太薄，应注意修饰，然后用唇膏在轮廓内涂抹。在唇的外缘用深色唇膏，内缘用浅色唇膏，可以使嘴唇更丰满，更有立体感。唇膏的颜色应根据肤色选择，还要注意不同的场合选用不同的颜色。

补充知识 2－7

不同脸形的化妆要点

1. 长脸形

长脸形的人，在化妆时力求达到的效果应是增加面部的宽度。(1) 腮红：应注意离鼻子稍远些，在视觉上起拉宽面部的效果。涂抹时，可从颧骨的最高处向太阳穴下方向外、向上抹。(2) 粉底：若双颊下陷或者额部窄小，应在双颊和额部涂以浅色调的粉底，造成光影，使之显得丰满一些。(3) 眉毛：修眉毛时应令其成弧形，切不可有棱有角。眉毛的位置不宜太高，眉毛尾部切忌高翘。

2. 圆脸形

圆脸形的人要力求将脸形修正为椭圆形。(1) 腮红：可从颧骨起始处涂至下颊部，注意不能简单地在颧骨凸出部位涂成圆形。(2) 唇膏：可在上嘴唇涂成浅浅的弓形，不能涂成圆形的小嘴状，以免有圆上加圆之感。(3) 粉底：可用来在两颊造阴影，可将圆脸显得瘦一点。选用暗色调粉底，沿额头靠近发际处起向下窄窄地涂抹，至颧骨下可加宽涂抹的面积，将脸部亮度自颧骨以下逐步集中于鼻子、嘴唇、下巴附近部位。(4) 眉毛：修成自然的弧形，可作少许弯曲，不可太平直或太有棱角，也不可过于弯曲。

3. 方脸形

方脸形的人以双颊骨突出为特点，因此在化妆时要设法加以掩蔽，增加柔和感。(1) 腮红：宜涂抹得与眼部平行，切忌涂在颧骨最突出处，可抹在颧骨稍下处并往外揉开。(2) 粉底：可用暗色调在颧骨最宽处造成阴影，令其方正感减弱。下颚部宜用大面积的暗色调粉底造阴影，以改变面部轮廓。(3) 唇膏：可涂得丰满一些，强调柔和感。(4) 眉毛：应修得稍宽一些，眉形可稍带弯曲，不宜有棱角。

4. 三角脸形

三角脸形的特点是额部较窄而两腮较宽，整个脸部呈上窄下宽状。化妆时应将下部宽角“削”去，把脸形变为椭圆形状。(1) 腮红：可由外眼角处起向下抹涂，令脸部上半部分拉宽一些。(2) 粉底：可用较深色调的粉底在两腮部位涂抹、掩饰。(3) 眉毛：宜保持自然状态，不可太平直或太弯曲。

5. 倒三角脸形

倒三角脸形的特点是额部较宽大而两腮较窄小，呈上宽下窄状。人们常说的“瓜子脸”“心形脸”，即指这种脸形。其化妆的诀窍与三角脸形相似，需要修饰部分则正好相反。(1) 腮红：应涂在颧骨最突出处，而后向上、向外揉开。(2) 粉底：可用较深色调的粉底涂在过宽的额头两侧，而用较浅的粉底涂抹在两腮及下巴处，造成掩饰上部、突出下部的效果。(3) 唇膏：宜用色调稍亮些的唇膏加强柔和感，唇形宜稍宽厚些。(4) 眉毛：应顺着眼部轮廓修成自然的眉形，眉尾不可上翘，描画时从眉心到眉尾宜由深渐浅。

六、剃须的程序

（一）清洁皮肤

剃须前应洗净脸部。脸上或胡须上不要有污物，否则，在剃须时若剃刀轻微地挫伤皮肤，污物会引起皮肤感染。

（二）软化胡须

先用热毛巾焐敷胡须，使胡须软化。若用手动剃须刀剃须，还需将剃须膏或皂液均匀地涂抹在胡须上，以利于刀锋对胡须的切割和减轻对皮肤的刺激。

（三）正确剃刮

剃须时应绷紧皮肤，以减少剃刀在皮肤上运行时的阻力。年纪大或体弱者，皮肤易起皱褶，更应绷紧，使之产生弹性。剃须的顺序是：从左到右，从下到上，先顺毛孔剃刮，再逆毛孔剃刮，最后再顺刮一次。千万不要东刮一刀、西刮一刀。

（四）剃后保养

刮胡须后的护理十分重要。因为刮胡须对皮肤的刺激和损害会令皮肤粗糙，所以，为了在新皮肤膜再生之前保护好皮肤，应在剃后用热毛巾敷上几分钟，然后涂上护肤品，这样可改善肤质。

第四节　商务人员仪态设计

礼仪原理

仪态是指人在行为中的姿势和风度。姿势是指身体呈现的样子，风度则属于气质方面的表露。

洒脱的风度、优雅的举止，常被人们羡慕和称赞，最能给人留下深刻的印象。我们往往可以从一个人的仪态来判断他的品格、学识、能力和其他方面的修养程度。人际交往中，人们的感情流露和交流往往借助于人体的各种姿态，这就是我们常说的“体态语言”。它作为一种无声的语言，在生活中被广泛运用。达·芬奇说过：从仪态知觉人的内心世界，把握人的本来面目，往往具有相当的准确性和可靠性。用优美的体姿表达礼仪，比用语言更让受礼者感到真实、美好和生动。

一、站姿

站立是人的最基本的姿势，也是其他姿势的基础。“站如松”是说人的站立姿势要像青松一般端直挺拔。这是一种静态美，是培养优美典雅仪态的起点，也是发展不同质感的动态美的基础。良好的站姿能衬托出美好的气质和风度。

在社交场合，站立时切记：

（1）双手不可叉在腰间，也不可抱在胸前。

（2）驼着背、弓着腰、眼睛不断左右斜视，一肩高一肩低，双臂胡乱摆动，双腿不停地抖动，都是不宜的。

（3）不宜将手插在裤兜里，更不要下意识地做小动作，如摆弄打火机、香烟盒，玩弄皮带、发辫，咬手指甲等，这样不但显得拘谨，给人以缺乏自信和经验的感觉，而且也有失庄重。

二、坐姿

“坐如钟”给人以端正、大方、自然、稳重之感。

以下几种不良坐姿不宜出现在社交场合中：

（1）与人交谈时，双腿不停地抖动，甚至鞋跟离开脚跟在晃动，这是不礼貌的、缺乏教养的表现。

（2）叠腿而坐，并仰靠在椅背上。

（3）双脚搭到椅子、沙发、桌子上。

（4）坐下后脚尖相对，或双腿拉开成八字形，或将脚伸得很远。

三、走姿

走姿属于动态美，凡是协调稳健、轻松敏捷的走姿，都会给人以美感。

自觉纠正以下几种不良的走姿：

（1）走路内八字或外八字。

（2）弯腰驼背，摇头晃脑，扭腰摆臀。

（3）膝盖弯曲，重心交替不协调。

（4）左顾右盼，走路时抽烟，双手插裤兜。

（5）身体松垮，无精打采。

（6）摆手过快，幅度过大或过小。

四、鞠躬

鞠躬是人们在生活中用来表示对人的恭敬而普遍使用的一种礼节，既适用于庄严肃穆或喜庆欢乐的仪式，又适用于一般的社交场合。随着社会文明程度的提高，鞠躬的使用越来越频繁。

鞠躬时不礼貌的行为有以下几种：

（1）鞠躬时不脱帽。

（2）鞠躬时眼睛不往下看，而是翻起看着对方。

（3）鞠躬前后不正视对方。

（4）鞠躬时嘴里吃着东西或叼着香烟。

（5）鞠躬时扭扭捏捏，装腔作势，让人反感。

五、手姿

手姿，又叫手势。由于手是人体最灵活的一个部分，所以手势是体态语言中最丰富、最具有表现力的，手势的运用若得体适度，会起到锦上添花的作用。适当地运用手势，可以增强感情的表达。古罗马政治家西塞罗曾说："一切心理活动都伴有指手画脚等动作。手势恰如人体的一种语言，这种语言甚至连野蛮人都能理解。"作为仪态的重要组成部分，手势的使用应注意以下几点：

（1）手势的使用应该有助于表达自己的意思，不宜过于单调重复，也不能做得过多。反复做一种手势会让人感到修养不够。与他人交谈时，随便乱做手势，不停地做手势，会影响别人对你说话内容的理解。应约束自己，讲话时注意控制手势的运用。

（2）打招呼、致意、告别、欢呼、鼓掌等都属于手势范围，应该注意其力度的大小、速度的快慢、时间的长短，不可以过度。如看体育比赛、文艺演出或欢迎人到来时的鼓掌，应该用右手手掌轻拍左手手掌心，不可过分用力，也不可不鼓掌，更不应该用鼓掌表示不满，即喝倒彩。

(3) 在任何情况下，不要用拇指指自己的鼻尖和用手指点他人。谈到自己时应用手掌轻按自己的左胸，这样会显得端庄、大方、可信。用手指点他人的手势是不礼貌的。

(4) 介绍某人、为某人指示方向、请人做某事时，应该使掌心与地面成45°，手指自然并拢，以肘关节为轴指示方向，上身稍向前倾15°，以示敬重，这种手势被认为是诚恳、恭敬、有礼貌的。

(5) 生活中某些手势会令人极其反感，严重影响风度。如掏耳朵、抠鼻孔、咬指甲、剜眼屎、搓泥垢、修指甲、揉衣角、用手指在桌上乱画等，这些都是人际交往中禁忌的举止。

礼仪操作

一、正确的站姿

正确的站姿如图 2-9 所示。

图 2-9 正确的站姿

(1) 头正，颈挺直，双肩展开向下沉，人整体有向上的感觉。

(2) 收腹、立腰、提臀。

(3) 两腿并拢，膝盖挺直，小腿往后发力，人体的重心在前脚掌。

(4) 女士四指并拢，虎口张开，双臂自然放松，将右手搭在左手上，拇指于体前交叉，体现女性线条的流畅美。脚跟并拢，脚尖分开呈 V 字形。

(5) 男士可将两脚分开与肩同宽，也可脚跟并拢、脚尖分开呈 V 字形，双手背放到臀部上，塑造出男性轮廓的美。

（6）女士穿旗袍时，可站成丁字形，腹略收，双手交叉置于肚脐位置。

（7）站立时应保持面带微笑。

二、正确的坐姿

正确的坐姿如图 2－10 所示。

图 2－10　正确的坐姿

（1）入座时要轻要稳，即走到座位前转身，轻稳地坐下。女子入座时，若是着裙装，应用手将裙稍稍拢一下，不要坐下后再站起整理衣服。

（2）坐在椅子上，上身保持站姿的基本姿势。双膝并拢，两脚平行，鞋尖方向一致。

（3）根据所坐椅子的高低调整坐姿，双脚可正放或侧放，并拢或交叠，切记：女士的双膝应并拢，任何时候都不能分开。

（4）双手可自然弯曲放在膝盖或大腿上。如果坐的是有扶手的沙发，男士可将双手分别搭在扶手上，而女士最好只搭一边扶手，以显示高雅。

（5）坐在椅子上时，一般坐满椅子的 2/3。一般情况下不要完全靠向椅背，休息时可轻轻靠背。

（6）起立时，双脚往回收半步，用小腿的力量将身体支起，不要用双手撑着腿站起，要保持上身的直立。

三、正确的走姿

正确的走姿如图 2－11 所示。

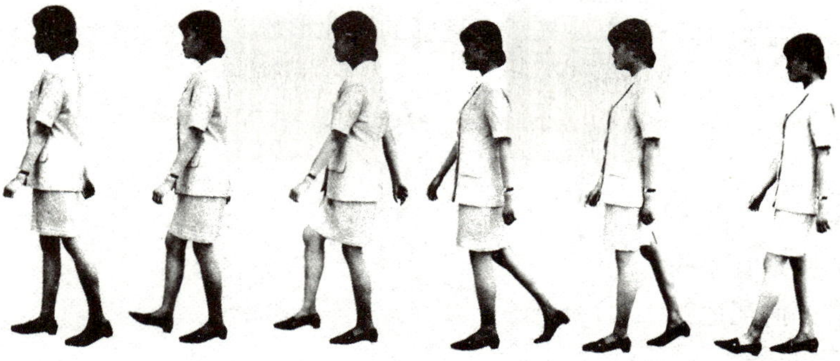

图 2-11　正确的走姿

（1）以站姿为基础，面带微笑，眼睛平视。

（2）双肩平稳，双臂前后自然地、有节奏地摆动，摆幅以 30°～35°为宜，双肩、双臂都不应过于僵硬。

（3）重心稍前倾，行走时左右脚重心反复地前后交替，使身体向前移动。

（4）行走的路线应为一条直线。

（5）步幅要适当。一般应该是前脚的脚跟与后脚的脚尖相距为一脚掌长，但因性别、身高不同会有一定差异。着装不同，步幅也不同。如女士穿裙装（特别是穿旗袍、西服裙、礼服）和穿高跟鞋时步幅应小些，穿长裤时步幅可大些。

（6）跨出的步子应是脚跟先着地，膝盖不能弯曲，脚腕和膝盖要灵活，富于弹性，不可过于僵直。

（7）走路时应有一定的节奏感，走出步韵来。

四、正确的鞠躬姿势

（1）以站姿为基础，双手在身前搭好，双眼注视对方，面带微笑。

（2）鞠躬时，以臀部为轴心，将上身挺直地向前倾斜，目光随着身体的倾斜而自然下垂于脚尖 1.5 米处。鞠躬完毕，恢复站姿，目光再回到对方脸上。

（3）鞠躬时，应同时伴有问候语。声音要热情、亲切、甜美，且与动作协调。

（4）准确地运用鞠躬礼。鞠躬礼一般分为 90°、45°和 15°三种。90°的鞠躬礼一般用于三鞠躬，属最高礼节。45°的鞠躬礼通常为下级向上级、学生向老师、晚辈向长辈以及服务人员对来宾表示致意时所用。15°的鞠躬礼运用于一般的应酬，如说“你好”或“谢谢”、介绍、握手、递物、让座、让路等都应伴随 15°的鞠躬。

（5）一般应是站着行鞠躬礼。如果坐着见到客人、领导、长辈，应起立鞠躬致意。如在办公室里见到一般的客人，而且手上的工作放不下，也可坐着行 15°的鞠躬礼。

本章小结

本章介绍了商务人员形象塑造的基本内容和方法。商务人员的形象是由内在形象和外在形象构成的。内在形象魅力的主要构成因素有真、善、美的人格及才华、幽默等。外在形象主要包括仪表、仪容、仪态三方面的内容。商务人员对这些内容不仅要知晓、了解，更要通过操作、实践掌握，并以此来塑造良好的职业形象。

思考与训练

一、思考题

1. 着装的原则有哪些?

2. 服装应如何配色?

3. 仪表美包括哪三个层次?

二、实训题

1. 站姿训练。

(1) 贴墙站立。要求学生后脚跟、小腿、臀、双肩、后脑勺都紧贴墙。这种训练是让学生身体上下处于一个平面。每次练习 20 分钟。

(2) 背对背站立。要求两人一组，背对背站立，两人的小腿、臀部、双肩、后脑勺都贴紧。两人的小腿之间夹一张小纸片，保持纸片不掉下。每次练习 20 分钟。

2. 坐姿训练。

(1) 练习入座、起立。入座时，教师说“请坐”，学生说“谢谢”，女生双手拢一下裙子，按规范动作坐下。起立时，速度适中，既轻又稳。

(2) 练习坐姿。按规范的坐姿坐下，放上音乐。练习在高低不同的椅子、沙发和不同交谈气氛下的各种坐姿。训练时，重点强调上身挺直、双膝不能分开。要求用一张小纸片夹在双膝间，保持从始至终不掉下来。

3. 走姿训练。

(1) 走直线。在地上画一直线，行走时双脚内侧稍稍碰到这条线，以保证走路时两只脚几乎是平行的。配上节奏明快的音乐，训练行走时的节奏感。强调眼睛平视，不能往地上看，收腹、挺胸、面带微笑，自信而友好。

(2) 顶书而行。头顶书练习，不要让书掉下来。这是为了纠正走路时摇头晃脑的毛病，使行走时头正颈直的训练。

(3) 练习背小包、拿文件夹和公文包、穿旗袍时的行走。

4. 鞠躬练习。

学生间互相行鞠躬礼；学生向老师行鞠躬礼。

第三章
商务交往礼仪

在人与人的交往中，礼仪越周到越保险，运气也越好。

——卡莱尔

学习目标

1. 理解商务交往礼仪在商务工作中的重要作用；掌握商务交往礼仪知识；明确交际中的诸多忌讳，避免商务交往中的尴尬。

2. 掌握正确的商务交往礼仪方法，学会巧用交往技巧，打造个人交际魅力，推动商务事业成功。

导入案例

一天，小王走进一家电器商店，一台音色清纯透亮、低音浑厚且极富震撼力的音响引起了小王的注意。一位推销员热情地迎上来，满脸职业微笑，主动介绍这种新产品。他的介绍很专业也很流畅，从性能优势到结构特点，从性价比到售后服务，一一道来，还进行了演示。起初小王被他那热情而熟练的介绍所打动，对产品产生了几分好感，刚想问点什么，就被推销员接下来连珠炮似的介绍打消了，既不管小王懂还是不懂，也不管小王反应如何，只顾喋喋不休地讲下去，大有小王不掏出钱包就绝不罢休之势。小王心里有几分不悦了，特别是当推销员褒扬自己的品牌而贬低其他品牌时，小王反而产生了疑虑：产品性能是否果真优良？于是借商店又来了一位顾客之机“逃”出了商店。

分析：

为什么商务人员滔滔不绝的介绍反而消除了顾客的购买欲望呢？这说明，在现实的商务活动过程中，商务交往礼仪的运用是否恰当对营销结果起相当大的作用。商务人员只有把握好了商务交往礼仪的运用，方能取得较好的营销业绩。

第一节　商务交往的一般原则

要想建立良好的人际关系，作为商务人员，就要在社会生活中了解、遵循和掌握以下商务交往的一般原则。

一、互尊原则

在商务交往中，交往的双方都需要遵守平等互尊原则，平等互尊是商务交往中建立人际关系的必要前提。商务交往作为商务人员与客户之间的沟通方式，是主动的、相互的、有来有往的。人都有受人尊重的需要，都希望得到别人的平等对待。作为商务人员，要十分注意这种平等互尊的需要，尊重你的客户的同时也会为自己赢得尊重。

案例 3－1

尊敬的作用是十分巨大的。日本东芝电器公司曾一度陷入困境，员工士气因此低落。在这种情况下，土光敏夫出任董事长，他经常不带秘书，一个人深入各工厂与工人聊天，听取工人的意见。更有意思的是，他还会经常带着酒去慰问工厂的员工，和他们共饮。最终，他赢得了公司上下的支持，员工的士气也高涨起来。在短短的三年里，土光敏夫让东芝公司重振声威。土光敏夫的诀窍就是关心、重视、尊重每一位员工，“敬人者，人恒敬之”，在尊重员工的同时，他也赢得了员工的信服与支持。

二、相容原则

一般来说，在商务交往过程中，人们往往会感受到，交往的双方其实心理存在着一定的距离，存在不相容的心理状态。这种差异会令双方产生思想隔膜，甚至会使双方关系僵化，从而错过促成商机的机会。若想缩小这种心理上的差异，使人与人的交往能多一分和谐、多一分信赖，就要做到心理相容，必须抱有宽容之心，增加交往频率，寻找双方共同点，学会谦虚与理解。

诚然，我们的社会已步入商业时代，商业交易中的一些法则，如精打细算、成本核算、等价交换、公平买卖等，也悄然渗透到普通的社会交往中。一些人不再笃守施恩勿图、不思回报的信条，而通行起施恩图报、按利施惠的法则；一些人不再笃守礼轻情重、滴水之恩当涌泉相报等报大于施的传统美德，而奉行受多少惠，报多少恩的报施等值法则，实行现施现报、勿施勿欠、及时结算的法则。毋庸讳言，在人际交往流行商业交易法则的过程中，产生了一些偏离商业文明的不公平现象。施恩者中有了无恩求报和施一图十的人；受恩者中有了知恩不报、多受少报和恩将仇报的人。这些人为了交往利润的最大化而处处投机钻营、占便宜。他们极易与周围的人发生摩擦、冲突，给他人带来苦恼。我们认为，成功的商务人员为人处世要心胸开阔，宽以待人，要多容忍他人，体谅他人，遇事多为他人着想，即使别人犯了错误，或冒犯了自己，也不要斤斤计较，过分苛求，咄咄逼人，以免因小失大，伤害相互之间的感情。唯有宽容才能排除与人交往中的各种障碍，才可能成功交易，促进事业的发展。

三、适度原则

讲究礼仪是对交往对象的一种尊重。但是，凡事过犹不及，在商务交往中，要根据时间、地点、环境等条件，对不同的客户或交往对象施以不同的礼仪。施礼过度或不足，都是失礼的表现。比如，见面时与人握手的时间过长；逢人就分发名片，不讲究主次；告别时一次次地鞠躬，不停地感谢，都会让对方觉得反感。礼仪的施行，只要将自己的内心情感表达出来，让对方感受到你的真诚度就可以了。重复施礼反而会让人不理解、难以接受。

四、真诚原则

商务人员的交往礼仪运用得好坏，关键在于态度是否真诚。如果能抱着诚意与客户交往，那么你做出的行为会自然而然地显示出你对对方的关切与爱心。要让对方感觉到，你十分愿意与他有商业来往。倘若仅把运用礼仪作为一种道具和伪装，在具体操作礼仪规范时口是心非，言行不一，弄虚作假，投机取巧，是违背礼仪的基本原则的，是无法取得客户的信任的。

案例 3－2

宋朝大文豪苏轼在杭州任通判时，经常微服私访，体察民情。

有一天，他来到一个寺院游玩。开始，方丈把他看成普通客人来接待，有些怠慢，对苏轼说："坐。"转头对小沙弥说："茶。"小沙弥端来一碗很普通的茶。

喝茶过程中，方丈感觉到苏轼谈吐不凡，像是很有来头，便和蔼地说："请坐。"又对小沙弥说："泡茶。"

最后，方丈知道来者是大名鼎鼎的苏轼，急忙起身，恭恭敬敬地说道："请上座。"高声唤来小沙弥："泡好茶。"并亲自跑前跑后款待苏轼。

茶喝毕临别时，方丈请求苏轼留字。苏轼提笔写道"坐　请坐　请上座，茶　泡茶　泡好茶"，方丈看后羞愧万分。

原本来客敬茶是礼仪之道，方丈以貌取人，以权势衡量待客之礼，失去真诚原则，受到了嘲讽。

五、诚信原则

诚信是在市场活动中形成的，是一种道德规范。诚信原则确立的是在市场营销活动中，参与交易的各方当事人应严格遵守的一种最基本的行为准则和道德观念。它要求行为人本着真诚、真实、恪守信用的原则和精神，以善意的主观意识和行为方式正确行使自己的权利、履行自己的义务。

由于诚信原则体现了伦理道德的观念和正义的现实要求，因此诚信原则在实务中能产生特殊的作用。具体来说，诚信原则具有以下几种功能：

（1）敦促行为人以善意方式行使权利和履行义务。具体表现在：第一，诚信原则要求商务人员必须具有诚实、守信、善意的心理状态；第二，诚信原则要求商务人员在从事交易活动中，不得欺骗他人、损人利己。

（2）调节商务人员之间、商务人员与社会之间的利益平衡。在一般的经济理论看来，任何的交易都牵涉两个以上的不同利益的主体，由于各个交易主体所追求的经济利益各不相同，所以各方当事人之间的利益常常会发生各种冲突或矛盾。诚信原则要求平衡商务人员的利益与社会利益之间的冲突与矛盾，在不损害社会公益和市场道德秩序的前提下，去追求自己的利益。

（3）有利于减少交易成本，并增进效益。英国经济学家科斯认为，信誉（或是商誉）可以降低交易费用；反之，欺诈等机会主义行为却会增加交易费用。诚信原则可以提高商务人员的信誉，没有诚信原则的保证，人们则可能只愿做那些能即时结清的交易，这就大大限制了财产的流转，资源的配置也无法达到最优。

所以，把握好诚信原则，势必会为自己的成功埋下不可估量的伏笔。

商务交往礼仪体现了个人职业素养。对现代商务人士而言，拥有丰富的商务礼仪知识，以及能够根据不同的场合应用不同的商务交际技巧，往往会使事业如鱼得水。但交际场合中事事合乎礼仪、处处表现得体着实不易。美国教育家卡耐基认为，一个人事业上的成功，只有15%是由于他的专业技术，另外的85%要靠人际关系、处世技巧。商业往来是人们交往的重要部分，甚至是核心部分，商务礼仪的重要性随之凸显。掌握正确的商务交往礼仪，重视商务交往礼仪，定能为你的事业助一臂之力。

第二节　商务人员面部表情礼仪

礼仪原理

面部表情是仅次于语言的一种交际手段，因此在交往活动中，表情备受交往双方的注意。在人的千变万化的表情中，眼睛和微笑最具表现力。商务人员在与公众打交道时，面部表情的基本要求就是热情、友好、诚实、稳重、和蔼。

一、眼睛

面部表情中起主导作用的是眼睛，内心情感的传递方式主要是靠眼神。面部表情中最突出的是“眉目传情”，所以眼睛被称为“心灵之窗”。在人际交往中，目光交流不仅可以表示对他人正在述说的事情的重视，也可以表达对他人的喜爱。因此，商务人员要学会正确地运用眼神。在谈话时，目光要注视讲话的人。如果东张西望，表现出一副心不在焉的样子，则会被人认为是不礼貌的。

二、微笑

笑是眼、眉、嘴和脸部动作的集合，它是多样的，有皮笑肉不笑、开怀大笑、回头一笑等。而微笑是其中最常见的，在交往中的作用也最为广泛。一个人如果不会微笑，他就会遇到许多困难，失去许多本该属于他的机遇和财富。微笑是一门学问、一种艺术，只有苦练才能成功。商务活动最有效的表情莫过于微笑。微笑是一种人人皆知的世界语。微笑传达的信息常能促进双方沟通，融和双方感情。比如当谈话取得一定效果、谈判达成一定协议时，双方会心地微微一笑，常常能弱化或消除心中的戒备和隔阂，增进理解和友谊。如今，日本各航空公司的乘务员上岗之前要接受的主要礼仪训练就是微笑。学员要在教官的指导下进行长达6个月的微笑训练，训练在各种乘客面前、各种飞行条件下应当保持的微笑。美国密西西比大学的心理学家詹姆斯·麦克奈尔教授谈到，有笑容的人在管理、教导、推销上更容易成功。这足以说明微笑对人际交往的突出效用。

补充知识 3-1

微笑服务的魅力

美国希尔顿酒店被誉为全球酒店之冠，其创始人唐纳·希尔顿称得上是一个传奇人物。

说起希尔顿的成功历史，他的母亲对他的影响是巨大的。就在他经数年苦心经营使资本增值到5 000万美元时，有一天，他踌躇满志、颇为得意地向母亲谈起他如何赚钱有方。他母亲淡然一笑说："你拥有5 000万美元有什么了不起，知道比这更值钱的东西是什么吗？"希尔顿被问住了，母亲又说："我看，做生意除了要对顾客诚实之外，你还得想出一个简单可行但又不花钱且行之久远的办法，去争取顾客的反复光临，只有这样，你的旅馆才会前途无量，资金才能不断增加。"母亲的话令希尔顿大受启发，他苦苦思索那"简单可行""不花钱""行之久远"合而为一的赚钱之道。终于，他悟到了，那就是"微笑"。

希尔顿视微笑为企业生存发展的唯一途径，并以此为基本企业理念，在员工队伍中大力提倡微笑服务。多年来，希尔顿酒店生意如此之好，财富增长如此之快，其成功的秘诀就在于牢牢确立自己的企业理念并把这个理念贯彻到每一个员工的思想和行为之中，酒店创造了宾至如归的文化氛围，注重企业员工礼仪的培养，通过"微笑服务"体现出希尔顿酒店的独有魅力。

1930年，世界性经济危机袭击了美国，旅馆倒闭了80%，希尔顿酒店也深受其害，一度负债50万美元，但希尔顿并不灰心，他要求员工："请各位记住，在经济恐慌的年代，万万不可把我们心里的愁云提到脸上，无论酒店本身遇到多大的困难，我们脸上的微笑应当永远成为旅客的阳光，一旦危机过去了，我们希尔顿就会迎来云开日出的那一天。"在严重经济危机的年代，只有他的员工始终坚持微笑待客，这给人们留下了深刻美好的印象。经济萧条过去后，希尔顿酒店率先进入繁荣时期，跨入经营的黄金时代。

希尔顿经常这样谆谆教诲下属和员工："大家想过没有，如果酒店里只有第一流的设备而没有第一流服务员的微笑，那些旅客会认为我们供应了他们全部最喜欢的东西吗？如果缺少服务员的美好微笑，正好比花园里失去了太阳和春风。假如我是旅客，我宁愿住进虽然只有残旧地毯，却处处见到微笑的旅馆，也不愿走进只有一流设备而不见微笑的地方……”

微笑的表现要旨有以下几个方面：

（1）表现心境良好。面露平和欢愉的微笑，说明心情愉快、充实满足、乐观向上、笑对人生，这样的人才具有吸引别人的魅力。

（2）表现充满自信。面带微笑，表明对自己的能力有充分的信心，以不卑不亢的态度与人交往，使人产生信任感，容易被别人真正地接受。

（3）表现真诚友善。微笑反映自己胸怀坦荡，善良友好，待人真心实意，而非虚情假意，使人在与其交往过程中自然放松，不知不觉缩短了彼此的心理距离。

（4）表现乐业敬业。工作岗位上保持微笑，说明热爱本职工作，乐于恪尽职守；同时，微笑还可以创造一种和谐融洽的气氛，让服务对象倍感愉快和温暖。

补充知识 3-2

微笑的十大理由

（1）微笑比紧锁双眉要好看；
（2）表示友善；
（3）令你看起来更有自信和魅力；
（4）令自己的日子过得更有滋有味；
（5）有助于结交新朋友；
（6）令别人心情愉悦；
（7）留给别人良好的印象；
（8）送给别人微笑，别人也自然报以你微笑；
（9）令别人减少忧虑；
（10）一个微笑可能随时帮你展开一段终身的情谊。

礼仪操作

一、目光礼仪

（一）目光注视的区域

在与人交谈时，不要将目光长时间聚焦于对方脸上的某个部位或身体的其他部位。面对不同的场合和交往对象，目光所及之处也有区别，具体如下：

（1）公事注视：目光所及区域在额头至两眼之间。

（2）社交注视：目光所及区域在两眼到嘴之间。

（3）亲密注视：目光所及区域在两眼到胸之间。

（二）目光注视的时间

（1）注视时间应占交谈时间的 30%～60%。低于 30%，会被认为你对他的交谈不感兴趣；高于 60%，则会被认为你对他本人的兴趣高于对谈话内容的兴趣。

（2）凝视的时间不能超过 5 秒，因为长时间凝视对方会让对方感到紧张、难堪。如果面对熟人、朋友、同事，可以用从容的眼光来表达问候、征求意见，这时目光可以多停留一些时间，切忌迅速移开，这会给人留下冷漠、傲慢的印象。

（三）目光的不良表达方式

（1）在别人讲话时闭眼，给人的印象是傲慢或没有教养。

（2）盯住对方的某一部位“用力”地看，这是愤怒的最直接表示，有时也暗含挑衅之意。

（3）从上到下反复地打量别人，尤其是对陌生人，特别是异性，这种眼神很容易被理解为有意寻衅闹事。

（4）窥视别人，这是心中有鬼的表现。

（5）用眼角瞥人，这是一种公认的鄙视他人的表现。

（6）频繁地眨眼看人，这是心神不定的表现，且显得轻浮。

（7）左顾右盼，东张西望，目光游离不定，会让对方觉得你用心不专。

二、微笑礼仪

微笑的基本要领是：肌肉放松，嘴角两端向上略为提起，面含笑意，亲切自然，使人如沐春风。其中亲切自然最重要，它要求微笑出自内心、发自肺腑，而无任何做作之态。只有这种发自真心、带有诚意的微笑，才能使与你接触的人感到轻松和愉快。

图 3-1 至图 3-3 所示的是几种训练微笑的方式。

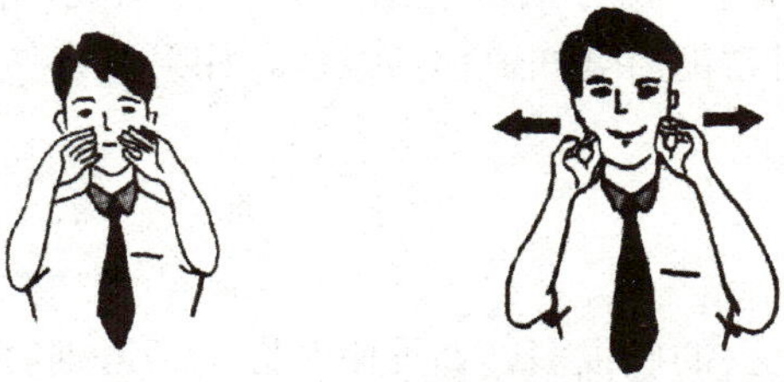

①把手举到脸前。

②双手按箭头方向做“拉”的动作，同时想象笑的形象。

图 3-1　微笑的训练方式（1）

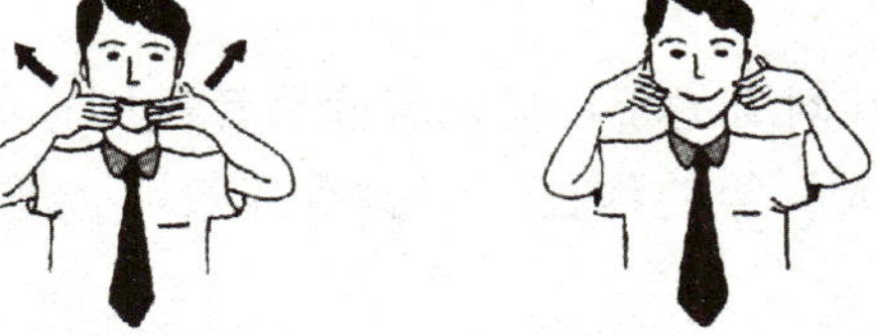

①把手指放在嘴角并向脸的上方轻轻上提。

②一边上提，一边使嘴充满笑意。

图 3-2　微笑的训练方式（2）

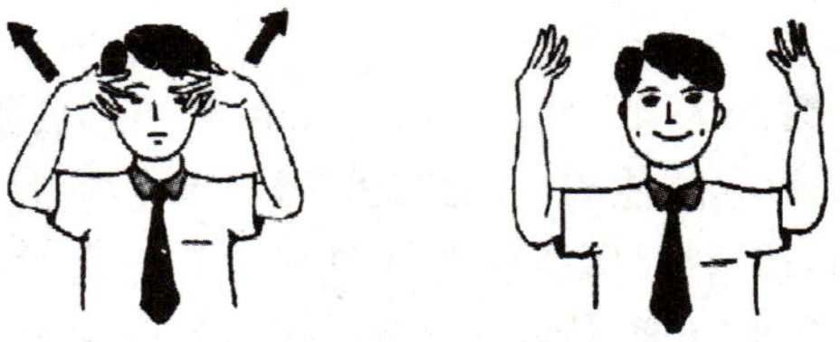

①手张开举在眼前，手掌向上提，并且两手展开。

②随着手掌上提，打开，眼睛一下子睁大，同时嘴角上扬。

图 3-3　微笑的训练方式（3）

第三节　商务人员握手礼仪

礼仪原理

一、握手的含义

握手是人们在交往中用于表达友好的常用的礼节，也是商务人员在商务活动中的重要表达方式。握手的力量、姿势与时间的长短往往能够表达出对对方的态度，显露自己的个性，给人留下深刻印象。美国著名盲聋女作家海伦·凯勒曾写道："我接触的手，有些人的手能拒人于千里之外；也有些人的手充满阳光，你会感到很温暖……"事实也确实如此，因为握手是一种语言，是一种无声的动作语言。

如果想建立有价值的关系网，就必须传达给对方一种感觉，让对方知道你真的重视他。使用视线接触的方法，可帮助对方知道你注意他，如果连带使用得体的握手，效果将更显著。

二、握手的场合

在商务活动中，握手的机会的确很多，如见面时握手、道别时握手、祝贺时握手、感激时握手、鼓励时握手、慰问时握手等。

三、握手的几种方式

（一）控制式握手

握手时，手心向下握住对方的手，显示着握手者强烈的支配欲，他在用无声的语言告诉别人，他此时处于高人一等的地位。实验研究表明，地位显赫的人习惯用此方式握手。

（二）谦恭式握手

握手时，手心向上同他人握手，则显示出握手者的谦卑与恭敬，如果是伸出双手去捧接，就更是谦恭备至了。

（三）标准式握手

伸出右手，手心与身体处于垂直状态，身体微微向前倾斜，握手时双目要注视对方，面带笑容，握 3～5 秒钟即可。

礼仪操作

一、握手的先后顺序

（1）应由身份职位高者、主人、年长者、女士先伸手；客人、年轻者、身份职位低者、男士可先问候对方，待对方伸手后再握。

（2）商务交往中，无论谁先伸手，即使他忽视了握手礼的先后顺序而已经伸出了手，都应看作友好、问候的表示，应马上伸手相握；拒绝他人的握手是很不礼貌的。

二、握手的时间把握

（1）握手时间的长短可根据握手双方亲密程度灵活掌握。

（2）初次见面时握手时间不宜太长，一般为 3～5 秒钟。

（3）在多人相聚的商务交往中，不宜只与某一个人长时间握手，否则会引起他人误会。

（4）切忌握住异性的手久久不松开。

（5）即使握同性的手，时间也不宜过长，以免对方欲罢不能。

三、握手的体态表现

（1）与人握手，神态要专注、热情、友好，面带笑容。

（2）身体直立，上身微微前倾，趋向于对方。

（3）应双目注视对方，让两手相握时通过双方的目光形成一个情感的“闭合回路”。

（4）握手的同时要伴有问候语，如“您好”“见到您很高兴”“欢迎您”“恭喜您”“辛苦啦”等。

四、握手的注意事项

（1）在多人握手的情况下，注意不要交叉握手。例如你欲与甲握手，但你伸手时发现乙已伸手与甲相握，这时你应主动收回，并说声“对不起”，待甲乙握完后再伸手与甲相握。交叉握手在通常情况下是一种失礼行为。如果是在丹麦人面前交叉握手，则会被看作最无礼、最不吉利的事情。

（2）无论男女，在普通的商务活动中，与人握手时均不应戴手套，即使你的手套十分洁净也不行。

（3）当自己的手不干净时，应亮出手掌向对方示意声明，并表示歉意。

（4）握手时，双方相握的两手上下抖动，而不能是左右晃动。

（5）一般情况下是握一下即可，不可太用力。男士与女士握手时，可只握一下手指部分。

第四节　商务人员致意礼仪

礼仪原理

除握手礼外，在国内的商务交往中，人们使用的见面礼还有相互致意。

一、致意的含义

致意是商务人员在商务活动中最常用的一种礼节，表示问候、尊敬之意。随着现代生活节奏的加快，致意逐渐成为日常人际交往中使用频率最高的一种礼节。它没有十分严格的模式与要求，通常用于相识的人或只有一面之交的人之间在各种场合打招呼。致意时，应该诚心诚意，表情和蔼可亲。若致意时毫无表情或精神萎靡不振，则会给人以敷衍了事的感觉。

二、致意的种类

（一）点头礼

点头礼适用于与对方不宜交谈的场合，例如，会议或会谈正在进行，行进在人声嘈杂的街道上，或是置身于影院、剧院等公共场合之中。与仅有一面之交者在商务交往中相逢，或是与相识者在同一场合中多次见面，点头礼也可以大派用场。在外交场合，遇到身份高的领导人，当对方没有主动伸手行握手礼时，应有礼貌地向其点头致意，表示欢迎。

（二）欠身礼

欠身礼是通过降低自己的体位以表示对他人的敬意，适用的范围比较广泛。

（三）鞠躬礼

鞠躬礼表达的敬意更高一些，也显得较郑重其事。一般常礼行一次，大礼行三次。具体操作规范请见第二章。

案例 3－3

向着顾客背影致意

旅游旺季，酒店大堂宾客进进出出，客人很多。一位手提皮箱的客人走进大厅，行李员微笑上迎，鞠躬问候，并跟在客人身后询问客人是否需要帮助。客人也许有急事，嘴里说了声："不用，谢谢。"然后头也没回径直朝电梯走去，那位行李员朝着离去的背影深深鞠了一躬，嘴里还不断地说："欢迎，欢迎。"有客人离开酒店时，行李员或行鞠躬礼，或对着客人挥手告别，一直到客人身影不见才放下手。该酒店的服务理念，不仅当着面客人鞠躬表示礼貌，对着客人背影鞠躬更能表达最真情的致意，也许其意义更为深远。

（四）挥手礼

挥手礼常用于相距较远的熟人之间打招呼。另外，行走匆匆不宜停留打招呼时可挥手致意。

礼仪操作

一、点头礼操作要领

点头礼的正规做法应是：头部向下稍许晃动一两下，同时目视被致意者。不应把头高高扬起，用鼻孔“看”人，或是头部晃动的幅度过大，点头不止。点头时要注意面带微笑。微笑即面含笑容，是不显著、不出声、不露齿的笑，要真诚、自然、朴实无华，否则会有悖于与人为善的初衷。

二、欠身礼操作要领

（1）欠身，即全身或身体的上半部分在目视被致意者的同时，微微前倾约 15°，意在表示对他人的恭敬。

（2）欠身礼适用范围比较广泛，可以向一个人欠身致意，也可以向几个人欠身致意。

（3）行欠身礼时，双手不应拿着东西或插在裤兜里。

三、挥手礼操作要领

（1）挥手致意的双方距离一般在 2～5 米比较合适。

（2）只要将臂伸直，掌心朝向对方，轻轻摆一两下手即可，不要反复摇动。

（3）切忌大嚷大叫，特别是在公共场合。

四、致意时的注意事项

（1）上述各种致意方式，在同一时间对同一个人时，可以只选用一种，也可能数种并用。例如，点头、欠身等是可以一气呵成的。采用一种致意方式还是几种致意方式，关键要看对方是谁，以及致意人想将自己对对方的友善之意表达到何种程度。

（2）致意的同时最好伴以“你好”“早上好”等简洁的问候语，这样会使致意显得更生动、更具活力。

（3）受礼者一般用相同的非语言符号和语言答礼。

第五节　商务人员介绍礼仪

礼仪原理

我国自古以来就十分重视初次见面的介绍礼仪。随着社会的进步，日常商务交往中普遍为人们接受和使用的介绍礼仪融进了更加文明、更加丰富的内容。

一、介绍的含义

介绍是商务交往中与他人进行沟通、增进了解、建立联系的一种最基本、最常规的方式，是人们进行沟通的出发点。在日常生活中，与素不相识的人相识和建立友谊，主要靠的就是相互介绍或自我介绍。

二、介绍的种类

从介绍者主体角度讲，常用的介绍形式有以下两种：

（1）自我介绍，即将本人介绍给他人。

商务人员在商务交往中如能正确地利用自我介绍，不仅可以扩大自己的交际范围，广交朋友，而且有助于自我展示、自我宣传，在交往中消除误会、减少麻烦。

（2）为他人介绍。

在商务交往中，作为商务人员往往有为不相识者彼此引见一下的义务，这便是为他人作介绍。这是一种第三者为彼此不相识的双方引见的一种介绍方式。为他人介绍通常是双向的，即将被介绍者双方均作一番介绍。

礼仪操作

一、自我介绍

（一）基本程序

先向对方点头致意，得到回应后再向对方介绍自己的姓名、单位和身份，同时递上事先准备好的名片。要注意以下四点：

（1）先递名片再介绍。

（2）自我介绍时间要短。

（3）内容要全面。自我介绍一般的内容包括四个要素：单位、部门、职务、姓名。

（4）倘若你的单位、部门和头衔较长，一定要注意第一次介绍时使用全称，第二次才可以用简称。

（二）具体形式

1. 应酬式

适用于某些公共场合和一般性的商务交往。这种自我介绍最为简洁，往往只包括姓名一项，如："你好，我叫××。"

2. 工作式

适用于工作场合，介绍内容包括本人姓名、供职单位及其部门、职务或从事的具体工作等，如："你好，我叫××，××公司的销售经理。"

3. 交流式

适用于商务交往活动中，表示希望与交往对象作进一步交流与沟通。内容具体应包括本人的姓名、工作、籍贯、学历、兴趣及与交往对象有关的内容。

4. 礼仪式

适用于讲座、报告、演出、庆典、仪式等一些正规而隆重的场合，内容包括姓名、单位、职务等，介绍时还应加入一些适当的谦辞、敬辞。

5. 问答式

适用于应试、应聘和公务交往。问答式的自我介绍应该是有问必答。

（三）注意事项

（1）态度要自然、亲切、随和，充满自信，目光正视对方。

（2）选择适当的时间，当对方无兴趣、无要求、心情不好，或正在休息、用餐、忙于处理事务时，切忌去打扰，以免尴尬。

（3）内容繁简适度。一般以 30 秒为宜，情况特殊下，也不宜超过 1 分钟。要做到实事求是，既不能把自己拔得过高，也不要自卑地贬低自己。

二、为他人介绍

（一）介绍人

按社交场合的惯例，介绍人一般应该是女主人。

国际交往中，介绍人一般是三种人：第一种是专业对口人员；第二种是公关礼宾人员；第三种是礼仪上身份对等的人。

介绍人的姿势为站姿（三方都坐着就以坐姿），五指并拢，掌心向上以标准的手姿来介绍，具体内容可参看第二章。

（二）介绍的顺序

介绍他人时必须遵守“尊者优先了解情况”的原则，即：先把职务低者介绍给职务高者；先把年轻者介绍给年长者；先把男士介绍给女士；先把家人介绍给同事、朋友；先把未婚者介绍给已婚者；先熟悉的人介绍给不熟悉的人；先把后来者介绍给先到者。

（三）为他人介绍的内容

为他人介绍的内容大体与自我介绍的内容相同，即相互的姓名、职务、职业、共同的兴趣。

（四）注意事项

（1）介绍者为被介绍者人作介绍之前，一定要征求一下被介绍双方的意见，切勿开口即讲，让被介绍者感到措手不及。

（2）被介绍者在介绍者询问自己是否有意认识某人时，一般不应拒绝，而应欣然应允。

（3）若介绍发生在宴会、会议、谈判中，介绍人和被介绍人可不必起立，被介绍双方点头微笑致意即可；如果被介绍双方相隔较远，中间又有障碍物，可相互挥手致意。

（4）介绍完毕后，被介绍者双方应依照合乎礼仪的顺序握手，并且问候彼此。问候语有“你好”“很高兴认识你”“久仰大名”“幸会幸会”等，必要时还可以进一步做自我介绍。

第六节 商务人员递接名片礼仪

礼仪原理

一、名片的使用

名片在交往中被普遍地使用，它是现代社会商务交往中的一种最为经济实用的介绍性媒介。

商务人员在递交名片给他人时，态度应郑重、从容、自然，动作要洒脱、大方，表情要亲切、谦恭。递交名片讲究“奉”，即奉送之意，要谦卑、恭敬。应当事先将名片放在身上易于掏出的位置，如西装内侧口袋，然后再找适当的时机得体地交给对方。

二、名片的用途

（一）自我介绍

这是名片的主要功能。名片的规格一般为10厘米×6厘米，无论是个人名片还是商用名片，名片上的基本信息均应包括姓名、职务、工作单位、地址、联系电话。

（二）替代便条

在交往中，视名片犹如见其本人一样，如拜访他人不遇，可留下名片或托人转交。名片还可以用作短信，在名片的左下角用铅笔写下几行小字或短语，如同长信一样正式。若留言内容较多，也可以写在名片背面。在国外的商务交往中，流行以法文缩略语写在名片左下角向他人表示慰问、鼓励、感谢、祝贺。常用的缩略语如下：

（1）n. b. ——提请注意。

（2）p. f. ——祝贺。

（3）p. r. ——感谢。

（4）p. c. ——谨唁。

（5）p. p. ——介绍。

（6）p. p. c. ——辞行。

礼仪操作

商务人员在工作中常常要递交和接受名片，递交是否礼貌，接受是否妥当，都将会影响你给对方的第一印象，因此必须懂得如何礼貌地接受名片和递交名片。

一、递交名片的操作要领

（1）双手呈递，以表示对对方的尊重。

将名片放置手中，用拇指夹住名片两个角，其余四指托住名片背面，手不要压住字。

见图 3 - 4。

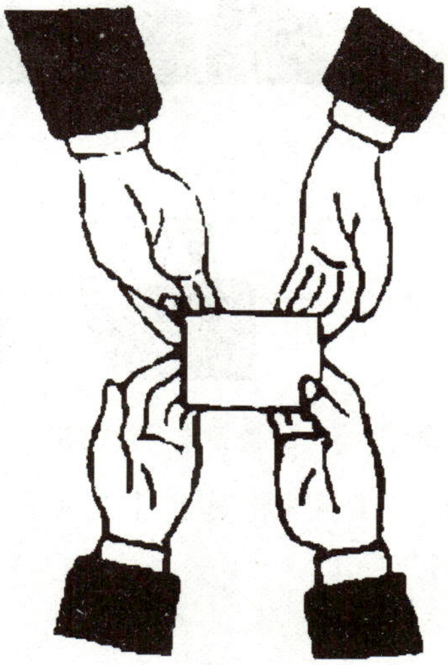

图 3 - 4　双手递名片

（2）将名片的文字正向对方，以便对方观看，切勿将名片的背面面对对方或颠倒着递给对方。

（3）在递交名片的同时，可以讲些“请多联系”“有事可以联络我”之类的表示友好的话，或者先作一下简单的自我介绍。

（4）在多人交换名片时，要注意讲究先后顺序，由近到远，由尊到卑。

（5）在未确定对方的身份之前，不要轻易递出名片，否则不仅有失庄重，而且可能日后被冒用。同样，为了尊重对方的意愿，尽量不要向他人索要名片。

也许你会认为上述这些都是区区小节、不足挂齿的事情，可是有的时候就因为对名片处理不当而使商务工作功亏一篑。

二、接受名片的操作要领

接受名片的时候讲究一个“恭”字，即恭恭敬敬。

（1）空手的时候必须双手接受。试想，如果别人用同样的方法来接受你的名片，你也一定会因感到被尊重而由衷地高兴。

（2）接过名片后要马上浏览一下，不可随便瞟一眼或根本看都不看。礼貌的做法是边看边复述重要信息，以示敬仰。遇到难认的字要及时询问，不问又念错是非常失礼的。

（3）如果一次同时接受多张名片，一定要记住哪张名片的主人是哪位。如果是在会议席上，休息时不妨拿出来摆在桌上，按对方的座次排列次序，这样的举动不仅不会让人觉得失礼，反而会让对方感受到被重视。见图 3 - 5。

（4）当对方递给你名片之后，如果自己没有名片或没带名片，应当首先对对方表示歉意，再如实说明理由，如“很抱歉，我没有名片”“对不起，今天我带的名片用完了，过几天我会亲自寄一张给您”等。

图 3-5　接受多张名片的技巧

(5) 接过他人名片后，应郑重其事地将其名片放入名片盒、名片夹或西装内侧胸袋，不可边交谈边摆弄名片或随意搁在桌上。

第七节　商务人员交谈礼仪

礼仪原理

交谈是一门艺术，是待人接物的工具，是与人心灵沟通的桥梁。恭敬有礼的话语温暖人心，粗野低级的语言则会伤害人心，使人与人之间关系紧张、冷淡。在一般的商务交往中，交谈是必不可少且十分重要的。仔细了解及观察一下就不难发现，有些商务人员谈吐高雅、妙语连珠、幽默风趣，让人百听不厌；有些商务人员则语言呆板乏味、含混晦涩，令人兴味索然。每个人都会说话，但在语言表达上有高低之分。要做到在与人交谈时谈得好、谈得妙，让人爱听，愿意与你合作，就得掌握一定的有关交谈的基本原则及交谈的技巧。娴熟的交谈艺术还是成为知交、建立深厚友谊的铺路石。善于交谈者，不但在生活和工作上事事顺遂，他们的心境也是自在和喜悦的。

大量事实证明，交谈的艺术并不在于你说得多么流畅、滔滔不绝，而在于善于表达真诚。最能推销产品的人并不一定是口若悬河的人，而是善于表达真诚的人。当你用得体的话语表达出真诚时，你就赢得了对方的信任，建立起人与人之间的信赖关系，对方也就可能因喜欢你说的话而信赖你这个人，进而信赖你的产品。

案例 3-4

陈老师写了一本《思想政治工作方法》，出版社让他推销 1 000 册。对他来说，这远比讲课要难得多。为了把书推销出去，陈老师在他的学生中举办了一次演讲，他在正式演讲前说道："当老师的在这里推销自己写的书，总不免有些尴尬。不过，如今作者也很难，写了书，还得卖书。出版社让我帮着推销 1 000 册，所以我不推销不行。这本书写得怎样，我自己不好评说。不过有两点可以保证：第一，这本书是我用三年时间完成的，是我心血的结晶；第二，书的内容绝不是东拼西凑抄来的，是我自己长期思考的见解。前不久，这本书被思想政治工作研究会评为社科类图书的二等奖，这是获奖证书。说实话，对于我们这些教书匠来说，搞推销比写书还难，只有硬着头皮来找大家帮忙。不过，买不买完全自愿，绝不强迫。如果觉得这本书对你有用，你又有财力，就买一本，算是帮我一个忙。谢谢！”他的这番讲话立即产生了效果，演讲一结束就卖掉了 300 多册。

商务人员在与人交谈时，声和气的使用必须遵循下列四项基本原则。

一、贴切语义

某一种声和气所表示的特定意思是在人们长期的使用过程中逐步形成的，这种意思具有其特定的稳定性，是不以个人的意志为转移的，这是说话的声和气的语义特点。我们只能遵循这一特点，而不能根据个人的好恶去随意地违背它或者改变它。例如：绝不能用大声吼来抒发自己的柔情蜜意，不能用粗声粗气来称赞别人，更不能用恶声恶气来表现我们激动的心情。否则，我们将不能正确地表达我们的本意，甚至还会招致麻烦和痛苦。由此可见，只有遵循声和气的语义特点，选用恰当的声和气，我们才能很好地表达我们的意思。

二、避免歧义

相同的词语配上不同的声和气往往会产生不同的意思，这是语言的一种歧义现象。仅以“你这家伙”举例。用粗声粗气说，它表示反感、抱怨、指责；用恶声恶气说，它表示怒斥、憎恨、警告；用阴声阴气说，它表示诅咒；用柔声细气说，它表示亲昵；用嗲声嗲气说，它表示打情骂俏或假骂真爱；用高声大气说，它是暗示听者采取某种行为；用唉声叹气说，它则表示被迫接受对方的建议或行为；等等。因此，使用好声和气的一条重要原则就是要尽力避免可能会出现的歧义现象。

三、区别对待

交谈中运用声和气时，我们不能忽视说话对象的年龄、性别、社会地位、文化修养等因素和不分使用的时间及场合。要根据说话对象的上述因素和不同的时间及场合选用不同的声和气。例如，对长辈、女性、社会地位高或文化修养深的人应使用和声和气、柔声细气和平声静气，不应高声大气或粗声粗气。

四、积极向上

人生道路并非一帆风顺。我们不时会有不满、不快、伤心、忧愁或悔恨等情绪。懂得生活的人不会因此而沉沦，而是从中振作起来，成为生活的强者。因此，我们在说话时，使用的声和气要积极向上、催人进取和充满活力。这样，我们才能给别人留下美好的印象，并丰富自己的生活。

礼仪操作

一、交谈的策略

交谈是生活的重要一环，通过良好的交谈，可拉近人际关系，彼此亲切起来。交谈策略很重要，它包括下述几点。

（一）运用恭维

交谈中的恭维，是保持互相信任、维持沟通畅通的关键。不过，恭维不可以肉麻，当看到对方值得欣赏之处，以平实的口气表示真心的肯定和赞美时，对方会感到一股温暖，甚至因获得深层的自我肯定而铭记在心，成为你的知交。著名作家马克·吐温说：“听到一句受用的恭维，可高兴两个月之久。”在交谈中加上赞美和欣赏，对彼此都有好处。

补充知识 3-3

交谈之中，你免不了要拒绝对方的要求。这时要先恭维对方再回绝要求，例如“承蒙邀请参加贵基金会，我很荣幸，并对贵会十分钦敬；可惜我工作实在太忙，无法分身，您的美意只能心领。”当你不赞同别人的建议时，也要先表示恭维再拒绝，例如“你的提议很好，不过目前还不宜采用。”

（二）多问少说

要问对方有话可说的问题，让对方多说话，给予其展示自我的机会。

（三）对事不对人

说自己的感受，不抨击对方，反驳对方时宜以委婉的询问方式来表达。

二、交谈的要领

（一）交谈时要放松情绪

一方面，通过放松情绪，营造良好的宽松的交谈氛围，消除彼此的距离感；另一方面，正如约翰·莫菲指出的：“我们不要硬是从头脑中榨出一些名言警句。当我们放松下来的时候，很多妙语就会自然而然地产生出来……”放松情绪有助于使商务过程成为一个愉快的交谈过程。

（二）使交谈启动起来

不要期望对方一开始就热情高涨，善言者总是等到对方变得热心以后，才试图从他们那里引导出一些有趣的想法。例如，他们会先问诸如此类的问题：“请问您尊姓大名？您是哪里人？您准备在这儿待多久？乘飞机来我市的吧？”这可激起对方的谈话兴趣。诚然，这些问题中似乎没有蕴含任何智慧，但它们的确能使交谈启动起来。

（三）保持谈话顺利进行

若要成为一位出色的交谈家，并不在于你有多聪明，或者有多少传奇性的经历，而在于你是否善于启发、诱导别人讲话。值得一提的是，“你”在谈话中是一个前进的信号，而“我”则是一个停止的信号。要设法把谈话引向对方的兴趣点，多用“为什么”“哪里”“怎么样”等词语启发对方说话。

（四）切忌以自我为中心

不可否认，人们总是对自己的工作、家庭、故乡、理想表现出浓厚的兴趣。但是商务人员一定要牢记，你是说给对方听的，必须顾及对方的兴趣、感受，而不能仅图自己的痛快。古希腊大哲学家苏格拉底说：“不要老是说‘我想’，而应多询问‘你认为如何？’”只有在满足别人心愿的同时，你自己的心愿才能得到满足。

（五）适当地谈论自己

当对方要求你讲自己的时候，不要守口如瓶地拒绝。稍微告诉对方一点你的情况，他会感到十分荣幸，因为这表示你是用非常友好的姿态与他交谈的。

三、交谈语言

（一）文明用语

当客人来访或遇到陌生人时，我们应使用文明礼貌语言。

（二）基本用语

（1）“您好”或“你好”。初次见面或当天第一次见面时使用。清晨可使用“早上好”“您早”等，其他时间使用“您好”或“你好”。

（2）“欢迎光临”。见到客人来访时使用。

（3）“对不起，请问……”见客人在等候时使用，询问其来访目的，态度要温和且有礼貌。

（4）“让您久等了”。无论客人等候时间长短，均应向客人表示歉意。

（5）“麻烦您，请您……”如需让客人登记或办理其他手续时，应使用该用语。

（6）“不好意思，打扰一下……”当需要打断客人与其他人的谈话时使用，注意语气要和缓，音量要轻。

（7）“谢谢”或“非常感谢”。对其他人所提供的帮助和支持，均应表示感谢。

（8）“再见”或“欢迎下次再来”。客人告辞或离开时使用。

（三）常用语言

在日常工作中，大家是否留意使用以下语言了呢？

（1）请；

（2）对不起；

（3）麻烦您……

（4）劳驾；

（5）打扰了；

（6）好的；

（7）是；

（8）清楚；

（9）您；

(10) ×先生或小姐；
(11) ×经理或主任；
(12) 贵公司；
(13) ××的父亲或母亲（称他人父母）；
(14) 您好；
(15) 欢迎；
(16) 请问……
(17) 哪一位；
(18) 请稍等（候）；
(19) 抱歉……
(20) 没关系；
(21) 不客气；
(22) 见到您（你）很高兴；
(23) 请指教；
(24) 有劳您了；
(25) 请多关照；
(26) 拜托；
(27) 非常感谢（谢谢）；
(28) 再见（再会）。

第八节　商务交往中的位置礼仪

礼仪原理

一、位置礼仪的含义

位置礼仪是指交往双方的位置所带有的情感意义。通常意义下，位置礼仪也体现了待人之道。在实际交往中，商务人员要正确使用位置礼仪。

二、交谈时位置的类型

在交谈中，以自己为参照，一般来说可将位置分为友好位置、公关位置、竞争位置和公共位置四种类型。

(1) 自己的邻座是友好位置，适用于两个人之间的谈心，体现一种亲密或者信任，往往在好友间使用，当然也可以用于上司与员工之间的谈心交流。

(2) 自己的斜对角位置，属于公关位置，往往用于与客户交谈或向领导汇报工作情况，因为这个角度比较适合与对方互换意见，并适于观察对方。

（3）自己对面的位置属于竞争位置，一般用于双方的正式交谈特别是谈判，易产生心理抵制。所以，如果是一般的友好形式的随意交流，就不推荐使用这种交流方式。

（4）公共位置，是指双方无沟通的欲望、彼此不受干扰的位置。

三、乘车时座次的尊卑

在比较正规的场合，乘坐轿车时一定要分清座次的尊卑，在适合自己身份之处就座。而在非正式场合，则不必过分拘礼。轿车上座次的尊卑，在礼仪上来讲，主要取决于下述四个因素。

（一）轿车的驾驶者

1. 主人亲自驾驶轿车

一般前排座为上，后排座为下；以右为尊，以左为卑。

（1）双排五人座轿车，座次由尊而卑依次是：副驾驶座，后排右座，后排左座，后排中座。

（2）双排六人座轿车，座次由尊而卑依次是：前排右座，前排中座，后排右座，后排左座，后排中座。

（3）三排七人座轿车（中排为折叠座），座位由尊而卑依次是：副驾驶座，后排右座，后排左座，后排中座，中排右座，中排左座。

（4）三排九人座轿车，座位由尊而卑依次是：前排右座，前排中座，中排右座，中排中座，中排左座，后排右座，后排中座，后排左座。

主人驾驶的轿车，最重要的是不能令前排座空着，一定要有一个人坐在那里，以示相伴。由先生驾驶自己的轿车时，其夫人一般应坐在副驾驶座上。由主人驾车送其友人夫妇回家时，友人之中的男士一定要坐在副驾驶座上，与主人相伴，而不宜形影不离地与其夫人坐在后排，那将是失礼之至。

2. 专职司机驾驶轿车

通常仍讲究右尊左卑，但座次尊卑为后排为上、前排为下。

（1）双排五人座轿车，座位由尊而卑依次为：后排右座，后排左座，后座中座，副驾驶座。

（2）双排六人座轿车，座位由尊而卑依次为：后排右座，后排左座，后排中座，前排右座，前排中座。

（3）三排七人座轿车（中排为折叠座），座位由尊而卑依次为：后排右座，后排左座，后排中座，中排右座，中排左座，副驾驶座。

（4）三排九人座轿车，座位由尊而卑依次为：中排右座，中排中座，中排左座，后排右座，后排中座，后排左座，前排右座，前排中座。

（二）轿车的类型

1. 双排座、三排座轿车

这一类型轿车的座次安排前面已经详述。

2. 吉普车

吉普车简称吉普，它是一种轻型越野轿车，大都是四座车。不管由谁驾驶，吉普车上座次由尊而卑依次是：副驾驶座，后排右座，后排左座。

3. 多排座轿车

多排座轿车指的是四排以及四排以上座次的大中型轿车，其不论由何人驾驶，均以前排为上，以后排为下；以右为尊，以左为卑，并以距离前门的远近来排定其具体座次的尊卑。以一辆六排十七座的中型轿车为例，其座位的尊卑依次应为：第二排右座，第二排中座，第二排左座，第三排右座，第三排中座，第三排左座，第四排右座……

（三）轿车上座次的安全系数

从某种意义上讲，乘坐轿车理当优先考虑安全问题。从客观上讲，在轿车里，后排座比前排座要安全得多。最不安全的座位，当数前排右座。最安全的座位，则当推后排左座（驾驶座之后），或是后排中座。当主人亲自开车时，之所以以副驾驶座为上座，是因为这表示了对主人的尊重，也显示着主与客同舟共济之意。由专人驾车时，副驾驶座一般也叫随员座，通常坐于此处者多为随员、译员、警卫等。鉴于此，一般不应让女士坐于专职司机驾驶的轿车的前排座，孩子与尊长也不宜在此座就座。

（四）轿车上嘉宾的本人意愿

通常，在正式场合乘坐轿车时，应请尊长、女士、来宾就座于上座，这是给予对方的一种礼遇。然而，更为重要的是，应尊重嘉宾本人的意愿和选择。应当认定：必须尊重嘉宾本人对轿车座次的选择，嘉宾坐在哪里，即应认定哪里是上座。即便嘉宾不明白座次，坐错了地方，也不要轻易对其指出或纠正，这时务必要讲主随客便。

上面这四条因素往往相互交错，在具体运用时，可根据实际情况而定。

四、商务陪同的位置礼仪

在商务活动中不免有接待任务，这时都会遇到陪同站位的问题。如果你是一般接待人员，在带领客人进行参观、游览时，若主宾是多人或者有贴身随从跟从，则让主宾站在中间位置，次宾位于主宾的右边，你站在主宾的左后位置；如需要给宾客做参观介绍的，则可以站在主宾客的右后位置。你距离主宾和次主宾的位置不能太远，以便与宾客随时交流。在行走时，你应该随时调整自己的位置，做到礼让三分。

礼仪操作

与其他人一同乘坐轿车时，应将轿车视为一处公共场所。在这个移动的公共场所中，同样有必要对个人的行为举止多加约束。

一、乘车注意事项

（一）不要争抢座位

上下轿车时，要井然有序，相互礼让。不要推推搡搡、拉拉扯扯，尤其是不要争抢座位，更不要为自己的同行之人抢占座位。

（二）不要动作不雅

在轿车上应注意举止，切勿与异性演出“爱情故事”，或是东倒西歪。穿短裙的女士上下车最好采用背入式或正出式，即上车时双腿并拢，背对车门坐下后，再收入双腿；下车时正面面对车门，双脚着地后，再移身车外。这样做的好处是不会“走光”。若跨上跨下、爬上爬下，则姿态极不雅观。

（三）不要不讲卫生

不要在车上吸烟，或是连吃带喝，随手乱扔。不要往车外丢东西、吐痰或擤鼻涕。不要在车上脱鞋、脱袜、换衣服，或是用脚蹬踩座位，更不要将手或腿、脚伸出车窗之外。

（四）不要不顾安全

不要与驾车者长谈，以防其走神。不要让驾车者听移动电话或看书刊。协助尊长、女士、来宾上车时，可为之开门、关门、封顶。在开、关车门时，不要弄出声响或夹伤人。在封顶时，应一手拉开车门，一手挡住车门门框上端，以防止宾客碰伤。当自己上下车、开关门时，要先看后行，切勿疏忽大意。

二、乘车上下车顺序

上下轿车的先后顺序有礼可循，其基本要求是：倘若条件允许，须请尊长、女士、来宾先上车，后下车。具体而言，又分为以下多种情况：

（1）主人驾驶轿车时，如有可能，应后上车、先下车，以便照顾客人上下车。

（2）乘坐由专职司机驾驶的轿车时，坐于前排者大都应后上车、先下车，以便照顾坐于后排者。

（3）乘坐由专职司机驾驶的轿车，并与其他人同坐于后一排时，应请尊长、女士、来宾从右侧车门先上车，自己再从车后绕到左侧车门后上车。下车时，则应自己先从左侧下车，再从车后绕过来帮助对方。若车停于闹市，左侧车门不宜开启，于右门上车时，应当里座先上、外座后上；下车时，则应外座先下、里座后下。总之，以方便易行为宜。

（4）坐有折叠座位的轿车时，为了上下车方便，坐在折叠座位上的人应当最后上车，最先下车。

（5）坐三排九座车时，一般应是位低者先上车、后下车；位高者后上车、先下车。

（6）乘坐多排座轿车时，通常应以距离车门的远近为序。上车时，距车门最远者先上，其他人随后由远及近依次而上。下车时，距车门最近者先下，其他随后由近及远依次而下。

本章小结

本章介绍了商务人员的交往礼仪原则，以及商务人员的面部表情礼仪、握手礼仪、致意礼仪、介绍礼仪、名片礼仪、交谈礼仪、位置礼仪等。

思考与训练

一、思考题

1. 选择题：

（1）关于握手，下列说法正确的是（　　）。

A. 身份低的人先伸手　　B. 哪只手方便用哪只手握

C. 握手时眼睛应看着手　　D. 不可以十字交叉握手

(2) 关于名片呈递，下列说法正确的是（　　）。

A. 身份低的人主动呈递　　B. 字体正面朝向自己

C. 接过名片应看一下　　D. 交谈过程中名片可以拿在手上玩弄

2. 商务交往礼仪的原则有哪些？

3. 请列举商务交往礼仪中的常用礼貌用语。

4. 常用的自我介绍有哪些形式？

5. 举例说明致意的种类及适用的场合。

6. 结合实例谈谈如何在商务交往中得体地使用目光语。

二、案例分析题

吉姆在身居要职之前，是一家公司的销售员。他能将与客户初次见面时了解到的对方的姓名、家庭情况、政治见解都牢记在心，而且不论相隔多久，下次见面时他都能准确地谈及对方家里人的情况甚至院子里的树长得怎样之类的问题，而且他获得了许多人的喜爱。

有一天，卡内基问吉姆成功的秘诀，吉姆简单地回答说："勤奋。"卡内基摇摇头。吉姆问道："那么，你认为是什么呢？"卡内基说："听说，你记得 1 万人的姓名。"吉姆纠正说："不，不止，我大概可以叫出 5 万人的姓名。"

问题：

请运用人际交往需要理论分析上面的案例。

第四章

商务办公礼仪

一个亲切的微笑，一句热情的问候，能为你赢得陌生人的友善，赢得同事的尊重。

——佚名

学习目标

1. 掌握商务人员的办公礼仪；掌握商务人员拜访及接待客户的必备礼节。

2. 全面掌握工作场合及人际交往中的各种礼仪规范，塑造良好的个人职业形象和企业组织形象。

导入案例

总机：“国家制造公司。”

麦克：“请问比尔·西佛董事长在吗?”

总机接线员听了麦克的问话以后，毫不犹豫地把麦克的电话转到董事长办公室，由董事长的秘书接听。

秘书：“董事长办公室。”

麦克：“你好。我是麦克·贝柯。请问比尔·西佛董事长在吗?”

秘书：“西佛先生认识你吗?”

麦克：“请告诉他，我是温彻斯特公司的麦克·贝柯。请问他在吗?”

秘书：“他在。请问你找他有什么事?”

[秘书很直爽地回答，但附带了一个问题：“请问你找他有什么事?”]

麦克：“我是温彻斯特公司的麦克·贝柯。请教你的大名。”

[麦克没有正面回答秘书的问题。麦克只是重复说着自己和公司的名称。他也附带问了一个问题，他想知道秘书的名字，以待日后再通话时能拉近彼此的距离。]

秘书：“我是玛莉·威尔逊。”

麦克：“威尔逊小姐，我能和董事长通话吗?”

秘书："贝柯先生，请问你找董事长有什么事?"

麦克："威尔逊小姐，我很了解你做秘书的处境，也知道西佛先生很忙，不随便接电话，不过，你放心，我绝不占用董事长太多的时间，我相信董事长会觉得这是一次有价值的谈话，绝不是浪费时间。请你代转好吗?"

[麦克确实遇到了困难，但他不气馁，仍再接再厉，试图突破困境。他坚持一个原则——不向秘书说出自己的真正目的，因为他顾虑到，一旦向秘书说出自己的目的，再经秘书转达，难免会产生误解。]

秘书："请等一下。"

[麦克的坚定语气使秘书不再为难麦克，她把麦克的电话转给董事长。]

比尔："喂!"

麦克："比尔，我是温彻斯特公司的麦克·贝柯。温彻斯特公司是专门为企业经理定制西装的公司。请问你知道温彻斯特公司吗?"

比尔："不知道。贵公司卖的是什么产品?"

麦克："我们是专门为经理定做西服的公司。有许多企业对我们颇为赞赏，这些企业包括城市国民银行、西方动态公司、国际食品公司、环球实业机器公司等。我希望下个星期能拜访你，当面向你作详尽的介绍。我想在下星期二上午 8 点 15 分或星期三下午 2 点 45 分拜访你，你觉得方便吗?"

[麦克提到了几家就在附近的大公司，希望借此引起比尔的兴趣。麦克不问比尔"是否愿意见面"，而问比尔"什么时候见面"，这样会使比尔在无意之中忽略"愿不愿见麦克"的问题。麦克还自己先挑选了两个时间让比尔选择，两个时间都在下星期，这使比尔不会感到窘迫而断然回绝麦克的请求。]

比尔："嗯，让我想想……就安排在下星期二上午 8 点钟好了。"

分析：

麦克的电话交谈之所以成功，是因为他的目标非常明确，且措施有效。对方问问题，麦克总会以简洁明了的话语答复，然后继续向"目标"迈进。"获得对方的邀约"是麦克此时唯一的目标。麦克是一位有专业素养的营销员，他认为在没有获得对方的邀约之前，任何营销上的说服行动都是没有必要的。先和对方敲定见面的时间，再在见面时展开缜密的说服行动也不迟。他的成功还得益于他的电话沟通技巧——重要的第一声。例如：麦克先自我介绍，然后讲出西佛董事长的名字，让人觉得麦克跟比尔早就认识，他们是朋友。当电话转至董事长后，麦克以简洁扼要的语言说明公司业务，以一句问话结束，这使对方有接着回答的机会，从而使彼此的谈话有来有往，营造出交谈的友好气氛。

第一节　商务人员办公室礼仪

礼仪原理

一、办公室礼仪的含义

本章所讲的办公礼仪，简而言之就是在办公室或公司中必须遵守的基本的行为礼仪规范。虽然各行各业的情况多少有些差别，但其要求遵循的办公室礼仪基本都是相同的。可以说，办公室礼仪是商务人员职业活动中的基本常识，是工作和服务守则规定的基本礼仪，是作为一种社会习惯或者商务活动的常规在工作交往中逐渐形成的。

商务人员在公司里办公，需要有一定的礼仪规范来对其行为进行约束。与此同时，各公司、单位要想顺利地进行商务来往，也需要有整个商务社会共同遵循的行动原则。所以，办公室礼仪是为社会普遍遵守的，具有广泛性。

二、办公室礼仪的作用

一个企业的办公室，对内是一个枢纽，上情下传，下情上达；对外它又是一个窗口，连接着内外，所以我们可以说办公室是上下内外的一个交汇点。办公室的地位决定了办公室的工作人员不仅要有较强的政策观念和熟练的工作技能，还需要有一定的办公室修养。礼仪问题不仅仅是个人的道德修养问题，而且直接影响到办公室的形象和效率。特别是在今天，随着现代科学技术的发展和交通工具的发达，以及中国的经济发展越来越国际化，中国企业面临的一个重要问题就是要与外企打交道或者要在全球范围内开展业务活动，所以，礼仪问题甚至还会涉及我们整个国家与民族的整体形象，必须给予充分的重视。

三、办公室工作礼仪

（一）办公室工作礼仪基本要求

（1）分寸得当。

首先，应注重言语的分寸。其次，个人情绪的表露要有分寸。最后，行为要有分寸。

（2）要主动为领导分忧解难。

当领导被来自内部或外部的矛盾所困扰时，宜为领导解围，而不是躲起来让领导自己去解决。对外交往时，也应主动关心对方，而不宜因对方是竞争对手就忽略了对他的礼貌和必要的关照。

（3）分工并不分家。

办公室内，大家各司其职，各负其责，这是现代化管理的基本要求。但是，互相帮助，互相关心，才能使分工的意义更积极、更有效，人际关系才更和谐，集体才更具团队精神，更有凝聚力。

案例 4－1

年轻的小王非常聪明，能力又强，所以大学毕业后，经招聘进入一家规模很大的贸易公司的杭州分公司工作。经过一段时间的努力，他被分公司的李经理看中，调到经理办公室当秘书，干得有声有色。

这些天小王很兴奋，因为总公司的张副总经理要来分公司视察工作。由于他工作出色，李经理点名让他陪同一起向张副总经理汇报工作。小王心想机会来了，他一定要精心准备一番，在副总经理面前好好表现一把，不光能让李经理脸上有光，说不定借此以后还可以调到总公司工作。所以在张副总经理视察期间，小王总是抢着介绍公司某些具体情况，侃侃而谈，娓娓道来，从现状到未来发展趋势、从具体工作到宏观评价无一遗漏。有时对自己了解得不太准确的情况，也能灵机一动，迅速做出汇报。对张副总经理给公司布置的任务，小王都毫不犹豫地承诺下来。视察结束后，小王还给张副总经理留了名片，表示今后张副总要办什么事，无论公私，都可以直接找自己。

送走张副总经理以后，小王对自己的表现有些沾沾自喜，可是他发现李经理的脸色有些不对头，李经理并没有表扬他，只说了一句："辛苦了。"没过几天，小王被调到销售科当业务员去了。他怎么也没有想到会是这个结果。

案例分析

作为下属，在工作中应该有积极主动的精神，辅佐自己的领导做好接待的准备工作，并在接待的过程中做好服务和补充工作。但是，关键时刻下属不是主角，是领导背后的影子，对自己在职场中的位置和角色必须有清醒和明确的认识。小王由于忽视了对自己位置和角色的界定，"积极主动"过头，出现"越位"现象，抢了领导的风头，导致喧宾夺主的境况，最后聪明反被聪明误。

小王在接待上级领导过程中，一是汇报工作越位，本来应由领导来汇报的情况，他抢先汇报；二是表态越位，超越自己的身份，胡乱表态。在工作中，下属热情过高造成工作越位，只要不是"武大郎"式的领导，一般都不会过于计较。但下属必须严格把握好自己，因为热情过高，表现欲过强而造成工作越位，往往会在不知不觉中越过领导的职权范围，这对领导来说，是绝对不能容忍的。如果下属经常犯这样的毛病，领导就会设法来"改变"，最直接的做法就是请之另谋高就。

（二）办公室行为礼仪

（1）进出门。

办公楼的大门，办公室的房门，也许正是一个员工礼仪修养的衡量之门。简单的进出门动作，一定要牢记"轻""敲""谦"。

轻，是指无论进出什么大门，开门、关门的声音一定要轻，乒乒乓乓地摔门进出是有失礼仪的，也会对公物造成损坏。

敲，是指去别的办公室时，包括本单位其他部门和外单位办公室，都应先敲门，得到允许后方可入内。即使门开着，也必须先在门上敲几下，并同时问："我能进来吗？"

谦，是指与别人一同进出门时，要谦让，而不可以我为尊，旁若无人。尤其是在与社会公众共同进出时，应该让社会公众先行。

（2）吃与喝。

喝水、吃饭都在办公室的现象越来越普遍。作为人的基本需要，吃与喝当然要得到保证，但这是在办公室进行的非工作行为，所以要特别注意礼仪规范。不论是吃饭还是喝水，均应保持安静，不能咂咂作声，也不宜在办公室吃辛腥食品。吃喝完毕后，应立即收掉所有餐具并擦抹办公桌，倒掉废弃物，还应打开门窗通风，让饭菜的味道散去。喝水与吃饭都应避免污染文件。在办公室适当储备一些点心是可以的，但工作时将一包零食放在桌上边吃边干，既不卫生，又不符合工作场所的礼仪，破坏了办公室应有的整齐和洁净，也不便于接待来访者。

（三）办公室行为禁忌

上班族要给人内外皆美的印象，因此要避免下列不良行为：

（1）过分注重自我形象。

办公桌上摆着化妆品、镜子和靓照，还不时忙里偷闲照照镜子、补补妆，不仅给人工作能力低下的感觉，而且在众目睽睽之下补妆实在有伤大雅。在工作环境中，淡扫蛾眉的妆容最为讨好，妆太浓会令人产生不信任感。

（2）使用公共设施缺乏公共观念。

单位里的一切公共设施都是为了方便大家，以提高工作效率。打电话也好，发传真、复印也好，都要注意爱惜、保护办公设备。给好友打个电话聊聊近况本无可厚非，只是别在办公时间进行，以免影响他人工作。

（3）零食、香烟不离口。

女孩子大都爱吃零食，且常常以互换零食表示友好。在此提醒女士们：工作时尤其是有旁人在时和接听电话时，嘴里万万不可嚼东西。那些以吸烟为享受的男士在工作场合也应注意尊重他人，不要随意在办公室吸烟，以免污染环境。

（4）形象不得体。

坐在办公室里，浓妆艳抹、环佩叮当、香气逼人、暴露过多，或衣衫不整、品位低俗，都属禁忌之列。低胸衣、迷你裙、夸张的饰物除了会影响同事工作的专心程度，还会令人怀疑你的工作能力。工作时，语言、举止要尽量保持得体大方，过多的方言土语、粗俗不雅的词汇都应避免。无论是对上司、下属还是对同级，都应不卑不亢，以礼相待，友好相处。

（5）把办公室当自家居室。

中午在办公室里吃自带的饭菜，饭后将餐具之类随手一放，也不清洗，导致办公室充满菜味，破坏了办公的氛围。

（6）高声喧哗，旁若无人。

有话轻轻讲，别人也一样会重视你的意见。其实，你的文质彬彬可以带动别人同你一起维护文明的环境。

（7）随便挪用他人的物品。

未经许可随意挪用他人的物品而事后又不打招呼的做法，实在显得没有教养。至于用后不归还原处甚至经常忘记归还的行为，也让人很不舒服。

（8）偷听别人讲话。

有两人私下谈话，你却停下手中工作，伸长两只耳朵倾听；别人在打电话，你两眼紧盯打电话的人，想探听别人说些什么，这些行为都会使你的形象大打折扣。遇到上述情况时，还是暂且回避一下为好。

（9）对同事的客人表现冷漠。

无论是谁的客人，既然已经踏进你的办公室，就是你的客人，而你就是主人。做主人的，三言两语就把客人打发掉，或不认识就不加理睬，都有失主人的风度。而客客气气地招待同事的客人，认真负责地记录电话留言，改日你外出办事时，你的客人来访也同样不会遭受冷落。

（10）迟到早退。

一个上班经常不准时的人，一个常常能开溜就早退的人，很难令人对他能准时完成工作投信任票。

案例 4－2

武汉掀起治庸风暴：公务员上班吃早点被罚

2011 年 4 月 6 日，一场针对官员的治庸风暴席卷武汉。武汉市治庸办暗访了该市 14 家职能部门，发现上班迟到、上网、玩游戏、炒股、聊天和脱岗等现象 29 起。4 月 18 日，39 人被问责，其中 7 人被调离现职工作岗位，1 人被辞退，2 人被要求停职反省。

武汉掀起治庸风暴的背景是，当地存在投资环境差、优惠政策难兑现、企业投诉有的部门乱收费的现象。在全国副省级城市中，武汉去年的工业产值排名靠后。为改善官员作风、优化投资环境，武汉市委书记阮成发决定发起“治庸”问责，并且当地还在酝酿加强公务员考核制度。武汉治庸办暗访发现，一些公务员上班迟到、看微博、玩游戏；首轮问责，39 人被处理。

4 月 14 日，在武汉市房产登记发证中心，一名年轻女工作人员在支部书记办公室里哭泣。她哭得一塌糊涂，扯了一大堆纸擦眼泪。在这场暗访中，她被认定为上班迟到。

武汉房产登记发证中心是该市房管局下设的一个事业单位。武汉市房管局督察室李美田主任介绍说，那天，房管局下属的各事业单位共有 6 名工作人员被发现迟到，上班时间化妆、看微博或吃早点等。其中，吃早点的工作人员被勒令停职反省一个月，调离岗位，看微博的工作人员也被调离岗位。

资料来源：褚朝新：《武汉掀“治庸”风暴　公务员上班吃早点被罚万元》，载《新京报》，2011-04-28。

礼仪操作

一、创设良好的办公环境

办公环境包含物质环境与人际交往环境。良好的物质环境主要是指保持办公环境的整洁，那些所谓的办公桌越乱工作态度越认真的说法只是玩笑而已。整洁的办公环境，会让你的工作效率攀升，工作时心情轻松愉悦。办公室既是工作地点，企业内部联系、外部交流的场所，又是企业形象窗口，展示着企业形象、风格、品位和文化。

办公室布置的基本标准：清洁、有序、高效、高雅。办公室保持整洁可遵循以下要点：

（1）在办公室里用餐，如果是使用一次性餐具，最好吃完立刻扔进垃圾桶，不要长时间摆放在办公室内的桌子或茶几上。如果突然有事情要办，也要记得礼貌地请同事代为扔掉。

（2）开了口的饮料罐不要长时间摆在桌上，这有损办公室雅观，最好把它放在不被人注意的地方。

（3）有刺激性气味的食品，尽量不要带到办公室。即使你喜欢，也会有人不习惯的。

而且其气味会弥散在办公室里，对办公环境和公司的形象损害很大。

（4）吃起来会碎屑乱溅以及声音很响的食物最好不吃，以免影响他人。食物掉在地上，最好马上捡起扔掉。

（5）在办公室里用餐，时间不要太长。他人可能会加班工作，也可能有性急的客人来访，遇到这种情况双方都会觉得不便。餐后将桌面和地面打扫一下，是必须做的事情。

二、同事间的交往礼仪

商务人员由于工作是与人打交道，因此尤其要注意与同事和睦相处。必须具有团队精神，热心助人，以礼待人，善于接受各种新观点、新挑战，也乐于接受别人的帮助，而不是孤立地苦干或蛮干。此外，平时在办公场所，笑脸相迎是办公室工作礼仪的基础。

（1）一天工作的良好开端应从与同事相互打招呼、问候开始。

（2）因公外出应事先与部内或室内的其他人打招呼。

（3）在公司或外出时遇见客人，应面带微笑主动上前打招呼。

（4）下班时也应与同事们相互打招呼后再离开，如“明天见”“再见”等。

第二节　商务人员拜访礼仪

礼仪原理

拜访是指亲自到某人家里或工作单位拜见某人。拜访通常可分为正式拜访与非正式拜访两种。“出门如见大宾”指的是拜访他人要注重礼仪，庄重得体。掌握正确的拜访礼仪，能使商务人员在接触客户、与客户进行商务攀谈时得心应手，进展顺利。

商务人员在拜访时要遵循以下原则：

（1）注意细节。

由于拜访是面对面的直接交往，所以商务人员的一言一行、一举一动都将直接影响拜访目的的实现。

细节决定成败。如在拜访时，衣着过于随意，不仅让对方看了觉得不舒服，而且如果主人家里正好有其他客人在，会让主人感到难堪，感到不被尊重。

细节体现品质。商务人员要善于通过细微之处的表现给人以一种愉悦感受，并力求产生晕轮效应，以放大你的职业形象。

（2）体现合作。

要使拜访的过程是一个愉快的交往过程，除了要表现出热情外，善于合作也很重要。如主人拿出饮料招待你，征询你喜欢何种时，若能在提供的范围内作出明确的选择，会让主人很高兴。这种积极的情感体验，有助于双方在融洽的氛围中进入交谈。

（3）灵活应对。

拜访中往往会出现一些意想不到的情况。如你这边谈兴正浓时，主人突然接到一个紧急电话，或另有新的朋友有要事来访，这时你应视情况的变化，尽快地告辞，从而体现礼仪的实质——为他人着想、尊重他人。

案例 4-3

李强是一位刚大学毕业分配到利华公司的新业务员，今天准备去拜访某公司的王经理。由于事前没有王经理的电话，所以李强没有预约就直接去了王经理的公司。李强刚进利华公司还没有公司制服，所以他选择了休闲运动装。到达王经理办公室时，刚好王经理正在接电话，就示意他在沙发上坐下等。李强便往沙发上一靠，跷着二郎腿，一边吸烟，一边悠闲地环视着王经理的办公室。在等待的时间里不时地看表，不时地从沙发上站起来在办公室里走来走去，还随手翻了一下放在茶几上的一些资料。

李强在此次拜访中有多处失礼之处：

第一，李强在没有预约的前提下，直接去了王经理的公司。拜访他人前，我们要做到事先有约，不做不速之客。

第二，李强穿着休闲运动服饰去拜访他人，没有遵循着装的 TPO 原则，是不尊重他人的失礼行为。拜访他人前，应衣冠得体、整洁，不做邋遢之客。

第三，李强“往沙发上一靠，跷着二郎腿，一边吸烟一边悠闲地环视着王经理的办公室”，行为举止不雅，且不尊重他人。拜访他人时，应举止文明，不做粗俗之客。

第四，李强在等待的时间里表现出了不耐烦的情绪。拜访他人时，应耐心等待他人，不要时不时地看时间或在房间走动，不做冒失之客。

第五，李强在等待王经理时，“随手翻放在茶几上的一些资料”，拜访他人时，不经同意不动他人物品，不做失礼之客。

礼仪操作

一、拜访的准备阶段

（一）拜访前的准备

为了使拜访目的能够顺利达成，在拜访前一定要做好以下准备。

1. 确定拜访时间

（1）拜访时间的确定应征求对方意见，不要做“不速之客”。

（2）出发之前要打电话与预约人进行联络确认。

2. 检查携带的资料

（1）事先应准备好拜访时需要用到的资料与物品。

（2）在出发前要再检查一遍，以防遗漏。

3. 途中沟通

（1）对拜访的地点不太清楚或迷路时，要打电话和对方联络，以了解对方所在的正确位置。

（2）发觉自己将会迟到时，必须提前告诉对方并说明理由和请求原谅。

4. 提前到达

（1）应遵守时间，不要迟到。

（2）如果到达拜访地点时距拜访时间还早，不妨先在附近走一走，不要冒失地提前拜访。

（3）事先观察对方的住宅环境、车辆进出情形、附近的醒目建筑等，也许在冷场时可以将之作为话题打破僵局。

5. 进门前的整理

（1）检查一下自己的头发、衣服、领带、袖扣、鞋子等是否都很整洁。

（2）脱下外套，整理好并搭在左手臂上。

（二）拜访前必须注意的事项

商务人员在拜访客户时要守时。如果临时发生变故，或者遇到了交通阻塞，应立刻通知你要见的人。如果打不了电话，应请别人替你转告。如果是对方要晚点到，不要催促对方，可找一个离约会地点不远的地方坐下整理一下文件，或问一问接待员是否可以利用接待室休息一下。

当你到达时，告诉接待员或助理你的名字和约见的时间，递上你的名片，以便接待员或助理能通知对方。在等待时要安静，不要通过谈话来消磨时间，这样会打扰别人工作。即使你已经等了很久，也不要不耐烦地总看手表，可以问助理他的上司什么时候有时间。如果等不及，可以向助理解释一下并另约时间。不管你有多么不满，也一定不要对接待员或助理无礼。

二、拜访的接触阶段

当你被引到客户的办公室时，如果是第一次见面，应做自我介绍，如果之前已经认识了，只需互相问候并握手。

（一）开场白

（1）商务交往最忌开场白烦琐、冗长。对于从商者来说，时间就是金钱。开场白应尽量让语句易懂、简洁、有新意。

（2）巧妙选择问候语很重要。

（3）少说“我”，多说“您”“贵公司”等。

（4）无趣的拐弯抹角的开场白只会让听者感觉乏味和浪费时间，因此最好选择开门见山式、赞美式、请求式等开场白。

（二）注意事项

（1）珍惜最初的30秒钟。首次见面，一般30秒钟之内会形成第一印象，而第一印象将对后续的交往产生重要的影响。

（2）注意物品的搁放。拜访时需带的物品或随身带的雨具等应放在主人指定处，不可随意搁放。

（3）礼貌招呼。如发现现场有其他人在，应礼貌地点头致意，如果主人不介绍，则不要询问。

(4) 适时告辞。交谈时发现主人心不在焉、还有急事要办或有他人来访时，应尽快告辞。

第三节　商务人员接待礼仪

礼仪原理

接待是一门技巧，更是一门艺术。接待来访是商务人员的一项经常性的工作。接待中的礼仪表现，不仅关系到自己的形象，还关系到企业形象。若要接待好来访的客人，就要用心，而且真正关心客人是否满意。接待被商界视作企业的一项投资，并且能同时收到预期的回报，所以，接待来访的礼仪历来都受到商务人员的重视。

商务人员在接待时应遵循以下原则：

(1) 热情周到。

态度决定一切。接待中，来访者会对商务人员的态度特别敏感，因此，“热情周到”应贯穿于待客的整个过程之中。尤其是对远道而来的客人，商务人员更应关怀备至，如及时调节环境的温度，让来访客人马上感受到商务人员对其的重视，从而对商务人员产生一种亲切感和信任感。

(2) 平等待人。

对来访者，无论职务高低、是否熟悉，都应一视同仁，切忌以居高临下的姿态和轻蔑厌烦的情绪接待来访客人。如遇到表达不清晰的客人，可适当地有礼貌地提问或复述，帮其及时核对，避免差错。在接待过程中，无论是有声语言的表达还是体态语言的展示，都应体现出商务人员的宽厚与包容。伤害客人的主人，与伤害主人的客人一样，会被看作最没有信义的人。

(3) 先后有别。

接待礼仪中比较讲究先后之别。如起身的先后，迎客与送客有所不同；又如“先来后走”，指的是商务人员要早于来访公众到达，晚于其离开接待场所。

礼仪操作

一、接待要领

当有客人来办公室拜访时，接待人员对来访者应起身微笑相迎。对于较为熟悉的客户，可以不起身。起身致意的同时说欢迎词，如“欢迎光临，我们主任（经理）正在等候您，请跟我来……”等。

如需引领客人前往会见处，则要正确引领。引领的正确做法是：接待者亲切地走在客人左前方，把客人引领到会见地点，然后用左手轻轻地推开门，侧身站在门边，说一声

“请进”，并伸手做出引导客人进入的手势，接着把客人带到座位前请客人坐下，并倒茶。

二、接待的注意事项

(1) 商务人员不能让来访者坐冷板凳。如果自己有事暂不能接待来访者，要安排助理或相关人员接待，不能冷落了来访者。

(2) 商务人员在接待来访者时，需认真倾听来访者的叙述。来访者通常都是为办事而来，因此要尽量让来访者把话说完，并认真倾听。

(3) 商务人员对来访者的意见和观点不要轻率表态，应思考后再作答。对一时不能作答的，要约定日后给予答复。

(4) 商务人员对能够马上答复的或立即可办理的事情，应当场答复，不要让来访者等待，或再次来访。

(5) 商务人员正在接待来访者时，有电话打来或有新的来访者到来，应尽量让助理或他人接待，以避免中断正在进行的接待。

(6) 商务人员对来访者的无理要求或错误意见，应有礼貌地拒绝，不要刺激来访者，使其尴尬。

(7) 商务人员要结束接待时，可以婉言提出，也可用体态语言告诉对方本次接待就此结束。

三、接待的常用礼节

在接待客人、洽谈业务时，有许多场合需要用到下列礼仪，如果商务人员能掌握，会使工作的进展更加自如顺利，也会令客户产生宾至如归的感觉。

(一) 引路

在走廊里引路时，应注意走在客人左前方的两三步处。引路人应走在走廊的左侧，让客人走在路中央。引路时要与客人的步伐保持一致，并注意客人的神态、举止，可适当地为之做些介绍。

在拐弯或有楼梯、台阶的地方，引路人应使用手势向客人示意，并提醒客人“这边请”或“注意楼梯”等。

(二) 开门次序

(1) 向外开门时，应注意：先敲门，打开门后把住门把手，站在门旁，对客人说“请进”并施礼。进入房间后，用右手将门轻轻关上。请客人入座后，安静地退出。

(2) 向内开门时，应注意：敲门后，自己先进入房间，侧身把住门把手，对客人说“请进”并施礼。轻轻关上门，请客人入座后，安静退出。

(三) 搭乘电梯

(1) 在电梯内没有其他人的情况下，应注意：在客人之前进入电梯，按住“开”的按钮，此时再请客人进入电梯。出电梯时，按住“开”的按钮，请客人先出。

(2) 在电梯内已有人时，无论上下都应客人、上司优先。

(3) 在电梯内应注意：先上电梯的人应靠后面站，以免妨碍他人进入电梯。电梯内不可大声喧哗或嬉笑吵闹。电梯内已有很多人时，后进的人应面向电梯门站立。

四、办公室接待礼仪

（1）对前来造访的宾客，接待人员应停止手中的工作，热情接待，应礼貌地与宾客进行寒暄，并奉上茶水、饮料等表示欢迎。

（2）按照交谈礼仪与宾客交谈，对初次来访的客人要设法弄清其单位、身份、来意等信息。

（3）对宾客的要求，合理的、能答复的，应及时给予解答，如果是自己无权解答的，应该说明情况，但不要贸然带其去面见领导。

（4）宾客离开，应热情送行，并表示欢迎再来。

五、商务迎接礼仪

（一）接站礼仪

（1）了解宾客的姓名、身份、职务、年龄、相貌特征、国籍等个人信息。

（2）查明宾客到达时间，提前半小时到达车站、机场或码头等候。

（3）准备好标牌、迎接车辆。

（4）宾客到达时，应主动进行自我介绍，表明自己的身份。

（5）主动问候宾客，表示欢迎，并主动帮宾客提行李，陪同宾客前往组织或住宿处。

（二）住宿安排

（1）宾客到达目的地后要及时安排住宿，主动帮宾客办理好手续。

（2）告知宾客活动计划安排和联系的方法等事项。可向宾客简要介绍当地的气候情况和一般的交通情况。

（3）将宾客安顿好后，接待人员就要尽快向宾客辞行，让宾客休息。

六、送客礼仪

（1）根据宾客离开的时间，安排好购票、结算、赠送纪念品、欢送宴会、送客车辆等事宜。

（2）送站人要尽量帮宾客将行李安顿好，送客时要讲究礼貌，态度热情，分别时讲些“欢迎再来”“一路顺风”之类的话，宾客离去后，一定要目送宾客看不到时再返回。

第四节　商务人员会见、会谈礼仪

礼仪原理

会见与会谈礼仪是办公礼仪中的一项重要内容，无论是拜访还是谈判，通常都要安排会见与会谈，以加强了解、增进友谊。

一、会见、会谈的含义

会见是指为一定目的而进行的约会、见面。凡身份高的人士会见身份低的，一般称为接见或召见；凡身份低的人士会见身份高的，一般称拜会或拜见。

会谈是指双方或多方就共同关心的问题交换意见。一般说来，会谈的内容较为正式，专业性较强。

二、会见、会谈遵循的原则

（一）客观的原则

所谓客观的原则，是指在会见、会谈时，商务人员所占有的资料要客观，决策时的态度也要客观。占有的资料要客观，是要求商务人员尽可能地取得真实而准确的资料，不要以道听途说或是对方有意散布的虚假情报来作为自己决策时的依据。决策时的态度要客观，是要求商务人员在决策时，要清醒而冷静，不要为感情所左右，或是意气用事。

（二）兼顾的原则

所谓兼顾的原则，是要求商务人员在准备会见、会谈时，以及在会见、会谈过程中，在不损害自身根本利益的前提下，应当尽可能地替对方着想，主动为对方保留一定的利益。

（三）预审的原则

所谓预审的原则，含义有二：其一，是指商务人员应当对自己的谈判方案预先反复审核，精益求精；其二，是指商务人员应当将自己提出的谈判方案预先报请上级主管部门或主管人士审查、批准。虽然负责会谈的商务人员拥有一定的授权，在某种特殊的情况下可以“将在外，君命有所不受”，或是“先斩后奏”，但是这并不等于会谈者可以忘乎所以、一意孤行。在洽谈之前，对自己的方案进行预审，既可以减少差错，又可以群策群力、集思广益，使方案更臻完美。

（四）自主的原则

所谓自主的原则，是指商务人员要发挥自己的主观能动性，要相信自己、依靠自己、鼓励自己、鞭策自己，在合乎规范与惯例的前提下，力争“以我为中心”。坚持自主的原则有两大好处：一是可以调动商务人员的积极性，使其有更好的表现；二是可以争取主动权，或是变被动为主动，在会谈中为自己争取到有利的位置。

礼仪操作

一、会见、会谈的要领

（1）商务人员在会见、会谈前一定要事先预约。

（2）要事先检查着装和需要带的物品。

（3）不要迟到或过早到达。

（4）如果是在客户的办公室进行会谈，进入前应敲门，征得客户同意后再入内。

（5）第一次见面应该出示自己的名片；主动问候在座各位，若对方没请你坐下，你最好站着。

（6）坐下后不应掏烟，如对方请你抽烟，正式工作场合中（如演示会等）你应谢绝。

（7）对方递来的名片、资料、茶水等，应用双手接住并道谢。

（8）请不要急于出示你随身带的资料或礼物。只有在你提及了这些东西，并已引起对方兴趣时，才是出示它们的最好时机。

（9）如果是你安排的会谈，应先向对方说明今天谈话的计划，如："接下来我先……再……"

（10）保持热情和专注，注意倾听，给对方留足讲话的时间。

（11）对对方提出的问题，应尽力解答直到对方满意；如果确实不知道，应该坦诚说明："对不起，这个问题现在我还没想到很好的方法。"

（12）思路清晰，表达明确，有条理，避免混乱的谈话和废话连篇的谈话。

（13）会见、会谈结束时，应对此次交谈的内容做简单的总结并表明下一步的行动。例如："很高兴今天有机会来这里，我想通过此次的……您对我们的产品有了一个大致的了解了。接下来，我会根据您公司的需求制作一份方案。"

（14）不要忘记带走自己的东西，同时与会见人礼貌告别。

二、会见、会谈的注意事项

（1）不要随意打断对方的谈话，注意观察对方的语气和表情。

（2）避免不良的动作和姿态，如玩弄手中的小东西，用手不时地理头发、搅舌头、清牙齿、掏耳朵，盯视指甲、天花板或对方身后的字画等，这些动作都有失风度。

（3）不要故作亲密状，俚语和粗话更应避免。

（4）应该避免忌讳的谈话内容。

（5）如果对方资历比你浅，学识比较低，你应格外留心自我优越感的外露。

三、会见、会谈的座次安排

（1）如果受到邀请参加一个排定座位的会议，最好等着接待人员将自己引导到座位上去。

（2）通常会议主席坐在离会议门口最远的桌子末端。

（3）主席两边是应邀参加会议的客人的座位，其按身份高低就座。

（4）无论会见、会谈座位安排成何种形式，均以面对正门为上座。

（5）双边会谈时，主方占背门一侧，主谈人居中，客方面向正门。

（6）会议的座次安排，一般遵循以下原则：

一是面门为上。面向门的座位排序高于背对门的座位，面向门的座位更有安全感。一般宾客安排坐在面向门的一边。

二是居中为上。居于中央的座位，排序高于两侧的座位。

三是中国传统习惯"居中为上，左高右低"（见图 4－1、图 4－2）。有外宾参加的会议，按照国际惯例“居中为上，右高左低”（见图4－3、图4－4）。

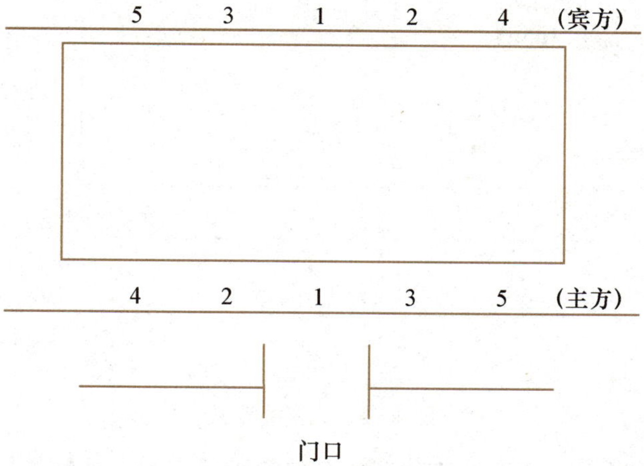

图4－1　人数为单数

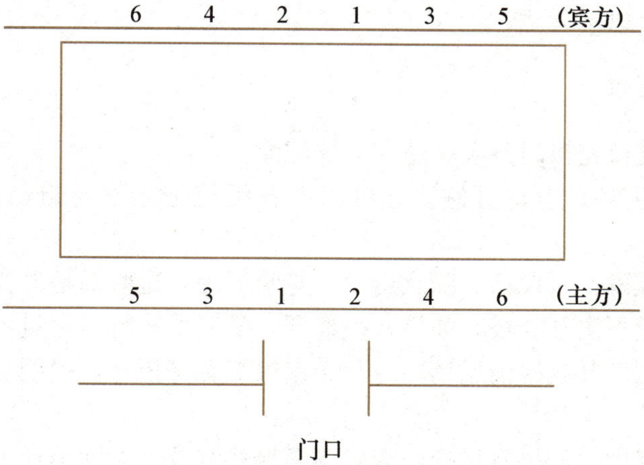

图4－2　人数为双数

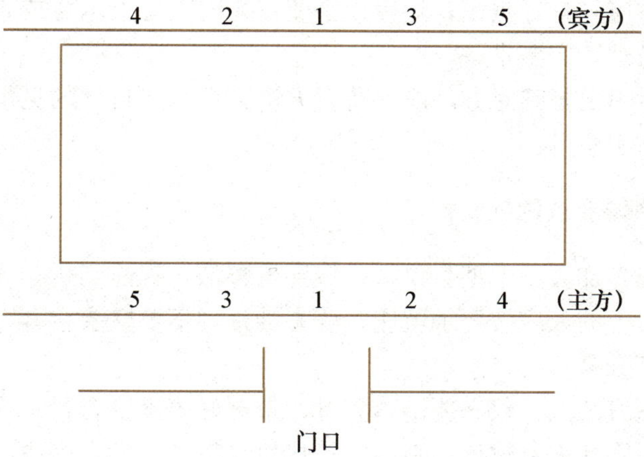

图4－3　人数为单数

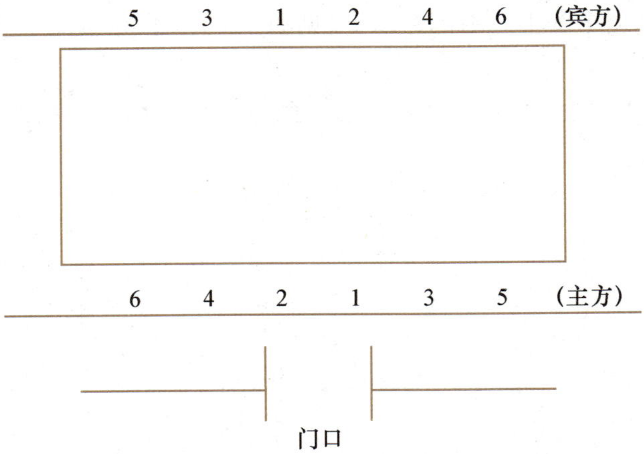

图 4－4　人数为双数

四是依景为上。即会议主席的座位背依会议室内的字画、装饰墙、讲台的一面。

具体安排时，还需根据场地具体情况做综合考虑。重要会议前，就座者桌前应摆放写有其本人姓名的桌签以示尊重。

四、一般与会礼仪

（1）最基本的礼仪是按时到会，遵守会议纪律。

（2）当别人讲话时，应认真倾听，可以准备纸笔记录下与自己工作相关的内容或要求。

（3）不要在别人发言时说话、随意走动、打哈欠等，这些都是失礼的行为。

（4）会议中尽量不离开会场，如果必须离开，要轻手轻脚，尽量不影响发言者和其他与会者，如果长时间离开或提前退场，应与会议组织者打招呼，说明理由，征得其同意后再离开。

（5）在开会过程中，如果有讨论，最好不要保持沉默，否则会让人感到你对工作或对单位漠不关心。

（6）想要发言时应先打好腹稿，然后用手或目光向主持人示意或直接提出要求。发言应简明、清楚、有条理，实事求是。

（7）反驳别人时不要打断对方，应等待对方讲完再阐述自己的见解；别人反驳自己时要虚心听取，不要急于争辩。

五、参加大、中型会议的礼仪

（1）商务人员在参加大、中型会议时，应穿着整洁，提前到达会场。

（2）坐在主席台上的人应按要求就座，姿态端正，不要交头接耳，不要擅自离席，当听众鼓掌时也要微笑鼓掌。

（3）在会议上发言的人，仪态要落落大方，掌握好语速、音量。注意观众的反应，当会场中人声渐大时，则标志着你该压缩内容，尽快结束了。发言完毕，应向全体与会者表示感谢。

（4）主席台座位为两排以上时，遵循“前排高于后排、中央高于两侧”的原则。群众席的座次安排以面向主席台为准，前排高于后排。

第五节　商务人员电话礼仪

礼仪原理

随着科学技术的发展和人们生活水平的提高，电话因其简单、方便、快捷的特点而在职业交往与社会交往中被越来越多地使用。

在日常工作中，商务人员使用正确的电话语言和技巧对商务工作的成功来说很关键，它直接影响着一个部门的声誉；在日常生活中，我们通过电话也能粗略判断对方的人品、性格。因而，掌握正确的、礼貌的打电话方法是非常必要的。打电话时虽然相互看不见，但说话声音的大小、对待对方的态度、使用语言的简洁程度等看不见的风度表现，都通过电话传给了对方，同时声音也能表达出态度、心情、修养等，形成了对方的“电话形象”。电话虽然是机械的，但使用它时首要的就是用声调表达出你的诚恳和热情。声音悦耳、音量适中，这是每一位商务人员都应遵守的最简单、最起码的礼貌。打接电话看似简单，却包含着丰富的礼仪技巧，往往几句话就能体现一个人的综合素质和修养。树立良好的电话形象，不仅能体现自身优良的素质和道德风范，而且有利于维护和提升所在公司的形象。

一、电话礼仪基本规范

1. 通话四步骤

拨打或接听电话，一开始要礼貌问候并作自我介绍，然后立即转入正题，谈话时内容条理清晰，通话过程中要认真倾听并积极回应对方，谈话完毕应适时挂断电话，整个过程正是体现了通话四步骤：

（1）礼貌问候，自我介绍。

电话接通后切忌“开门见山”，没有一句问候语就切入正题。双方均应先问候对方“您好!”以示礼貌。为了在第一时间告知并明确对方身份，接电话者先略作自我介绍，介绍中带有公司、部门或姓名信息即可，同时证实一下对方的身份，打电话者需及时回应对方，并略作自我介绍。

（2）转入主题，内容紧凑。

在问好和自我介绍后应立即转入主题，拨打电话的一方可以直接告诉对方为何打电话，将通话内容的要点准确地表达出来，主次分明，条理清晰，可以节省双方通话的时间。

（3）认真倾听，积极呼应。

通话时要认真倾听，但不可长时间沉默无语，因为这会使对方误以为你没有认真倾听，在通话过程中应积极回应对方，可以说些适当的短句，比如：“是的”“好的”“是这么回事”“请您继续说”等让对方感到你是在认真听，以示尊重。

（4）适时挂断，互相道别。

结束电话交谈时，彼此客气地道别，说一声“再见”，一般由打来电话的一方先挂，然后接听方再挂上电话，不可只管自己讲完就挂断电话。如果对方的社会地位高、职务高，则应是尊者先挂电话，然后自己再轻轻放下话筒。

2. 时间和空间原则

（1）选择通话时间。

打电话的时间选择具体分为两个方面：一是通话时间的选择。选择通话时间，应以方便对方为准。一般尽量避开过早（8 点之前）或过晚（10 点之后）、对方忙碌、快下班、用餐或休息的时候。给海外人士打电话，要事先了解地域时差。二是通话时间的长短。一般通话时间不宜过长，最好不要超过 5 分钟。

（2）选择通话地点。

选择打电话的地点时，应考虑以下因素：一是通话内容是否具有保密性，看是否需回避某些场合；二是尽量不要借用外人或外单位的电话，特别是不宜长时间借用；三是不要在开放式大办公室打私人电话。在多人共用办公空间的场合，如果有人用办公室电话旁若无人地大声聊天，或用电话大谈家务事，很容易遭到周围同事的反感，并且会给老板一种很不敬业的印象。

3. 其他细节

（1）通话时要避免有气无力、粗鲁傲慢、急躁不堪或语言生硬等不礼貌表现，也不宜与第三者岔话。若必须应答，先向通话对方致歉，让他/她等待再按电话“HOLD（保持）”键，或用手捂住话筒再说话。

（2）正在通话时，如有人拜访，需先安顿访客，可行点头致意礼，或眼神交接或配合手势或按住话筒，对访客小声说“请您稍等一下”。

（3）处理来电等待时，需先告诉对方等待的原因，说明需等待的时间。如果是短暂的等待（1 分钟内），可用语“请稍等、马上就好”。重新通话时，对来电者的等候表示歉意，可说“抱歉、让您久等了”。如果是长时间的等待（超过 1 分钟），应询问对方是否愿意等待，或问清对方的电话号码，事后及时与他联系。

二、打电话礼仪

1. 通话前

打电话前，应理顺思路，拟好谈话内容的要点和顺序，确保通话时内容有序、逻辑清晰和简洁高效。若无人接听，振铃六声后搁下电话。

2. 通话中

一般情况下，拨通电话后，应先问候“您好”，然后自我介绍和证实对方的身份并立即转入主题，通话内容紧凑，通话时要认真倾听，并积极呼应对方。如果打电话给上级或客人，视情况询问“现在与您说话方便吗”，得到肯定回复后再转入主题。

3. 通话结束时

结束电话前，彼此客气道别，通常由打电话的一方先挂。如果与上级或客人通话，则由对方先挂电话。

三、接电话礼仪

1. 及时接听

听到电话铃声需及时接听（通常在三声之内）。办公室的座机电话可代为接听，最好不代人接听手机。

2. 礼貌应答

通话过程中，问候对方并自报家门，仔细聆听并及时作答，必要时与对方确认或复述，通话结束时要礼貌告别。问候并自报家门时，可用语“您好”或“您好！这里是××集团××部”，或“我是××集团××部××，请问怎么称呼您”，或“您好，这里是××集团××部，请问您找谁”等。

案例 4－4

新加坡利达公司销售部文员刘小姐要结婚了，为了不影响公司的工作，在征得上司的同意后，她请自己最好的朋友陈小姐暂时代理她的工作，时间为一个月。陈小姐大专刚毕业，比较单纯，刘小姐把工作交代给她，并鼓励她努力干，准备在蜜月回来后推荐陈小姐顶替自己。某一天，经理外出了，陈小姐正在公司打字，电话铃响了，陈小姐与来电者的对话如下：

陈小姐：“……”（不出声）

来电者：“您好，我是晨新有限公司的业务经理，请问您这儿是利达公司吗？”

陈小姐：“是。”

来电者：“你们经理在吗？”

陈小姐：“不在。”

来电者：“你们是生产塑胶手套的吗？”

陈小姐：“是。”

来电者：“你们的塑胶手套多少钱一打？”

陈小姐：“1.8 美元。”

来电者：“1.6 美元一打行不行？”

陈小姐：“不行的。”

说完，“啪”挂上了电话。

上司回来后，陈小姐也没有把来电的事告知上司。过了一个星期，上司提起他刚谈成一笔大生意，以 1.4 美元一打的定价卖出了，客户共订了 1 100 万打。陈小姐脱口而出：“啊呀，上星期有人问 1.6 美元一打，我说不行的。”上司当即脸色一变说：“你明天不用来上班了”，陈小姐哭丧着脸说：“为什么？”

陈小姐在接电话方面犯了几个错误，总结分析其主要表现为：

（1）陈小姐一开始接听电话时，没有问候对方并自报家门。而且整个通话过程无一句礼貌用语，态度冷漠语气生硬；挂电话时不等对方说完，就“啪”挂上电话，显得傲慢无礼。在电话礼仪中，应是尊者先挂或地位高者先挂电话。在此案例中，客户即是尊者，当通话完毕，陈小姐应道一声再见，待对方挂机后，再轻轻挂上电话。

（2）通话过程中，陈小姐遗漏了对重要信息的询问记录。比如，这位业务经理的姓名和电话号码、对方的手套的需要量等，陈小姐该问的没有问，该记的没有记录。不仅如此，她还在电话里自作主张否定议价，在价格上不向上司请示，不该说的却说了。最后，通话结束后陈小姐没有及时向上司汇报，该做的没有做。

这个案例告诉我们，接听电话不可太随便，得讲究必要的礼仪和技巧，以免错失发展机会。

礼仪操作

一、打电话的技巧

电话拨通后，首先应向对方问好，并简明通报自己的单位或姓名。

打电话时需灵活应对下列三种情况：

（1）接电话的人正是你要找的人。这时，应在简短的问候或寒暄后直接切入你要说的正事上。语言要简洁明了，对事情的陈述要清晰、明确、精练，切忌啰嗦、含糊不清。事情说完后要听清楚对方的反馈信息，最后要向对方致谢或致歉，以“再见”收线。

（2）你要找的人不在电话旁。这时应礼貌地请对方帮忙找你要找的人接听电话，并向对方表示感谢。

（3）你找的人因故无法接听电话，而你又有急事通知他。这时要以恳切的态度请接电话者帮忙转告并向对方表示谢意。

电话拨打的顺序、用语及注意事项见表 4－1。

表 4－1　电话拨打的顺序、用语及注意事项

顺序	基本用语	注意事项
1. 准备		● 确认拨打电话对方的姓名、电话号码； ● 准备好要讲的内容、说话的顺序和所需要的资料、文件等； ● 明确通话所要达到的目的。
2. 问候、告知自己的姓名	“您好！我是中国平安保险公司××部的×××。”	● 一定要报出自己的姓名； ● 讲话时要有礼貌。
3. 确认电话对象	● “请问××部的×××先生在吗？” ● “麻烦您，我要找×××先生。”	● 必须确认接电话的是否为你要找的人； ● 确认是你要找的人接的电话后，应重新问候。
4. 电话内容	“今天打电话是想向您咨询一下关于××事……”	● 应先将想要说的结果告诉对方； ● 如是比较复杂的事情，应提醒对方做记录； ● 对时间、地点、数字等进行准确的传达； ● 说完后可总结所说内容的要点。

续表

顺序	基本用语	注意事项
5. 结束语	“谢谢”“麻烦您了”“那就拜托您了”等	语气诚恳、态度和蔼。
6. 放回电话听筒		等对方放下电话后再轻轻挂掉电话。

二、接电话的技巧

（一）重要的第一声

在打电话时，只要稍微注意一下自己的行为就会给对方留下完全不同的印象。当我们打电话给某人或某单位时，若一接通就能听到对方亲切的招呼声，“您好，这里是××公司”，心里一定会很愉快，对该单位就会有较好的印象。因此要记住，接电话时，每位商务人员应有“我代表公司形象”的意识。

（二）要有喜悦的心情

打电话时要保持良好的心情，这样即使对方看不见你，也会从欢快的语调中感受到你的热情，从而留下极佳的印象。由于面部表情的变化会导致声音的变化，所以即使在电话中也要抱着“对方看着我”的心态去应对。

（三）迅速接听电话

现代商务人员业务繁忙，桌上往往会有两三部电话，听到电话铃声，应准确迅速地拿起听筒，最好在三声之内接听。电话铃声响一声大约 3 秒钟，长时间不接电话让对方久等是很不礼貌的。即便电话离自己很远，听到电话铃声后，也应该用最快的速度拿起听筒，这样的态度是每个人都应该拥有的，这样的习惯是每个办公室工作人员都应该养成的。

上班时间打来的电话几乎都与工作有关，每个电话都十分重要，不可敷衍，即使对方要找的人不在，也切记不要只说“不在”就把电话挂了。

（四）认真清楚地记录

(1) 最好养成用左手拿话筒的习惯，这在快节奏、高效率的企业中尤为重要，因为接电话时需要记录的情况非常多，而左手拿话筒，右手便可以做记录。

(2) 一定要把对方告知的重要的内容准确地记录在案，这样可以提高谈话效率，避免误事。若要做到电话记录简洁又完备，有赖于 5W1H 技巧。所谓 5W1H，是指：When（何时）；Who（何人）；Where（何地）；What（何事）；Why（为什么）；How（如何进行）。在工作中这些资料都是十分重要的。

礼貌地接打电话是维持良好人际关系的重要方式。我们对所接听的电话，不管找谁都要热情、亲切、礼貌，即使来电要找的人与你有矛盾或是你不喜欢的人。在电话中不能有过激、不礼貌的语言出现，因为那样做只能让对方认为你是一个心胸狭隘、没有修养的人，同时也会给公司造成不良影响，从而影响公司发展。

接电话的顺序、用语及注意事项见表 4－2。

表 4-2　接电话的顺序、用语及注意事项

顺序	基本用语	注意事项
1. 拿起电话听筒，并告知对方自己的姓名	● “您好，平安保险公司××部×××”（直线），“您好，××部×××”（内线） ● （上午 10 点以前）“早上好” ● （电话铃响 3 声以上才接听时）“让您久等了，我是××部×××”	● 电话铃响 3 声之内接起； ● 在电话机旁准备好记录用的纸笔； ● 接电话时，不使用“喂”回答； ● 音量适度，不要过高； ● 告知对方自己的姓名。
2. 确认对方	● “×先生，您好！” ● “感谢您的关照”等	● 必须对对方进行确认； ● 如是客户来电，要对其表达感谢之意。
3. 听取对方来电用意	“是”“好的”“清楚”“明白”	● 必要时应进行记录； ● 谈话时不要离题。
4. 进行确认	“请您再重复一遍”，“那么明天在××，9 点钟见”，等等	● 确认时间、地点、对象和事由； ● 如是留言，必须记录下电话时间和留言人。
5. 结束语	“清楚了”“请放心”“我一定转达”“谢谢”“再见”等	
6. 放回电话听筒		等对方放下电话后再轻轻放下电话。

三、挂电话的技巧

要结束电话交谈时，一般应当由打电话的一方提出，然后彼此客气地道别，说一声“再见”再挂电话，不可自己讲完就挂断电话。

假定双方都等着对方挂，结果只能是占用了宝贵的时间，说一些没用的闲话。关于打电话时谁先挂，变通的做法是：地位高者先挂电话。

第六节　商务人员电子传播礼仪

礼仪原理

一、传真

传真，又称传真电报。它是利用光电效应，通过安装在普通电话网络上的传真机，对外发送或是接收外来的文件、书信、资料、图表、照片真迹的一种现代化的通信联络方式。现在，传真机已普及，成为企业中不可或缺的办公设备之一。

目前，在商务交往中，经常需要将某些重要的文件、资料、图表即刻送达身在异地的

交往对象手中。传统的邮寄书信的联络方式，已难以满足这一方面的要求。在此背景之下，传真便应运而生，并且迅速走红于商界。

传真的主要优点是：操作简便，传送速度非常快，而且可以将包括一切复杂图案在内的真迹传送出去。它的缺点主要是：发送的自动性能较差，需要专人在旁边进行操作，有些时候，它的清晰度难以确保。

二、电子邮件

电子邮件，简称 E-mail，是通过网络在计算机用户间传递各种信息的一种联络方式。它是迄今为止最为方便快捷的通信方式之一。因此，收发电子邮件成为商务人员利用网络办公最常见也是最重要的内容之一，电子邮件礼仪也由此成为商务礼仪的一部分，并且对于客户关系的影响日益显著。写好一封商务电子邮件，是每个商务人员都需掌握的一项工作技巧。

三、社交新媒体

现代社会人们的交流方式形式多样，如微信、微博、QQ 空间等。人们在使用这些新媒体时应该注意礼仪，树立良好的个人形象。

微信、微博、QQ 空间等，主要功能有两个，一是自我形象的展示，微信、微博、QQ 空间都有个人头像可以设置，可以在上面自由发布个人的照片、观点、文章等，可以充分展现自己；二是即时和外界沟通和交流，并且通过互联网，信息可以散布到全社会乃至全球。所以，我们在运用微信、微博、QQ 空间时要遵守礼仪，树立良好的个人形象，成功交流和沟通。

礼仪操作

一、商务人员在利用传真对外通讯联络时的注意事项

（一）必须合法使用

国家规定：任何单位或个人在使用自备的传真设备时，均须严格按照电信部门的有关要求，认真履行必要的使用手续，否则即为非法之举。具体要求如下：

（1）安装、使用传真设备前，须经电信部门许可，并办理相关的一切手续，不准私自安装、使用传真设备。

（2）安装、使用的传真设备，必须配有电信部门正式颁发的批文和进网许可证。如欲安装、使用自国外直接带回的传真设备，必须先前往国家指定的部门进行登记和检测，然后方可到电信部门办理使用手续。

（二）必须得法使用

使用传真设备通信，必须在具体的操作上力求标准而规范，否则传真效果会受到一定程度的影响。具体操作应注意下列事项：

（1）本人或本单位所用的传真机号码，应被正确无误地告知自己重要的交往对象。一

般而言，在商用名片上，传真号码是必不可少的一项重要内容。

（2）对于主要交往对象的传真号码，必须认真地记好，为了确保万无一失，在向对方发送传真前，最好先向对方通报一下。这样既提醒了对方及时接收传真，又不至于发错传真。

（3）发送传真时，必须按规定操作，并以提高清晰度为要旨。与此同时，也要注意使其内容简明扼要，以节省费用。

（4）单位所使用的传真设备，应当安排专人负责。无人在场而又有必要时，应使之处于自动接收状态。为了不影响工作，单位的传真机尽量不要同办公电话使用同一条线路。

（三）必须依礼使用

商务人员在使用传真时，必须牢记要维护个人和所在单位的形象，做到处处不失礼数。

（1）在发送传真时，内容上一般不可缺少问候语与致谢语。发送文件、书信、资料时，更是要谨记这一条。

（2）出差在外，需使用公众传真设备，即付费使用电信部门设立在营业所内的传真机时，除了要办好手续、防止泄密之外，对于操作传真机的工作人员亦须以礼相待。

（3）商务人员在使用传真设备时，最为看重的是它的时效性。因此，在收到他人的传真后，应当在第一时间内采用适当的方式告知对方已经收到，以免对方惦念。需要办理或转交、转送他人发来的传真时，千万不可拖延时间，以免耽误对方的要事。

二、商务人员撰写商务电子邮件的注意事项

（1）注意措辞。措辞要浅显易懂，烦琐深奥的语句易遭到误解，简单明了的邮件可以节省打电话、发传真澄清邮件意义的时间和费用。

（2）不要“惹火”收件人。如果使用含有敌意的词句或者批评的语气，你会“惹火”对方并且造成糟糕的局面。电子邮件不是大家“笔伐”的工具，如果有矛盾，应与对方当面解决。

（3）提前通知收件人。尽量在发邮件以前得到对方的允许或者至少让他知道你有邮件发给他，并确认你的邮件对他有价值。没有人会喜欢垃圾邮件。收件人对于满篇废话的不速之“件”的态度通常是作为垃圾邮件处理，一删了之。

（4）不要发送私人或者机密邮件到商业信箱。即使你选择了“永久删除”，仍然可以通过许多软件访问硬盘上备份的该邮件信息。所以，在你发送以前，要仔细考虑如果别人（比如老板）看到这封信会发生什么情况。

（5）谨慎使用附件功能。附件越大，下载时间就越长，占用收件人电脑空间就越多。有些附件可能毫无必要，也许收件人已经有了。

（6）谨慎使用抄送功能。抄送功能可以方便地把你的邮件像备忘录一样抄送给其他同事或者客户。但不要滥用抄送功能，胡乱抄送毫无意义，收件人会像处理垃圾邮件一样将其一删了之。

（7）避免使用字符图释。你也许是网络专家，并且对于各种专业术语和字符图释了如指掌，可是不要假设收件人和你一样专业，过多的字符图释会让人不知所云。

三、微信、微博、QQ 空间等电子社交礼仪

（一）树立良好的个人形象

微信、微博、QQ 空间是新时代的自媒体，个人可以自由地在上面发布个人信息，如果你希望通过这些媒体来树立良好的职业形象也是不错的选择，应该注意以下几个方面：

（1）头像照片可以为穿着职业装的半身或全身照，不要选择过于生活化的照片。女士照片应该化职业淡妆。

（2）在自媒体中转发的各种信息都会留在自己的媒体上，转发或发送的信息内容格调应该阳光、正直、正能量。

（3）吃、喝、玩、乐等信息尽量少发。

（4）在自媒体中应该塑造积极、正面、职业、专业的形象。

（二）微信、微博、QQ 交往礼仪

（1）通过微信、微博、QQ 与人交流，开场也应该问候，可以借助美好表情包问候，电子媒体使我们的问候有了多种多样的方式。

（2）转发信息前务必确认信息的真实可靠性，否则不要随意转发，避免以讹传讹。

（3）谨慎评论信息，客观中立观念为好，传播正能量。

（4）发信息前检查是否有错别字。

（5）不要发过度的评论。

（6）交谈结束并不忘致谢和告别。

（7）国际交往，要以对方时间为准，不要在对方休息时间发信息。

（8）收到信息及时回复。

（9）不要把别人的信息随意发朋友圈。

本章小结

本章介绍了商务人员办公室礼仪的基本内容，并具体阐述了商务人员的拜访礼仪、接待礼仪、会见与会谈礼仪、电话礼仪、传真及电子邮件礼仪。

思考与训练

一、思考题

1. 名词解释：

会见　会谈　拜访

2. 请从电话礼仪的角度，判断下列问题的正误：

（1）在打电话之前，先确认对方的公司名称、所属部门、姓名、电话号码是否无误。（　　）

（2）电话铃声响过 3 次之后，拿起话筒时应说：“让您久等了！”（　　）

（3）拿起电话听筒，听出是客户的时候，应马上说：“感谢您的关照！”（　　）

(4) 接电话时虽然已经察觉到听错或听漏对方的姓名，但是，因谈话中进行询问常被视为失敬，便听之任之，继续原来的谈话。(　　)

(5) 在商业活动现场一般不应接打电话，若因紧急要事不得不打，则讲电话的语速要快，尽快结束通话。(　　)

3. 商务人员应注重哪些接待礼仪?

4. 会见与会谈的座位安排有何讲究?

5. 电话记录的 5W1H 技巧指的是什么?

二、案例分析题

某公司要召开一个商品推介会，让营销员小黄负责接待。小黄到火车站举着牌子，等了半天也没接到人，他只好沮丧地回到公司。小黄刚刚坐下，电话就响了，正是他要接的那几位代表，因为火车晚点，所以刚到车站。小黄没好气儿地说："我在车站等你们半天了，刚刚才回来，你们自己'打的'来吧!"说完就挂上了电话。

问题：

运用接待礼仪的原则，分析上面这个案例。

三、实训题

列举三个不同形式的办公室拜访的开场白。

第五章

商务活动礼仪

善气迎人，亲如兄弟；恶气迎人，害于兵戈。

——管仲

学习目标

1. 熟悉促销活动的礼仪。
2. 掌握谈判的程序、技巧及谈判的礼节。
3. 了解展览会的含义及特点，掌握展览会的礼仪要求。
4. 熟悉记者招待会的会前准备工作、会中应注意的事项和会后的工作。

导入案例

这是一件真人真事。

一个雨天的下午，有位妇人走进匹兹堡的一家百货公司，漫无目的地在公司内闲逛，很显然是一副不打算买东西的样子。大多数售货员只对她瞧上一眼，然后就忙着整理货架上的商品。

这时，一位年轻的男店员看到了她，立刻微笑着上前，热情地向她打招呼，并很有礼貌地问她是否有事需要他服务。这位老太太对年轻人说，她只是进来躲雨罢了，并不打算买任何东西。这位年轻人回答："即便如此，我们仍然欢迎您的光临！"接着主动和她聊天，以表示自己确实欢迎她。当老太太离去时，这位年轻人还送她到门口，微笑着替她把伞撑开。老太太看着年轻人那亲切、自然的笑容，不禁犹豫了片刻，她在年轻人的那双眼睛里读到了人世间的善良与友爱。于是她向这位年轻人要了一张名片，然后告辞。

后来，这位年轻人完全忘记了这件事。有一天，他突然被公司老板叫到办公室，老板告诉他，上次他接待的那位老太太是美国钢铁大王卡耐基的母亲。老太太给公司来信，指名道姓地要求公司派这位年轻人到苏格兰，代表公司接洽装潢一所豪华住宅的工作，交易金额巨大。老板祝贺这位年轻人："你的微笑是最有魅力的微笑!"

分析：

一个真诚友善的服务人员，能够把微笑演绎成一种工作态度，可见微笑的神奇魅力。一个微笑，在生活中太平常不过，若将其融入店员销售服务的全过程，就可能带来众多的商机和巨大的经济效益。微笑，是第一魅力；微笑，是一种愉快心情的反映，也是一种礼貌和涵养的表现。

第一节 促销活动礼仪

礼仪原理

卖产品其实就是推销自己。销售人员的良好形象是建立顾客信心的重要基础。要想保持业务的持续发展，除了具有全面的专业知识外，人格魅力同样不可或缺。加强自身修养，注重礼节，由内而外折射出亲和力和感召力，是成功不可缺少的重要条件。推销，是把握客户性格，洞察客户特点，然后促使客户思考和行动的活动。世界著名代理商乔·坎多尔弗说过：推销离不开人，离不开对人的理解，当然也离不开人与人交往的礼仪，而且对这种礼仪要求很高。

一、促销前的准备

（一）熟悉、热爱自己所推销的产品

熟悉产品是为了宣传产品，因此，商务人员对产品的生产过程、制作工艺、原材料、质量、包装、优点、缺点等应深刻了解，以备消费者询问和促成消费者购买。商务人员应熟悉的内容包括：产品的产地、价格、造型、颜色、质量、款式，以及有关产品的各项技术资料、产品操作说明书、保养及维修手册等。

（二）了解顾客的情况

1. 了解顾客所在国家和地区

国家、地区不同，人的习惯、性格特征、购物心理会不同，这些都会影响顾客的购买行为。例如，我国某公司在南洋群岛诸国推销商品时，根据当地群众酷爱热带风光的审美情趣，重点介绍质地轻薄、色泽鲜艳，并印有大海、阳光、椰树、沙滩、帆船、小屋等热带风光图案的布料，深受当地群众欢迎。

2. 了解顾客的地位、职业、文化修养、年龄、性别等

根据顾客的地位、职业、文化修养、年龄、性别来推销。如推销高跟鞋，应针对女士；推销剃须刀，应针对男士；对老年人，应着重推销老年用品；等等。

3. 了解顾客的性格爱好

根据顾客的性格进行推销。对沉稳型顾客（表现：老成持重，一问三思），应周全稳重，讲话慢一些，并留有余地；对独尊型顾客（表现：自以为是，夸夸其谈），应心平气

和地听其高论，稍加应和，进而因势利导做出更正与补充；对率直型顾客（表现：性格急躁，褒贬分明），应直接说明产品利弊；对寡断型顾客（表现：患得患失，优柔寡断），应察言观色，适时揭其要害、晓之以理。

4. 了解顾客的收入

根据顾客的收入进行推销。不同收入的人会有不同的消费重点。收入处于低级阶段的人，一般先满足吃，再满足穿，最后满足用。收入处于中级阶段的人，则先考虑穿，然后考虑吃，最后考虑用。收入处于高级阶段的人，则先考虑用，然后考虑穿，最后考虑吃。所以，推销员应注意观察顾客的穿着、谈吐及家中的装饰等，判断顾客处于哪一阶段收入状态中，以便向他们进行适当的推销。如针对处于中级阶段收入的人，推销服装易成功。

5. 了解顾客的家庭状况

根据顾客的家庭状况进行推销。家庭生命周期论认为，一个人一生要经历五个阶段，这五个阶段构成了家庭生命周期。

（1）独身阶段。

20岁左右处于此阶段。向这个阶段的人推销自行车、服装、社交活动用品、娱乐活动用品等易成功。

（2）新婚阶段。

处于此阶段的人，向他们推销电器、家具和其他家庭用品易成功。

（3）满巢阶段。

孩子出生后处于此阶段。此阶段又分两个时期：孩子入学前和入学后。孩子入学前，向他们推销玩具、儿童服装等易成功；孩子入学后，向他们推销书本、学习机等易成功。电子游戏机、学习机的推出便是针对这一类消费者，由于目标明确，因而取得了巨大成功。

（4）空巢阶段。

孩子已有工作离开家庭。此时夫妻两人购买力大大提高，此时向他们推销那些高档用品、旅游娱乐用品易成功。

（5）鳏寡阶段。

此时夫妻中一方已去世，另一方由于年老体衰，需医疗保健用品以及适合老年人食用的食品，此时推销保健用品易成功。

6. 了解谁是决策者

根据谁是决策者进行推销。判断谁是决策者，就要寻找"家庭权威中心点"。在美国，家庭有以下几种类型：各自做主型、丈夫支配型、妻子支配型、调和型。在我国也大抵如此。

怎样判断谁是家庭中的决策者？可以利用体态语言理论寻找。如果一个家庭中妻子跷腿，其他的人也跟着跷腿，妻子的其他举动也一样影响其他人的举动，证明这个家庭是妻子支配型，推销工作的重点就应放在妻子身上。另一种方法是根据坐的位置来判断。如果一家人大多数都坐在长方形桌的两侧，而只有一人坐在中间，那么此人就可能是决策者。根据体态语言判断受综合因素如环境、个人心态、家庭成员性格等影响，所以利用体态语言判断谁是决策者也不是绝对准确的。为了不犯错误，在推销过程中对任何人都要以礼相待。曾有一名玻璃推销员忽略了和工人一起装修房屋的男主人，男主人向他打招呼他不理，而把推销重点放在站在旁边指挥的女主人身上。当女主人说“推销玻璃你找我先生”时，推销员才后悔不迭，知道失去了机会。所以，推销员要对任何人都尽到礼节。

（三）了解本公司的情况

需了解的情况包括公司历史、主要业绩、组织结构、决策程序、销售渠道、广告宣传、运输方式、交货方式、价格折扣等。只有充分了解了公司情况，才能确认自己为不为此公司推销，才能增强自己的归属感、荣誉感，才能应对顾客提出的千奇百怪的问题，才能使自己的推销工作获得成功。所以，在选择公司时要慎重，要弄清此公司产品质量是否过关、公司信誉如何等情况，以确定自己是否应效力于该公司。如果发觉公司不是自己所期待的，而是质量、信誉不佳的公司，就应尽快毫无留恋地离开；若是自己理想中的公司，一旦下定决心在该公司干，就要踏踏实实、全力以赴，做热爱产品的一员，这样才能成功。

二、促销技巧

（一）推销产品之前先推销自己

顾客只有先接纳了推销产品的人，才能接纳他所推销的产品，所以推销员的仪表、风度、知识、智慧、谈吐等非常重要。推销员要以个人优秀的专业素质和礼仪来为所推销的产品作注释。

（二）谈论顾客感兴趣的事情

《曼哈顿的中国女人》一书的作者周励谈到，她在推销以中国名画为图案的领带时，结识了一位特别喜欢中国古董的顾客，两人谈得相当投机。周励未提及任何推销领带的事，那位顾客却把领带全部买下了。另有一位推销员在向某经理推销商品时，无意中得知该经理集邮，就和这位经理谈论了集邮方面的信息，最后这位经理什么也没问就买下了他推销的商品。可见，谈论顾客感兴趣的事情是推销的捷径。

（三）赞扬法

赞扬是一种“精神食粮”，通过赞扬别人可以迅速拉近双方的距离，达到推销目的。但是，赞扬必须是真诚的赞扬，虚伪的赞扬不仅起不到拉近双方距离的作用，而且会使双方的关系恶化。

（四）利益接近法

提出有利于对方的条件，以使对方接纳你推销的产品。如推销时说：“张经理，我是来告诉你贵公司节省一半电费的方法。”

（五）问题接近法

故意提出吸引人探究的问题，引起对方的注意和兴趣，为后续的推销创造良好的氛围，从而有利于推销。

（六）演示法

如推销玻璃清洁剂，可以请求对方让你擦拭一下玻璃，清洁后玻璃的清晰明亮就是最好的推销。某企业推销一种黏度大的胶时做了一个广告——推销员把自己双脚粘在房顶上持续 1 分钟，广告获得轰动效应，推销成功了。所以说，演示法运用恰当，可以收到绝妙的推销效果。

（七）信息法

利用企业新成立、小区新建成等信息进行推销。例如，一座办公大厦建成投入使用后会带动一系列需求，如办公用品、装饰用品、家电、电话等，若得到这一信息前去推销商品，成功率会大增。

（八）由近及远法

首先从自己最熟悉的人开始推销，如亲朋好友、熟人、同学等，或者从员工开始，再通过他们的亲朋好友向外宣传，这样由近及远形成一个网络，推销效果良好。例如，我国出口量曾居第一的“金芭蕾”系列化妆品在营销初期便采用这一方法。公司先安排员工使用，并配有专业美容师为员工化妆，使用后公司员工个个显得年轻漂亮，引起了公众的兴趣，公众便争相购买，从而使推销成功。

（九）倾听法

倾听法就是在推销洽谈的过程中，推销员不要一味地口若悬河、滔滔不绝、不给顾客表达自己思想的机会，要善于倾听的一种策略。

推销人员在倾听顾客谈话时要做到以下几点：

（1）听时要专注。

一般来说，思维速度比说话要快四倍。因此，人们往往容易在听的时候思考别人的问题，找到顾客的需求，从而寻找洽谈的方法和策略。

（2）听时要鉴别。

要善于听出顾客言语中所蕴含的观点和用意。

（3）要容忍一些可能触犯你的讲话。

让对方讲完，不要中途打断或驳斥。

（4）倾听要积极回应。

对方阐述观点，在听的同时，要做出积极的回应。不需要长篇大论，喧宾夺主，可以用少量是非判断词语或语气词。比如“啊”“是”“对”等。

在推销洽谈中，倾听能发掘事实真相，探索顾客的真实想法，并且倾听能够赢得顾客的好感，容易判断顾客的意图，减少或避免推销中的失误。所以，听往往比说更重要。

礼仪操作

在促销活动中，礼仪是商务人员的名片，顾客由其礼仪而知其修养，并由此决定对其信任与否、喜爱与否、接纳与否，进而决定是否购买其产品。

一、商务人员必须注重仪表

推销员的服装，一般来说应体现时代特点、自身性格、季节特色，还应根据推销物品、顾客的有关情况加以变换。一般情况下应注意：

（1）整洁大方。尤其是穿西服时衬衣的领子、袖口千万不能有污迹，否则会给人不讲卫生的感觉，从而不愿与你交往。

（2）忌奇装异服和过于花哨，这会给人不信任感。

（3）服装不要太高级，以免使顾客自卑；也不要太低档，低档会给人一种不好的印象。

除了对服装有要求之外，推销员还应注意发型是否合适，要经常梳洗头发，保持干净。胡须、指甲、牙齿等都要注意保持干净。另外，不要戴太阳镜或变色镜，因为这会给顾客阴沉的感觉，使顾客不敢相信你。

二、保持自然笑容和良好仪态

笑容是推销员的基本功。推销员应充满自信，呈现自然明朗的笑容。推销工作中应注意：

（1）推销员忌讳性格不开朗、皱眉头、傲慢无礼、垂涎地笑、皮笑肉不笑。

（2）推销员应保持良好仪态，注意克服以下举止：不停地眨眼、摸鼻子，当众挖鼻孔，折手指并发出声音，搔头挖耳，耸肩，随地吐痰，咬嘴唇，舔嘴唇，脚不停颤抖，或用脚敲击地板发出响声等。

三、注意抽烟、进餐的礼貌

一般来说，推销员不应抽烟。因为嘴里有烟味会使口气难闻，和顾客交谈时会给顾客造成不愉快的感觉。此外，抽烟会把牙齿熏黑，与顾客谈话时满嘴黑牙也非常不文雅。所以，推销员最好把烟戒掉。

如果实在戒不掉烟，也不应在顾客面前抽烟。在和顾客交谈时，如果顾客不抽烟，则尽量不抽烟；如果顾客请你抽烟，那么一定要尊重顾客的习惯，注意地点、场合，讲究方式方法。如有女士在场，应征得女士同意再吸；有些场合如商店、仓库、工厂车间、医院等不准吸烟，就应不吸；还要注意熄灭烟蒂，把烟蒂放入烟灰缸，以免引起火灾；抽烟的姿势要优雅，一般使用食指和中指夹住香烟，坐姿要端正、自然。

招待顾客进餐时要注意以下事项：

（1）要根据工作需要决定用餐档次，不要太铺张。

（2）招待地点一般不宜选在对方投宿的旅馆、饭店，因为一般顾客会把所住的地方视作私人空间。

（3）主人应提前到达招待地点，在门口迎接客人。

（4）入座后主人要先介绍大家互相认识，菜上来后要注意招呼客人进餐。

（5）无论是主人还是陪客，都应主动与同桌的人交谈，特别是左右邻座，不要沉默不语，也不要只与几个熟人说话。

四、注意推销时语言、语调与重音的运用

初次面对顾客时，应该这样说话接近顾客：

（1）称呼对方的名称，叫出对方的姓名及职称。

（2）清晰而简要地进行自我介绍，说出自己的名字和企业的名称。

（3）感谢对方的接见。要非常诚恳地感谢对方能抽出时间见你。

（4）寒暄。根据事先掌握的顾客资料，表达对客户的赞美，选一些客户容易谈论及感兴趣的话题。

（5）说明来意。表明拜访的理由，要让顾客感觉到你的专业可信度，接着要很快地说

明来意。

(6) 赞美及询问。每一个人都希望被赞美，可在赞美顾客后接着以询问的方式引起顾客的注意，以激发他的兴趣和需求。

同时，应注意以下问题：

(1) 应懂得使用礼貌用语，如请、赐教、拜读、奉还、恭贺、劳驾、惠赠、高寿、承蒙、多谢、费神、失陪、失言、不敢当、岂敢、不客气、见笑、慢走等。

(2) 应注意用明快的语调说话。说话时要有喜欢对方的心情，发出有朝气的声音，以明快的语调来促进双方感情沟通。

(3) 注重重音的使用。对不同的字进行强调，则会产生不同的意思、后果。以“我没说他偷了那钱”为例：

我没说他偷了那钱。(意为：不是我说。)

我没说他偷了那钱。(意为：没有说。)

我没说他偷了那钱。(意为：不是说，而是其他，如暗示等。)

我没说他偷了那钱。(意为：不是他，而是另外的人。)

我没说他偷了那钱。(意为：不是偷，而是借或其他。)

我没说他偷了那钱。(意为：不是那钱，而是另外的钱。)

我没说他偷了那钱。(意为：不是钱，而是物等。)

所以，要强调该强调的部分，减少不必要的话。

推销时还应注意说话不要太快，要有节奏地说；一次说话不要太长，在适当的时候应停顿；注意不要使用难懂的词语、方言等。

第二节　商务谈判礼仪

礼仪原理

谈判是商务人员的一种常见的业务活动。它是一个通过讨论磋商来寻求解决途径和达成协议的过程。商务人员需要了解谈判的程序，熟悉谈判的技巧，掌握谈判的礼节。

一、商务谈判的含义

商务谈判也称“谈生意”，是指参与谈判的各方以某一具体商务目标为谈判客体，以经济利益为谈判目标指向，通过信息沟通与磋商，寻求达成双方共同利益目标的行为互动过程。

商务谈判所要解决的问题，虽不如国内外政治、军事谈判那样具有显赫影响，但它是最常见的，既平凡又频繁。如日常生活中的购物还价，虽然数额小，但包含了商务谈判的一切必备要素和基本环节，并运用了各种谈判技巧。可以说，商务谈判的外延是很广泛的，法人的每一次交换活动都包含商务谈判行为。除了双方谈判者面对面正襟危坐于谈判桌前的正式谈判外，函电通信、推销访问等活动都或多或少涉及谈判活动。

商务谈判与一般的谈判相比较，既具有谈判的一般共性，即谈判一般所具有的基本功能和特征，又有自身独特的个性，在谈判目标的确定、谈判各方所处的地位以及谈判进行的过程和结果等方面都与一般的谈判有显著的区别。商务谈判的目标是在经济方面追求某种需要的实现，既有利益的统一，又有利益的矛盾；商务谈判的参加者具有相对独立的法人地位，相互之间的矛盾只能依靠谈判去解决；商务谈判的进行要遵循价值规律，受市场供求关系的制约；商务谈判的顺利进行，需要有法律作为基本保证，并受法律的约束；商务谈判的结果一般是达成双方均可接受的具有法律效力的经济合同或协议（一般书面居多）。

二、商务谈判的基本特点

（一）以获得经济利益为目的

不同的谈判者参加谈判的目的是不同的。外交谈判涉及的是国家利益，政治谈判关心的是政党、团体的根本利益，军事谈判主要是关系到敌我双方的安全利益。虽然这些谈判都或多或少涉及经济利益，但其重点不是经济利益。而商务谈判则十分明确，谈判者以获取经济利益为首要目的，在满足经济利益的前提下才涉及其他非经济利益。虽然，在商务谈判过程中谈判者可以调动和运用各种因素，各种非经济利益的因素也会影响谈判的结果，但其最终目标仍是经济利益。与其他谈判相比，商务谈判更加重视谈判的经济效益，也更注意谈判所涉及的技术、成本、效率和效益。所以，人们通常以获取经济利益的多少来评价一项商务谈判的成功与否。不讲求经济效益的商务谈判就失去了价值和意义，这是商务谈判的显著特征。

（二）以价值谈判为核心

商务谈判涉及的因素很多，谈判者的需求和利益表现在众多方面，但价值几乎是所有商务谈判的核心内容。这是因为在商务谈判中价值的表现形式——价格最直接地反映了谈判双方的利益。谈判双方在其他利益上的得与失在很多情况下都或多或少地可以折算为一定的价格，并通过价格的升降而得到体现。因此，在许多场合，人们都把商务谈判称为价格谈判。当然，在商务谈判中，我们一方面要以价格为中心，坚持自己的利益，另一方面又不能仅仅局限于价格，应该拓宽思路，设法从其他利益因素上争取应得的利益。与其在价格上与对手争执不休，还不如在其他利益因素上（如运输、品质、保险、附加服务等）使对方在不知不觉中让步，这也是从事商务谈判的人需要注意的。

（三）注重合同条款的严密性与准确性

商务谈判的结果一般是通过双方协商一致的协议或合同来体现的。合同条款实质上反映了各方的权利和义务，合同条款的严密性与准确性是保障谈判所获得的各种利益的重要前提。有些谈判者在谈判中花了很大气力，为自己争取到了较有利的结果，但在拟订合同条款时掉以轻心，不注意合同条款的完整、严密、准确、合理、合法，让谈判对手在条款措辞或表述技巧上有机可乘，不仅把到手的利益丧失殆尽，而且为此付出了惨重的代价。这种例子在商务谈判中屡见不鲜。因此，在商务谈判中，不仅要重视口头上的承诺，更要重视合同文本的措辞。

（四）更注重时效性

商场如战场，商机不等人。“寸金难买寸光阴”，市场变幻莫测，竞争者虎视眈眈，时间变化往往会使黄金变成粪土。特别是零售商品购销，一旦过了销售旺季，就只有大打折扣一条路了。所以，在商务谈判中，谈判者都非常注重谈判的效率和合同履行的时间保证。

三、商务谈判的程序

谈判过程是谈判双方或多方协商的过程。要取得谈判的成功，需要经过计划准备、磋商、交涉、谈判结束的程序。谈判的大体程序如下所述。

（一）谈判要约

这是整个谈判的起点，是指谈判各方通过一定方式确定谈判内容、方式及有关事宜。通常由一方首先提出建议，发出邀请，另一方或多方做出允诺，从而确定谈判项目。在正式谈判之前，一般由较低一级人员就有关问题进行非正式磋商，内容包括谈判内容、人员规格、谈判程序以及时间、地点等。

（二）情报收集

谈判不能打无准备之仗，只有知己知彼，才能取得谈判的主动权，最终获得成功。要了解己方的谈判意图，明确合适的谈判目标，包括临界目标、期望目标和理想目标。收集与谈判主题有关的信息资料、政策法令以及公开渠道能获得的各种资料，还要了解谈判对手的信息，包括谈判对手的权限、履历、性格、兴趣爱好等。

（三）计划拟订

谈判计划即谈判的行动方案，要确定的内容有谈判主题、谈判目标及可行性、谈判人员、谈判议程、谈判方式、时间地点、物质准备等。其中，主办方还要重点负责谈判环境的布置、食宿交通的安排等。

（四）模拟培训

重要的谈判还要进行实战前的彩排演练，对参与谈判的人员进行必要的培训，可以通过列表分析、预先辩论、实际排演等方式进行。

（五）进行谈判

这是谈判活动的实质性实施阶段，包括谈判的开局、导入、陈述、辩论、整合、协议等环节。

（六）谈判结束

谈判进行到一定程度就要结束，不能无限期地拖延下去。双方无法达成一致，只能分道扬镳，不欢而散；或者双方就共同关心的问题达成一致，这两种情形都意味着谈判可以结束了。

（七）后续工作

谈判结束后还有一些后续工作，例如共同起草协议、会谈纪要或公报，形成有一定约束力的文件，召开新闻发布会，向公众发布谈判结果，等等。

四、商务谈判技巧

谈判的技巧对谈判成功至关重要。正确而恰当地运用谈判技巧，巧妙处理谈判过程中的一些问题，是谈判取得成效的关键。谈判的技巧很多，常用的有下述几种。

（一）明示姿态

谈判姿态是指谈判时采取一种什么样的态度，如采取强硬的态度还是温和的态度。谈判各方应当根据谈判进程明示姿态。一般来说，开始时应当采取积极的姿态，这有利于双方展开行动。遇到对方强硬的态度时，应当适当采取消极的态度，表明不改变主张，但要注意适度，否则谈判将会陷入僵局甚至不欢而散。

（二）讨价还价

谈判实际上是一个讨价还价的过程。讨价还价是一项技巧性很强的活动，必须讲究策略。讨价还价时首先要选择何时报价。一般来说，在了解对方的态度、谈判焦点和大致内容后就要适时报价。报价要注意以下几点：报价要合乎情理，不能漫天要价；报价是最高目标，要为讨价还价留下充分的回旋余地；报价必须坚定明确，给对方一个认真诚实的印象。讨价还价时还要注意还价。还价是对对方提出条件的表态，要慎重表述。为了准确无误地把握对方的开价，可以适当提问，比如："你们的基本意见是什么?""为什么要这样报价?""这样报价的依据是什么?"还价可以采取一次性让步和递增递减让步的方式。

（三）打破僵局

谈判陷入僵局是常见的，如何打破僵局成为推进谈判顺利进行的关键。谈判陷入僵局的原因很多，有谈判者的感情、立场、性格、谈吐等方面的原因，也有谈判议题和外部环境变化等原因。谈判者可以利用谈判中的可变因素，如通过变换场所、调整部分人员、暂停谈判、私下沟通等方式消除分歧，打破僵局。

（四）学会让步

谈判中的让步是必不可少的，否则谈判就无法进行。学会让步，就是运用让步技巧阻止己方让步，迫使对方让步。要阻止己方让步，明确拒绝对方要求是最好的办法，但生硬地拒绝常常会令谈判陷入僵局。谈判者可以借口权力、资料、时间等因素的限制，来延缓让步，阻止对方的咄咄逼人。有时候，将己方摆在弱者的位置，或者坦诚亮出限制的"底牌"，或者采取主动进攻的方式，都可以有效阻止己方让步。至于迫使对方让步，则可以采取激烈的方式，如态度强硬地讨价还价；也可以采用迂回战术，如分化瓦解对方、与对方持利己观点者结盟、制造竞争对手等。

五、谈判者的素质要求

通常要求谈判者具有下列素质：

（1）清晰的思路和敏锐的观察能力。

（2）稳健，能克制自己情绪的能力。

（3）创造性思维和解决问题的能力。

（4）守时、守信的道德要求。

（5）从多个角度看问题的能力。

（6）了解对方所在国或地区的风土人情。

（7）尊重他人。

（8）准确的判断能力。

（9）品格正直。

（10）拥有丰富的学识。

礼仪操作

谈判的礼节涉及商务礼仪中的各个方面，既有仪表仪容的要求，又有谈吐举止的规范，还有交际交往的礼节。

一、谈判座次的安排

在谈判中，座次的安排尤其重要，例如与谈判对手怎样坐、自己内部座位如何摆放等都对谈判的成功有微妙的影响。1991 年 10 月，中东和谈中座位的安排就是既体现微妙的心态又符合谈判礼仪。谈判采用“T”字形谈判桌，这是主办者绞尽脑汁才想出的。“T”字顶头，是美苏（因为它们是举办者，并且是超级大国）的座位。右边为埃及、以色列、黎巴嫩，考虑到埃及与以色列结怨不深，可以坐在一起。左边为欧共体、约旦、巴勒斯坦联合代表团、叙利亚。约旦、巴勒斯坦、叙利亚与以色列结怨很深，万不可坐在一起。座位的安排用心良苦，对达成协议起到了一定作用。

在商务谈判中，谈判双方一般是面对面坐着的。一个谈判小组的领导坐在中间，其他队员围绕着他坐，双方领导者坐在平等而相对的位置上。这种座次安排能够产生较佳的团队控制力，并能提高士气。

二、仪容大方

随着人类社会的发展，衣服不仅是人类形体的遮羞布，而且体现着一个人的身份、地位、性格、修养等内容。意大利著名影星索菲亚·罗兰认为：“你的衣服往往表明你是哪一类人物，它代表你的个性，一个与你会面的人往往会自觉不自觉地根据你的衣着来判断你的为人。”在谈判中，因为谈判对手大都是以衣着来判断性格，进而达到说服你的目的，所以，一般参加谈判尤其是大中型谈判的人往往不穿个性化服装，一律西装笔挺，以整洁大方为宜。这样，一方面显示出谈判的庄重气氛，另一方面也可以遮掩本人的性格、心理，增加神秘感，不至于让对方轻易看透自己。女士穿戴不要过于华丽时髦，化妆不能过于浓艳。

三、谈吐得体

谈判语言应做到刚中有柔。过分咄咄逼人，甚至进行人身攻击，都是极失礼的行为，会造成谈判的失败。谈判时要巧于辞令，措辞准确，掌握分寸，语气神态切合现场气氛。注意发问的方式，不能过于唐突、咄咄逼人；陈述时要娓娓道来，不能东拉西扯、傲慢无礼；辩论时要心平气和，以理服人。

四、守时守约

参加谈判的人员要按约定时间到达，不能迟到，也不能过早到达，免得主办方因未准备完毕而出现手忙脚乱的难堪情况。不能如期赴约要事先打招呼，若迟到要主动致歉。

五、尊重对方

要在谈判桌上营造一种友好的气氛，避免硝烟弥漫、刀光剑影的状况，这就需要充分尊重对方，包括尊重对方的风俗习惯。交谈中不要涉及隐私、禁忌及敏感问题，更不能拿对方的生理、穿戴、习惯等作为话题加以揶揄。

六、适当赠礼

在谈判中，适当赠礼是必要的。互赠礼物可以增进双方的情谊，融洽彼此关系，创造良好的谈判氛围。赠送礼物要恰当，不能过于贵重，否则会令人怀疑是别有用心。

第三节　展览会礼仪

礼仪原理

一、展览会的含义

展览会是一种常见的商务活动。展览会是指以实物、文字说明、图片、模型、幻灯、录像等来展示成果、树立形象的宣传活动。成功地举办展览活动，可以达到吸引公众的注意、实现与公众的双向沟通、树立良好形象的目的。

二、展览会的特点和类型

（一）展览会的特点

1. 直观性

展览会是一种非常直观、形象的传播方式。它把实物直接展现在公众面前，给人以真实的感受。

2. 复合性

展览会是一种复合性的传播方式。它往往以实物展出为主，配以文字宣传资料、图片、幻灯、录像、动画等，再加上动人的解说、友好的交谈、优美的音乐、生动的造型艺术，具有很强的渲染力和吸引力。

3. 双向性

展览会能给企业提供与公众直接沟通的机会，即在向公众展示自身形象的同时收集公众反馈意见，有针对性地就某种特殊情况进行解释，使公众心服口服。

4. 新闻性

展览会是一种综合性的大型活动，除本身能进行自我宣传外，还往往能够成为新闻媒介追踪的对象，成为新闻报道的题材。通过新闻媒介的报道，展览会的宣传效会大大提高。

5. 高效性

展览会可以一次展示许多行业的不同产品，也可以集中展示同一行业的多种品牌产品，是一种高效率的沟通方式，节省了大量的时间和费用。

（二）展览会的类型

1. 根据展览内容划分

根据展览内容，可以分为综合性展览和专项展览。综合性展览是介绍一个地区或一个组织的全面情况，要求内容系统、重点突出。专项展览则是围绕某一项目或某一专业、某一专题进行，要求主题鲜明、内容集中，有一定的深度。

2. 根据展览的性质划分

根据展览的性质，可以分为贸易性展览会和宣传性展览会。贸易性展览会的目的是大做实物广告，促进产品销售。宣传性展览会则是展出照片资料、图表和有关实物，目的在于宣传某一观点、理念。

3. 根据展览的规模划分

根据展览的规模，可以分为大型展览会、小型展览会和微型展览会。大型展览会通常由专门机构主办，参展者报名参加，参展项目多，展览技术较高。小型展览会可由有关组织自办或某一单位主办，主要展示与本组织有关的产品，如××企业产品展览会。微型展览则指橱窗展览、流动车展览等，也称袖珍展览会。

4. 根据展览会的地点划分

根据展览会的地点，可分为室内展览会和露天展览会。大多数展览会放在室内举办，但某些展览，如花展、灯展、汽车展览等，通常露天举办。室内展览会较隆重，不受气候的影响，时间长短皆宜，但场地布置较复杂，费用较高。露天展览会则比较简便，费用少，但受气候影响较大。

5. 根据展览时间的长短划分

根据展览时间的长短，可分为长期性展览、周期性展览和一次性展览。长期性展览有比较固定或稳定的内容，如文物展览；周期性展览是定期举行的；一次性展览则是配合某一主题活动临时设计组织的专题性展览。

三、展览会的组织与实施

（1）明确展览会的主题和目的，并确定相应的展览方式、接待形式。每次展览会都应有明确的主题和目的，因为这是决定展览的内容、形式和观众群的前提条件。

（2）指定展览会总编，并构思展览基本框架。由指定的总编负责撰写展览脚本，设计展览主题画，选择展厅并布置和美化，明确总体布局并与各部门沟通。

（3）明确参展单位和参展项目。可以采用广告和发邀请的形式组织参展单位，并为有可能参展的单位提供展览会的宗旨、展出项目造型、对参观者人数及类型的预测、参展要求和费用等基本资料。

（4）选择时间和地点。时间上要考虑展出内容的季节性和周期性，以及与重大社会活动时间的冲突性等。地点上要考虑交通的便利性，以及展览场所的大小、质量、设施等；

此外还应考虑展览场所周围环境与展览主题的相互协调性问题。

（5）明确参观者的类型和数量。在筹划展览会时，应对参观者的类型和数量有较精确的估测，以便确定展览的方式。

（6）选择并确定与展览有关的资料及实物。各部门的编辑人员应根据展览大纲或总编的意图、思路收集各参展单位要参展的实物及其文字、图片、录音、录像等宣传资料，并按要求完成设计创作任务。

（7）成立专门的对外新闻发布机构和接待机构，做好新闻宣传工作和服务工作。展览会中有许多具有较高新闻价值的信息资料供公共关系人员发掘。这项工作应该由专门机构来制定计划和组织实施。同时，必须同时做好各项服务工作，以扩大展览会的社会影响。

（8）培训参展工作人员。展览会工作人员的素质与技能对整个展览效果有着重大影响，因此要对展览会的工作人员进行公共关系的训练，尽可能使其服务符合要求。参展工作人员包括讲解员、接待员、服务员等。

（9）展览会的经费预算。经费预算一般包括：场地使用费，内含各种设备使用费、能源使用费等；设计建造费，内含材料费；工作人员酬金，内含工资、津贴、差旅费；传播媒介使用费，内含电视、录像带、计算机、幻灯机、幻灯片、新闻广告等费用；宣传品、纪念品制作费用；交际联络费，内含举行招待会、购买茶点、接待宾客及交际应酬的各种费用；运输费；保险费；预备金；等等。

（10）准备展览会纪念品。

（11）筹划和组织开幕仪式。大型展览会应精心设计一个独特、新颖的开幕仪式，安排好开幕式的新闻采访、嘉宾致辞等工作。

（12）展览效果测定。可通过问卷调查、有奖测验、意见簿、小型座谈会、电话访问、新闻分析等方法，来了解和掌握公众的反映，测定展览会的效果。

补充知识 5－1

“FABE”原则

按照国外的常规说法，解说时一定要遵循“FABE”原则。其中，“F（Feature）”指展品特征，“A（Advantage）”指展品优点，“B（Benefit）”指客户利益，“E（Evidence）”则指可资证明的证据。要求工作人员在展览会上向观众进行解说时，应当以客户利益为重，要在提供有利证据的前提之下，着重强调自己所介绍、推销的展品的主要特征与主要优点，以争取使客户觉得言之有理、乐于接受。不过，争抢、尾随观众兜售展品，弄虚作假，或是强行向观众推介展品，则不可取。

礼仪操作

展览会礼仪，通常是指商界单位在组织、参加展览会时应当遵循的规范与惯例。

（1）展览会的工作人员应该具有良好的素质，主要是：明确办展览会的目的和主题，了解展览知识与技能，具有相关专业素质，懂得礼仪规范。

（2）展览会的主持人应特别注重形象，因为主持人的形象代表了公司的实力和形象。与宾客握手时，主持人应首先伸出手，与宾客一一礼貌握手。

（3）展览会的讲解员着装应自然得体，不可过于怪异和过于新奇。讲解员应热情礼貌地招呼听众，不用或少用生僻字，以便于听众理解。介绍的内容应实事求是，不弄虚作假。

（4）在展览会上向观众直接散发的有关资料必须印刷精美，图文并茂，资讯丰富。放幻灯片、影像时，室内灯光不能太亮，否则会影响观看效果。

（5）展览会的接待员应采取标准站姿，随时和参观者保持适当的距离，目光坦然自信。

第四节　记者招待会礼仪

礼仪原理

一、记者招待会的含义及特点

（一）记者招待会的含义

记者招待会，又叫新闻发布会，是专门为记者组织的会议，是企业为公布重大新闻或解释重要方针政策而邀请新闻记者参加的一种专题活动，是一种主动传播各类有关信息、谋求新闻界对某一企业或某一活动进行客观公正报道的有效沟通方式。

（二）记者招待会的特点

记者招待会是一种两级传播，即企业将信息告知记者，再通过记者所属的大众传播媒介告知公众。其特点如下：

（1）正规、隆重，规格比较高。

（2）记者可以根据自己感兴趣的方面进行提问，以更深入地发掘消息。记者招待会在深度上和广度上比其他新闻发布方式更具有优越性。

（3）比其他新闻发布方式占用记者和组织者的时间更多。

（4）所耗费的成本比较高。

（5）对发言人和主持人的素质要求比较高。

补充知识 5－2

“记者招待会”的由来

一位叫安妮·罗亚尔的女记者总希望能单独采访一次当时的美国总统亚当斯，但每次提出要求都被白宫婉言拒绝。后来，她得知总统常到附近的波多马克河去游泳，于是便在一天中午尾随走出白宫的总统来到河边。当总统脱掉衣服跳入河里游泳时，她走过去，坐在总统脱下的衣服上，非要当场采访不可，总统只得回答她提出的问题。罗亚尔走后，亚当斯越想越觉得这次被迫接受采访所答问题言不由衷，未尽其意，一旦公开会引起世人误解。于是他回到白宫立即举行了名为“记者招待会”的新闻媒体见面会，向记者阐述和澄清了一些问题，避免了可能出现的不良后果。“记者招待会”因此得名，且一直沿用至今。

二、举办记者招待会的条件

（1）企业有特别新闻需要向社会公众公布，通过记者招待会发表或解释。

（2）企业有重大活动希望借机扩大影响，如某企业的纪念日或庆祝日。

（3）企业有希望记者临场观察的题材。

（4）企业有重大经济信息需要公布。

（5）企业有举办记者招待会的经济实力。

（6）企业有举办记者招待会的紧迫性要求，也就是说，如果不举行此会议，可能会给企业造成重大损失，或失去扩大影响的良机。

礼仪操作

一、记者招待会前的准备工作

（一）确定会议的重要性和主题

即明确为什么要举办记者招待会，想要达到何种目的。

（二）确定会议的时间和地点

召开的时间应尽量避开节假日和有重大社会活动的日子，以免记者不能来参加（特殊情况除外，如国庆记者招待会）。

选会议地点时，主要应考虑能否给记者创造各种采访的条件，如录像和拍照的辅助灯光、视听辅助工具、幻灯或电影的播放设备是否齐备，适合记者使用的桌椅、电话机、传真机等是否齐备，以及交通是否便利、会场是否安静，等等。总的来说，就是要符合交通便利、设施齐全、环境良好的原则。

（三）确定邀请的对象并发出请柬

根据会议的主题，有选择性地邀请有关的记者参加。同时根据消息发布的范围来确定记者的覆盖面和级别，如考虑选择报纸、杂志、广播、电视等不同新闻媒体的记者。邀请对象一旦确定，请柬应提前 7 天至 10 天送到，临近开会时还应打电话联系落实。在公关工作中，细节是值得重视的。所以，召开记者招待会前应注意再打电话核实一遍出席记者招待会的人数，以确保宣传效果。

案例 5－1

中国第一家公关公司——环球公关公司，是新华社和世界著名的博雅公关公司合作成立的。在环球公司举办的第一个新闻发布会上，员工们给记者发了邀请函后，博雅公司的代表还要求给记者打电话，确认对方是否出席。一开始，大家都颇不习惯，总觉得邀请函已发，来不来是人家的事，打电话去催多不好意思！可博雅方面强调：这是必不可少的工作程序。

（四） 选定主持人和发言人

新闻记者由于职业要求和习惯，大都会提出一些尖锐、深刻甚至难以回答的问题，这对会议的主持人和发言人提出了很高的要求。主持人和发言人除要求具有较高的文化修养和专业水平外，还要思维敏捷、口齿伶俐。主持人一般由企业公共关系部门的负责人来担任，发言人则应由企业的高级领导人来担任。不论是主持人还是发言人，都是企业形象的化身，其外表形象的设计也应下一番功夫，服饰仪表、言谈举止都应给人以礼貌真诚的感觉。

深圳市要求新闻发言人不说谎，不说正确但没有用的话，即做到“五个要”：一是要坦诚；二是要主动；三是要讲大局；四是要有技巧；五是要遵守发言人制度。

（五） 要准备好发言稿和报道提纲，以及宣传辅助资料

根据会议的主题全面收集有关资料，针对记者可能提出的问题，提供准确、生动的发言稿供发言人参考，必要时还需准备一些与会议主题有关的图片、实物、影像、模型等辅助资料，同时还要写好报道提纲，在会上发给记者作为采访报道的参考。需特别注意的是，会前应将会议主题、发言稿和报道提纲在组织内部通报一下，以防会上口径不一而引起猜疑和混乱。

（六） 布置会场，安排好工作人员

要提前布置会场并调试各类器材，人员安排也要提前做好计划。

（七） 做好组织记者参观的准备

必要时要为记者创造实地采访、摄影、录像的机会，增强记者对会议的感性认识。此外，注意安排好接待、介绍工作。

（八） 根据会议的规格和规模做出可行的经费预算

经费预算的项目一般包括场租费、会场布置费，印刷品、茶点、礼品、文书用品、音响器材等费用以及邮费、电话费、交通费等，需要用餐时还应加上餐费。

（九） 小型宴请的安排

必要时应安排一些小型酒会、冷餐会或茶会，以密切关系。

（十） 礼品准备

适当准备一些小纪念品、礼品，以扩大影响，加深友谊。

二、记者招待会中应注意的礼仪事项

（1）主持人应充分发挥主持和组织作用。当会议冷场时，活跃会议气氛，引导记者踊跃提问；当记者的提问离会议主题太远时，要善于巧妙地将话题引向主题；当会议出现紧张气氛时，能够及时调节缓和；控制好会议时间，不能随意延长。

（2）对于发布的信息资料必须做到准确无误，若发现错误应及时予以纠正。对于不愿发表或透露的信息，应委婉地向记者做出解释，切忌吞吞吐吐。

案例 5－2

环球公关公司曾代美国波特曼公司发布新闻。事后《人民日报（海外版）》的记者打电话询问：会上宣布的该公司在上海某项目上的投资额是否准确？这下环球公司傻眼了，因为数字是美方提供的，还未来得及向国内有关部门核实，一旦有误，就成了发布假消息。于是环球公司赶紧派人去有关部门查询。从此以后，环球公司定下一条纪律：凡外方投资项目，其各种细节一定要先向中方核实后才能发布，以免被动。环球公司的经验教训适用于所有的新闻发布会，也就是说，必须核实新闻，确保准确无误。

（3）不应随便打断记者的提问，也不应以各种动作、表情和语言对记者表示不满。即使记者的提问带有很强的偏见或带有挑战性，也不能激动发怒，要表现出深厚的涵养，用冷静的态度和缓和的语言陈述事实，予以纠正和反驳。遇到不友好的问题时，应该冷静、礼貌、机智地阐述自己的看法。

（4）遇到回答不了的问题，不能简单地说“不清楚”“不知道”“无可奉告”，而应采取灵活而又通情达理的办法给予回答，如告诉记者可到哪里获得答复或资料，以免引起记者的反感。在回答记者的提问时，应尽量详细。

（5）对记者的提问要一视同仁，绝不能厚此薄彼。

三、记者招待会后的工作

（1）尽快整理出记者招待会的记录材料，对记者招待会的组织、布置、主持、回答等各方面工作的经验和不足作出评价和总结，并归档备查。

（2）收集到会记者发出的报道资料，并对这些报道内容及倾向进行归类分析。通过分析来检查是否达到了记者招待会的预定目标、是否由于失误而造成谬误。对于不利于组织的报道，若是组织自身行为引起的，应虚心接受并致歉意；若是记者方面的问题，则应采取行动说明真相，要求媒体更正。对于检查出的问题要分析原因并设法弥补。

（3）收集到会记者及其他与会代表对记者招待会的反映，了解接待、议程安排等工作是否有欠妥和不当之处，并对照签到簿看哪些记者对该会作了报道，以作为以后举行同类会议的邀请名单的参考。

本章小结

本章阐述了促销活动、商务谈判、展览会、记者招待会等商务活动的相关礼仪知识。

思考与训练

一、思考题

1. 名词解释：

商务谈判　展览会　记者招待会

2. 选择题：

（1）在促销活动中应注意的礼仪要求有（　　）。

A. 注重仪表　　B. 保持自然笑容和良好仪态

C. 注意抽烟、进餐的礼貌　　D. 注意使用礼貌用语

（2）商务谈判中的礼节要求是（　　）。

A. 合理就座　　B. 仪容大方

C. 谈吐得体　　D. 尊重对方

E. 适当赠礼

（3）展览会的特点有（　　）。

A. 直观性　　B. 复合性

C. 双向性　　D. 新闻性

E. 高效性

（4）组织记者招待会首先应（　　）。

A. 确定主持人　　B. 准备时间及地点

C. 邀请记者　　D. 确定主题

3. 促销前应做什么准备？

4. 促销中应该注意的礼仪包括哪些？

5. 谈判中的座次安排体现了怎样的心理状态？

6. 谈判人员应具备哪些素质？

7. 简述展览会的特点与类型。

8. 何谓记者招待会？其特点有哪些？举办记者招待会需要哪些条件？

9. 如何做好记者招待会前的准备工作？

二、实训题

1. 选择一个合适的主题，模拟举办一次记者招待会。

2. 收集一些不同产品的商标，组织一次商标展览会。

第六章
商务仪式礼仪

礼之所兴，众之所治也；礼之所废，众之所乱也。

——孔子

学习目标

1. 全面了解商务活动中的各种仪式；明确商务场合中的仪式礼仪要求。
2. 掌握商务人员的仪式礼仪操作规范，塑造良好的个人职业形象和企业组织形象。

导入案例

2003 年 7 月 24 日，居众公司惠州分公司正式开业。开业仪式在惠州达利大厦公司营业场所内隆重举行。参加本次开业仪式的有惠州市政府各位领导、各媒体记者、各同行代表等。同时，居众公司在深圳的九家直营公司及一家连锁公司的经理人也前来祝贺。

仪式开始之前，主持人向大家介绍了居众公司的规模、经营理念及经营定位等，让大家对居众公司有一个大概的了解；同时，还赞美惠州是一个“山川秀丽，浮山四起，五湖连城、风景宜人”的美丽城市，希望居众公司在惠州的发展前景也如惠州这个城市一样美好。

开业仪式于 10：00 正式开始。首先，惠州分公司董事长陈荣奇向各位前来祝贺的嘉宾表示感谢，并希望得到大家一如既往的支持。接着，副董事长刘永信为开业仪式致辞。他表示，一定把居众公司先进的文化理念、设计理念和精湛的施工工艺带到惠州，和惠州同行兄弟公司一起，为美化惠州人民的生活而不懈努力。前来祝贺的嘉宾代表在发言中，也祝愿居众公司惠州分公司永立行业鳌头，成为惠州独特的风景。

两小时后，开业仪式在热烈的气氛中圆满结束。

分析：

居众公司惠州分公司的开业仪式程序安排简洁，宾主发言皆得体热情，收到了很好的宣传效果，为塑造良好的企业形象打下了基础。

第一节　商务仪式礼仪种类

礼仪原理

“礼仪”一词，一般可以理解为“礼节”与“仪式”。而在人类社会的初始阶段，“礼仪”这个词汇刚刚出现时，其多指仪式。仅仅从这一点上就可以看出，仪式在礼仪之中占有重要的位置。因此，商务人员在系统学习商务礼仪时，对仪式礼仪是绝对不应忽略的。

一、商务仪式的作用

在商务活动中往往要举行各种仪式，如签约仪式、开业典礼、剪彩仪式等。针对某项业务活动，举行一个气氛热烈而隆重的仪式，可以表明企业对这项活动的重视，同时也可以借此制造舆论，扩大影响，提高企业知名度。

在商务活动中，仪式经常发挥着难以替代的重要作用：其一，可以树立企业的良好形象，有助于提高企业的知名度与美誉度；其二，可以培养企业全体成员的自信心、自豪感、归属感和集体荣誉感；其三，有助于商务人员向客户表达诚心与诚意，有助于企业向合作对象表明进行商务合作的积极态度；其四，可以借此机会引起社会各界对本企业的重视，加深社会公众对本企业的了解。一句话，在商务活动中恰到好处地应用仪式，可以从多方面使商务人员及其所在企业获益。

导入案例

2012 年 6 月 28 日，莫迪维克包装设备（上海）有限公司在上海市松江区茜浦路举行隆重的开业典礼。现场有二百余人出席活动，其中有公司领导、特邀嘉宾以及公司员工，现场热闹非凡。

在开业仪式上，董事长 Boekstegers 先生首先发表致辞，他对公司的开业表示欣慰，并希望公司前景一片大好。随后，来宾代表也发表致辞。接下来的环节是领导们为雄狮点睛，醒来的雄狮随之起舞，博得满堂喝彩，也将整个活动的气氛烘托到高潮。会议接近尾声，前来参加的嘉宾上台合影留念，记录下这一历史性瞬间。

开业典礼结束后，嘉宾们还应邀参观公司的工厂，他们对工厂的设备及环境给予了高度赞赏。为答谢嘉宾们百忙之中前来参加公司的开业典礼，主办方还特意准备了丰盛的晚宴。本次活动在一片赞誉声中顺利落下帷幕。

分析

一场成功的开业典礼可以很好地体现企业的组织能力，企业员工应精心设计、安排庄重而热烈的开业仪式。莫迪维克包装设备（上海）有限公司开业典礼的形式并不复杂，但是办得热烈隆重、丰富多彩，给人留下了深刻而美好的印象。

二、商务仪式的种类

商务仪式主要包括开业庆典、剪彩仪式、签字仪式、宴请礼仪和舞会礼仪等。这里简要介绍前三种。

（一）开业庆典

开业庆典是企业为庆祝第一次与公众见面而举行的具有特殊意义的典礼。为了扩大影响、树立企业形象、招徕顾客，许多企业在开张营业之际都要本着热烈、隆重而又节俭的原则举行开业庆典。

（二）剪彩仪式

剪彩仪式主要是指有关单位为了庆贺公司的设立、企业的开业、商店的开张、展销会的开幕等而举行的隆重的礼仪性欢庆程序。剪彩最初只不过是人们用以促销的一种手段，随着时代发展，它逐渐演变为商务活动中一项重要的仪式。剪彩仪式上有众多的惯例、规则必须遵守，其具体的程序也有一定的要求。

（三）签字仪式

签字仪式即合同的签署仪式。它在商务交往中被视为一项标志着有关各方的相互联系取得更大的进展以及为消除彼此之间的误会或抵触而达成了一致性见解的重大成果。签字仪式是赋予协议法律效力的表示，同时也是企业与企业之间友好协作的表示。因此，签约仪式需要十分讲究礼仪。

礼仪操作

在商务活动中，商务人员参加庆祝仪式的机会是很多的，有时是奉命前往，有时是应邀出席。

经常需要在大型的公共场合“抛头露面”的商务精英们，务必了解出席仪式的礼仪基础知识，尤其要注意活动中的礼仪禁忌。下列禁忌是必须牢记的：

（1）忌穿奇装异服或不分场合乱穿衣，如拖鞋歪帽、半披半挂、不修边幅、蓬头垢面；忌过分打扮、艳妆浓抹等。

（2）在仪式活动中免不了签名。签名有两种情况：一种是报到时在报到簿或纪念册上签名，另一种是在活动期间应邀签名。前者忌抢先在最佳位置大笔一挥，后者忌意轻笔浮、漫不经心。签名一定要字迹工整。请人签名，特别是请名人签名，事前要分析有多大的成功率，否则素不相识便贸然请求，如遇婉辞，则十分难堪。

（3）在仪式活动中，忌频繁地自我介绍，更忌自我介绍时罗列官衔或自我炫耀，张扬自己的成就或著作。

（4）在仪式活动中，如果是由主持人依次介绍参与者，主持人必须事前进行周密调查，了解每个参与者的姓名和基本情况。介绍时有三忌：一忌不知姓名就介绍，这会使被介绍者难为情；二忌介绍时表情有冷热差异；三忌介绍格局有别，对熟悉者多方赞扬，对陌生人只提名道姓。当介绍人介绍时，被介绍者要有表示，或起立致敬，或欠身微笑，或含笑点头，忌表情呆滞、不加理睬，也忌言笑不停。介绍某一人时，全体成员都应对其注目以示尊敬，忌东瞅西看、毫不在意。

（5）数人在一起，由某一人介绍其余数人相识时，介绍的顺序忌先男后女、先少后老、先官后民。被介绍双方要热情握手，忌一冷一热。如双方都有进一步了解的意向，可互换名片，忌一厢情愿地索要名片。

（6）仪式活动如有摄影留念，忌抢占前排中心位置，忌简单地按照官职大小、地位高低排位。应按照先女后男、先老后少、先矮后高、先客后主的礼貌原则排座，并按照衣服色彩进行审美调配。

（7）在仪式活动中，如果因为自己迟到而导致活动推迟进行，到场以后，忌洋洋自得地不道歉，更忌以迟到来显示身份特殊。

（8）在仪式活动中，发言者忌夸夸其谈，时间过长；听众忌精力分散，频频看表。

（9）如需提前告退，应尽量在转换发言人或发言告一段落时进行，忌在别人发言中去洗手间或起身做别的事情，这会使发言者误认为不受欢迎而情绪低落。

（10）仪式活动都有主题。参加活动者的言语、行动忌离开主题、节外生枝，忌旁敲侧击、进行干扰，忌不顾身份、越俎代庖。

第二节　开业仪式

礼仪原理

在商界，任何一个单位的创建、开业，或是本单位所经营的某个项目、工程的完工、落成，比如公司建立、商店开张、分店开业、写字楼落成、新桥通车、新船下水等，都是一项来之不易、可喜可贺的成功，故它们一向备受商家重视。按照惯例，在这种情况下，当事者通常都要特意为此举办一次开业仪式。

一、开业仪式的作用

开业仪式是指在单位创建、开业，项目完工、落成，某一建筑物正式启用，或是某项工程正式开始之际，为了表示庆贺或纪念，按照一定的程序隆重举行的专门仪式。有时，开业仪式亦称作开业典礼。开业仪式在商界一直颇受人们的青睐。究其原因，并不仅仅是商家想为自己讨一个吉利，而是因为它对于商家自身事业的发展裨益良多。一般认为，举行开业仪式至少可以起到下述五个方面的作用：

（1）有助于塑造本企业的良好形象，提高企业的知名度与美誉度。

（2）有助于扩大本企业的社会影响，赢得社会各界的重视与关心。

（3）有助于将本企业的建立或成就“广而告之”，借以招徕顾客。

（4）有助于让支持过自己的社会各界人士与自己一同分享成功的喜悦，进而为日后进一步合作奠定良好的基础。

(5) 有助于增强本企业全体员工的自豪感与责任心，从而为企业创造一个良好的开端，或是开创一个新的起点。

二、筹备开业仪式的原则

开业仪式尽管进行的时间不长，但要营造出现场的热烈气氛，取得彻底的成功，绝非一桩易事。由于它牵涉面甚广，影响面巨大，因而不能不对其进行认真的筹备。筹备工作认真、充分与否，往往决定着一次开业仪式能否真正取得成功。主办单位对此务必要给予高度重视。

筹备开业仪式，在指导思想上要遵循热烈、节俭与缜密三个原则。

（一）热烈

所谓热烈，是指要想方设法在开业仪式的进行过程中营造出一种欢快、喜庆、隆重而令人激动的氛围，而不应令其过于沉闷、乏味。一位曾在商界叱咤风云多年的人士说过："开业仪式理应删繁就简，但不可以缺少热烈、隆重。与其平平淡淡、草草了事，或是偃旗息鼓、灰溜溜地走一个过场，倒不如索性将其略去不搞。"

（二）节俭

所谓节俭，是要求主办单位勤俭持家，在举办开业仪式以及为开业仪式进行筹备的整个过程中，在经费的支出方面量力而行，要节制、俭省，反对铺张浪费。该花的钱要花，不该花的钱千万不要花。

（三）缜密

所谓缜密，是指主办单位在筹备开业仪式之时，既要遵行礼仪惯例，又要具体情况具体分析，认真策划，注意细节，分工负责，一丝不苟。力求周密、细致，严防百密一疏、临场出错。

礼仪操作

一、开业仪式的准备

开业仪式的准备是开业仪式的基础性工作，为了能使开业仪式顺利进行，应做好以下六方面的准备工作。

（一）做好舆论宣传

企业可以运用传播媒介，广泛地刊登宣传广告，以引起公众的注意。这种广告的内容一般应包括开业仪式举行的日期和地点、企业经营特色、开业时对顾客的优惠等。

（二）提前发送请柬

开业仪式的成功与否，在很大程度上与参与仪式的主要宾客的身份、人数有着直接关系。因此，在开业仪式前应邀请上级领导、知名人士、各有关职能部门领导、社区负责人、有影响力的社团及代表、新闻媒介等参加。对邀请出席的宾客，应提前将请柬送达，以表示对客人的敬重。请柬要精美、大方，一般用红、白、蓝色作为封底。请柬的格式如下：

×××先生（女士）：

兹定于×月×日（星期×）上午×时在××处举行××××开业典礼。敬请光临。

此致

敬礼！

×××敬

（三）场地布置工作

开业仪式多在开业现场直接进行，其场地可以是正门外的广场，也可以是正门内的大厅。按照惯例，举行开业仪式时，宾客一律站立，故一般不布置主席台或座椅。为显示隆重与尊敬，可在来宾尤其是贵宾站立之处铺设红色地毯，地毯要清洁干净，并在场地四周悬挂横幅、标语、气球、彩带、红色灯笼等。此外，还应当在醒目之处摆放来宾赠送的花篮、牌匾。来宾的签到簿、本企业的宣传材料、待客的饮品等，要提前准备好。对于音像、照明设备，以及开业仪式举行之时所需使用的用具、设备，必须事先认真对其进行检查、调试，以防其在使用时出现故障和差错。

（四）接待服务人员的确定

在举行开业仪式的现场，一定要有专人负责来宾的服务接待工作。除了要求本企业的全体员工在来宾面前以主人翁的身份热情待客、主动相助之外，更重要的是要分工明确、各尽其职。在接待贵宾时，可由本企业的礼仪小姐负责此事。若来宾较多，须为来宾准备好专用的停车场、休息室，并为其安排饮食。

（五）馈赠礼品的选择

举行开业仪式时赠予来宾的礼品，一般属于宣传性传播媒介的范畴。馈赠来宾的礼品若选择得当，必然会产生良好的效果。根据常规，向来宾赠送的礼品应具有三大特征：

（1）宣传性。

可选用本企业的产品，也可在礼品及其包装上印上本企业的标志、广告用语、产品图案、开业日期等。

（2）荣誉性。

要使之具有一定的纪念意义，使拥有者对其珍惜、重视，并为之感到光荣和自豪。

（3）独特性。

它应当与众不同，具有本企业的鲜明特色，使人一目了然，并且能令人过目不忘。

（六）仪式程序的拟订

为使开业仪式顺利进行，在筹备之时必须认真拟订仪式的程序，并选好称职的仪式主持人。

二、开业仪式的程序

从总体上来看，开业仪式大都由开场、过程、结局三大基本程序构成。

（一）开场

开场的活动有：奏乐，邀请来宾就位，宣布仪式正式开始，介绍主要来宾。宣读来宾名单时的顺序为：先宣读出席的重要领导名单，再宣读知名人士名单，最后宣读致贺电、贺函的单位或个人名单。

（二）过程

这是开业仪式的核心内容，通常包括本单位负责人讲话、来宾代表致辞、启动某项开业标志等。贺词一般是由领导人或知名人士宣读。答词一般由举办单位的主要负责人宣读。贺词和答词应简洁、热情。剪彩通常在致答词之后进行，剪彩人由参加典礼的人员中身份最高的领导或知名人士担任。

（三）结局

开业仪式结束后，宾主还会一同参观现场、联欢、座谈等，这是开业仪式必不可少的尾声。

三、剪彩仪式

剪彩仪式是开业仪式中的重要内容，这里专门进行介绍。按照惯例，剪彩既可以是开业仪式的一项具体程序，又可以独立出来，作为一项独立的仪式。

礼仪故事 6－1

剪彩的由来

剪彩的来历有两种传说。一种传说，剪彩起源于西欧。古代，西欧造船业比较发达，新船下水往往吸引成千上万的观众。为了防止人群拥向新船而发生意外事故，主持人在新船下水前，在离船体较远的地方，用绳索设置一道“防线”。等新船下水典礼就绪后，主持人就剪断绳索让观众参观。后来绳索改为彩带，人们就给它起了“剪彩”的名称。

另一种传说，剪彩最早起源于美国。1912 年，美国一家大百货商店要开业，老板为了讨个吉利，一大早就把店门打开，并在门前横系一条布带，以引人注目。可是，在离开店前不久，老板的 10 岁的小女儿牵着一条小哈巴狗从店里窜出来，无意中碰断了这条布带。顿时，在门外久等的顾客鱼贯而入，争相购买货物。不久，老板又开了一家新店，他又让其女儿有意把布带碰断，果然又财源广进。于是，人们认为小女儿碰断布带的做法是一个好兆头，群起仿效，用彩带代替布带，用剪刀剪断彩带来代替小孩碰断布带，沿袭下来，就成了今天盛行的“剪彩”仪式 。

（一）剪彩仪式的准备

1. 绸花

绸花由一匹红色绸缎在中间结成数朵花团做成。作为剪彩仪式之中的“彩”，绸花自然为公众所瞩目。按照传统做法，它应当由一整匹未曾使用过的红色绸缎制作而成。目前，有些单位为了节约而代之以长度为 2 米左右的细窄的红色缎带，或者以红布条、红绳、红纸条作为其变通，这也是可行的。一般来说，红色缎带上所结的花团要生动、硕大、醒目，其具体数目往往同现场剪彩者的人数直接相关。红色缎带上所结的花团的具体数目可依两种方式而定：一是花团的数目较现场剪彩者的人数多一个；二是花团的数目较现场剪彩者的人数少一个。前者可使每位剪彩者总是处于两朵花团之间，尤显正式。后者则不同常规，亦有新意。

2. 剪刀

剪刀是剪彩者在剪彩仪式上正式剪彩时所需要用到的工具。剪彩者必须人手一把。剪彩前一定要逐把检查剪刀是否已经开刃、是否好用，务必要确保剪彩者在正式剪彩时一举成功，避免一再补剪。在剪彩仪式结束后，主办方可将每位剪彩者所使用的剪刀包装之后赠送给对方作纪念。

3. 白色薄纱手套

在正式的剪彩仪式中，剪彩者在剪彩时最好每人戴上一副白色薄纱手套，以示郑重。准备白色薄纱手套时要注意：除了要确保其数量充足之外，还须使之大小合适、洁白干净。

4. 托盘

在剪彩仪式时，托盘托在礼仪小姐手中，用作盛放红色绸带、剪刀、白纱手套。在剪彩仪式中，为了显示隆重、喜庆，可在使用的托盘上铺上红色绒布或绸布。

5. 红色地毯

红色地毯主要铺设在剪彩者正式剪彩时的站立之处。

地毯长度可视剪彩人数的多寡而定，其宽度则应大于 1 米。在剪彩现场铺设红色地毯，主要是为了提升档次，并营造一种喜庆的气氛。

6. 剪彩人员

剪彩人员主要是剪彩者与助剪者，其中剪彩者是剪彩仪式的关键。在剪彩仪式上担任剪彩者是一种很高的荣誉。剪彩仪式档次的高低往往同剪彩者的身份密切相关。因此，在选定剪彩人员时，最重要的是要把剪彩者选好。在剪彩仪式上，持剪刀剪彩之人，按照惯例，可以是一个人，也可以是几个人，但一般不应多于 5 人。通常由上级领导、合作伙伴、社会名流、客户代表等担任剪彩人。确定剪彩者名单必须是在剪彩仪式正式举行之前。名单一旦确定，应尽早告知对方，使其有所准备。必要之时，可在剪彩仪式举行之前将剪彩者聚集在一起，告之其有关的注意事项，并稍加排练。剪彩者的仪表和举止直接影响剪彩仪式的效果，因此，剪彩者应当讲究有关礼仪。剪彩者应着套装、套裙或制服出席，并将头发梳理整齐；穿着要整洁、庄重，精神要饱满，给人以稳健、干练的印象；不允许戴帽子或者墨镜，也不允许身着便装。若剪彩者仅为一人，则其剪彩时居中而立；若剪彩者不止一人，其上场剪彩的位次以其地位高低确定。

助剪者指的是在剪彩者剪彩的一系列过程中，从旁边为剪彩者提供帮助的工作人员。一般而言，助剪者多由东道主一方的女职员担任。现在，人们对她们的称呼是礼仪小姐。礼仪小姐需相貌姣好、身材匀称、年轻健康、气质优雅、反应敏捷、善于交际。

（二）剪彩仪式的程序

剪彩仪式通常应包含如下六项基本程序。

1. 来宾就位

在剪彩仪式上，通常只为剪彩者、来宾和本单位的负责人安排座席。在剪彩仪式开始时，应请大家在已排好顺序的座位上就座。在一般情况下，剪彩者应就坐于前排。若剪彩者不止一人，则应使其按照剪彩时的顺序就座。

2. 宣布仪式正式开始

在主持人宣布仪式开始后，乐队应演奏音乐，现场可燃放鞭炮，全体到场者应热烈鼓掌。此后，主持人应向全体到场者介绍到场的重要来宾。

3. 奏国歌

此刻须全场起立。奏毕国歌，还可演奏本单位的标志性歌曲。

4. 致辞讲话

发言者应依次为东道主单位的代表、上级主管部门的代表、地方政府的代表、合作单位的代表等。其内容应言简意赅，每人不超过 3 分钟，重点应为介绍、道谢与致贺。

5. 剪彩

此刻，全体应热烈鼓掌，必要时还可奏乐或燃放鞭炮。在剪彩前，须向全体到场者介绍剪彩者。剪彩者走向剪彩的绸带时，应面带微笑、落落大方。当礼仪小姐用托盘呈上剪彩用的剪刀时，剪彩者应向工作人员点头致意，并向左右两边手持绸带的工作人员微笑致意，然后全神贯注，把绸带一刀剪断。剪彩完毕，剪彩者放下剪刀，转身向四周的人鼓掌致意。待剪彩者退场后，礼仪小姐方可列队由右侧退场。

6. 参观

剪彩之后，主人应陪同来宾参观，仪式至此宣告结束。随后东道主单位可向来宾赠送纪念性礼品，并设宴款待全体来宾。

一般来说，剪彩仪式宜紧凑，忌拖沓。不管是剪彩者还是助剪者，在上下场时都要井然有序、动作稳健、神态自然；在剪彩过程中，更是要表现得不卑不亢、落落大方。

第三节　签字仪式

礼仪原理

在商务交往的实践中，尽管君子协定、口头承诺在一定程度上起作用，但是，要更有效地取信于人，让你和客户的交往更为顺利，则需要依靠文字性的条款合同。俗语“口说无凭，立字为据”，说的就是立文字性条款作为证明的重要性。举行签字仪式的情况有以下几种：

（1）国家间通过谈判，就政治、军事、经济、科技等某一领域相互达成协议，缔结条约或公约，一般举行签字仪式。

（2）一国领导人访问他国，经双方商定达成共识，发表联合公报，有时也举行签字仪式。

（3）各地区、各单位在与国外交往中，通过会谈、谈判，最终达成有关合作项目的协议、备忘录、合同书等，通常也举行签字仪式。

业务部门之间签订协议，一般不举行签字仪式。

礼仪操作

一、签字仪式的准备

人们在签署合同之前通常会竭力做好以下四项准备工作。

（一）布置签字厅

签字厅有常设专用的，也有临时以会议厅、会客厅来代替的。布置的总原则是庄重、整洁、清静。

按照仪式礼仪的规范，签字桌应当横放于室内，在其后可摆放适量的座椅。签署双边性合同时，可放置两张座椅，供签字人就座。签署多边合同时，可以仅放一张座椅，供各方签字人签字时轮流就座；也可以为每位签字人各提供一张座椅。签字人在就座时一般应面对正门。

在签字桌上，应事先放好待签的合同文本以及签字笔、吸墨器等签字时所用的文具。

与外商签署涉外商务合同时还需在签字桌上插放有关各方的国旗。插放国旗的位置与顺序必须按照礼宾序列而行。例如，签署双边性涉外商务合同时，有关各方的国旗须插放在该方签字人座椅的正前方。

（二）安排签字时的座次

在正式签署合同时，座次最能体现礼遇的高低，各方代表对于礼遇均非常在意，因而商务人员应当认真对待。

签字时各方代表的座次是由主方事先代为安排的。合乎礼遇的做法是：在签署双边性合同时，应请客方签字人在签字桌右侧就座，主方签字人则应同时就座于签字桌左侧。双方各自的助签人应分别站立于各自一方签字人的外侧，以便随时为签字人提供帮助。双方其他的随员可以按照一定的顺序在己方签字人的正对面就座，也可以依照职位的高低，依次自左至右（客方）或是自右至左（主方）列成一行，站立于己方签字人的身后。当一行站不完时，可以按照以上顺序并遵照“前高后低”的惯例排成两行、三行或四行。原则上双方随员人数应大体相近。

在签署多边性合同时，一般仅设一个签字椅。各方签字人签字时，须依照有关各方事先同意的先后顺序，依次上前签字，他们的助签人应随之一同行动。在助签时，依“右高左低”的规矩，助签人应站立于签字人的左侧。有关各方的随员应按照一定的序列，面对签字桌就座或站立。

（三）预备待签的合同文本

依照商界的习惯，在正式签署合同之前，应由举行签字仪式的主方负责准备待签合同的正式文本。

举行签字仪式是一桩严肃而庄重的大事，因此不能将“了犹未了”的“半成品”交付使用，也不能临近签字时有关各方还在为某些细节而纠缠不休。应当在决定正式签署合同时就拟定好合同的最终文本，且这一文本应当是正式的、不再进行任何更改的标准文本。

负责为签字仪式提供待签的合同文本的主方，应会同有关各方一道指定专人，共同负责合同的定稿、校对、印刷与装订。按照常规，应为在合同上正式签字的有关各方均提供一份待签的合同文本，必要时还可再向各方提供一份副本。

签署涉外商务合同时，按照国际惯例，待签的合同文本应同时使用有关各方法定的官方语言，或是使用国际上通行的英文，亦可同时并用有关各方法定的官方语言与英文。使用外文撰写时，应反复推敲，字斟句酌，不要望文生义或不解其意地乱用词汇。

（四）规范签字人员的服饰

按照规定，签字人、助签人以及随员出席签字仪式时应当穿着具有礼服性质的深色西装套装、中山装套装，并且配以白色衬衫与深色皮鞋。着西装套装的男士还必须系上单色领带，以示正规。

签字仪式的礼仪人员、接待人员，可以穿着工作制服或是旗袍一类的礼仪性服装。

二、签字仪式的程序

签字过程是仪式的重点，它虽时间不长，但程序规范，气氛庄重而热烈。签字仪式的正式程序一共分为四项。

（一）签字仪式正式开始

有关各方人员进入签字厅，在既定的位次上各就各位。

（二）签字人正式签署合同文本

通常的做法是：首先签署己方保存的合同文本，接着签署他方保存的合同文本。这一做法在礼仪上称为轮换制。通过轮流签署，使有关各方均有机会在位次排列上居于首位一次，以显示机会均等、各方平等。

（三）签字人正式交换有关各方已正式签署的合同文本

此时，各方签字人应正式交换已签署好的合同文本，并热情握手，互致祝贺，还可相互交换各自一方刚才使用过的签字笔，以示纪念。全场人员应鼓掌，表示祝贺。

（四）共饮香槟酒互相道贺

交换已签署的合同文本后，有关人员尤其是签字人应当场饮上一杯香槟酒，这是国际上通行的用以增添喜庆色彩的做法。

在一般情况下，合同在正式签署后应提交有关方面进行公证，此后才正式生效。

第四节　宴请礼仪

礼仪原理

一、宴请的含义与原则

宴请是指有组织的、有规范礼仪要求的群体性饮食活动，它是社交活动的主要方式，是人们传递友谊、沟通感情的基本形式。现代宴请礼仪的基本原则是“4M 原则”。“4M 原则”是指在安排或者参与餐饮活动时，应对菜单（Menu）、举止（Manner）、音乐（Music）、环境（Mode）四个方面的问题予以高度重视，并力求使自己在这些方面的行为符合律己、敬人的行为标准。

案例 6－1

APEC 晚宴

2014 年 APEC（Asia-Pacific Economic Cooperation）峰会在北京怀柔雁栖湖盛大开

幕。会议期间，国内外元首相聚北京，国宴是万万不可少的一个重要环节。此次国宴围绕亚信峰会“一带一路”这个文化主题来设计，体现了丝绸之路这样一个文化特色，采用的都是中国最具有地方特色的食材，尤其是江南的时令食材得到充分利用。而且本次国宴在器皿上也充分体现中国古老文明特色，盛汤的“丝路宝船汤盅”设计灵感来源于海上丝绸之路的古船造型，汤盅的盖揪设计为一艘扬帆远航的古船帆，寓意着海上丝绸之路的历史文明。而在餐具的设计上，为了呼应“丝绸之路”这个文化设计主题，采用了牡丹元素，餐具瓷器上设计了两束盛开的牡丹花，因为丝绸之路起源于洛阳，洛阳盛产牡丹。借助丝绸之路的文化意象，表达亚洲文化、经济、政治等交流永续写的美好愿望。

二、宴请的形式

宴请按礼仪规范要求的档次不同可分为正式宴会和便宴两种，其中便宴按组织形式又可分为家宴、冷餐会、酒会、茶会等。

（一）正式宴会

正式宴会是指按一定的规格摆设的、对参加人及席间礼仪有严格规定的筵席。

官方举行的国宴是最隆重的正式宴会，往往规模庞大，参加人数众多，且接待规格极高。印度尼西亚前总统苏加诺当年在“面积达数百英亩的仙境般的大花园”中举行国宴，人们“在一千支火炬照耀下用金制餐具用膳，乐师们在湖边奏乐，湖面铺满了白色的莲花和浮现在小木筏上的烛光”，其排场之大，令人惊叹。近年来，许多国家宴请贵宾备菜讲究少而精，气氛显得亲切热烈。宴请，已逐渐变成领导人之间结交友情的礼节性活动。

正式宴会要事先安排好座位，并设有座位卡；使用讲究的餐具；服务员用大托盘上菜，让客人自己取用；进餐前先喝餐前酒，进餐后再喝餐后酒……这种宴会通常都在晚上举行，偶尔也可在午间举行，有时还规定穿着。出席宴会的客人数目总是双数，一般都是邀请夫妇一起出席。如果是单身的人，可以携同自己的异性朋友出席，也可以单独出席。席间一般有正式的致辞和祝酒。

补充知识 6－1

法国的国宴

从路易十四开始，法国在外交方面形成了一个重要的不断发展的外交宴请传统。法国著名的烹饪著作《口味心理学》的作者勃利亚·萨代林有句名言：“告诉我爱丽舍宫吃些什么，我就告诉你法国是一个怎样的国家。”这句话流传了100多年，至今仍为法国人津津乐道。他们认为，爱丽舍宫的餐桌，是法国的“橱窗”，是国家的命运、生活的艺术和款待客人礼节的某种象征。一句话，它关系到国家的威望。

因此，在爱丽舍宫，无论是便宴还是国宴，一切都要经过精心的遴选和细致的安排。首先，菜单要印制得精美，封面通常采用法国艺术家的作品。其次，菜肴和用酒都是由总统亲点。就拿密特朗总统来说，因为他喜欢传统的菜肴，因此他在任的几年中，爱丽舍宫的宴席上从未出现过野味和猪肉，牛肉也很少，吃得最多的是鱼、羊、鸡、鸭。

爱丽舍宫的宴席由四人主管，人称“四大天王”。其中一人专管宴席上的鲜花摆设，一人专管厨房，另外两位专管宴席上的用酒。爱丽舍宫的酒窖就在厨房的旁边，内藏 1.5 万瓶各种名酒，随用随补。1989 年 7 月，法国大革命 200 周年大庆期间，来爱丽舍宫参加宴会的贵宾达到 5 400 名，光是名贵的藏酒就喝掉 3 200 瓶！这个酒窖属于国家最高机密之一，绝对不会允许任何人进去参观，哪怕是国际上最有权威的品酒师。久而久之，爱丽舍宫的酒窖便蒙上了一层神秘的色彩。

（二）便宴

便宴即非正式宴会。这类宴会的安排比较简单，通常不预先排席位，对来宾的服饰也没有严格的要求，菜肴的数量和酒水可以根据主人的实力和客人的喜好而定。此外，席间礼仪要求也不如正式宴请严格。便宴的常见形式有下述四种。

1. 家宴

家宴，即在家中设宴招待客人。家宴往往由主妇亲自下厨烹调，家人共同招待客人，显得亲切、自然，让客人产生宾至如归的感觉。西方人士喜欢采用这种方式，以示友好、融洽。

用家宴招待客人，要特别注意厨房做菜和客厅招待客人之间的矛盾，主人不能因在厨房里忙碌而很少在客厅招待客人。解决这一矛盾的最好办法是多选一些预先炖好或是蒸好的菜，少选一些需要现炒的菜。

2. 冷餐会

冷餐会，实际上就是自助餐招待会。在冷餐会中，一般是不排席位的，食物放在餐厅或客厅中央的一张大餐桌或长条桌上，让客人们环绕着走动自己取菜。有的冷餐会有服务员站在桌盘为客人服务，客人可以从桌上拿一条餐巾，一个菜盘，一份刀、叉，自己挑选愿意吃的食物。冷餐会的用餐又有两种不同的方式：一种是客人选取食物之后，都坐在餐桌旁进餐；一种是客人选取食物之后，分散坐在椅子、凳子、沙发上或站立着进食。冷餐会以冷食为主，但也常有热菜，用保温的托盘使之保持热度。

冷餐会一般在中午 12 时至下午 2 时、下午 5 时至 7 时举行，它较适用于人数众多的宴请。

冷餐会对场地要求不高，这种自助餐会可以在家中的客厅、院子和花园里举行，也可以在餐馆、宾馆的大餐厅里以及其他比较宽敞的室内举行。

3. 酒会

酒会通常以酒类、饮料为主招待客人。一般情况下，酒会上酒的品种较多，并配以各种果汁，以及不同酒类配合调制的混合饮料（即鸡尾酒）；同时，备有小吃，如三明治、面包、小香肠、炸春卷等。

酒会是一种比较简单但规格可高可低的款待朋友的方式。规格高的要发邀请柬，规格低的可以用电话邀请。在接到酒会邀请后，可以不必回复，在着装上也不用太讲究。酒会在时间要求上也较宴会宽松，可以适当晚到，但一般以不超出 30 分钟为限度，过迟便有对主人不敬之嫌了。

酒会通常有两种形式：正餐前的酒会（或称鸡尾酒会，即 Cocktail Parties）和正餐后的酒会（After-dinner Parties）。

（1）鸡尾酒会的时间一般在晚餐前2小时。由于鸡尾酒会在晚餐前举行，参加酒会的人都要赶回家吃晚饭，有的可能还要赴晚宴，因此它有非常明确的时间限制。参加酒会的人要准时到达，也须在规定的时间离去，逗留太久是失礼的。

（2）正餐后的酒会通常是在晚饭后的8点至9点开始，没有具体规定客人告辞的时间。与鸡尾酒会不同，这种酒会除了喝酒外，还可以跳舞，客人如果兴致很高，还可以通宵不归。正因为如此，这种酒会一般在周末举行。事实上，它就是一种聚会或是家庭招待会。

酒会的特点是比较自由活泼，便于客人们广泛接触。客人可以拿着酒杯四处走动，与其他客人交谈，大家都可以充分利用这个机会进行社交活动。酒会与宴会相比，其目标和风格都截然不同。在宴会上，主人和客人们需要在相当长的时间内一起围坐在餐桌旁，大家尽可能寻找共同感兴趣的话题。宴会的目的主要是在原来相识的基础上进一步加深彼此的了解，增进相互的好感，从而深化已有的关系。而酒会则不同，主人与客人们不必集中在一起，他们可以各自去找感兴趣的人，去结识新的朋友，酒会的主要目的是建立新的联系以及加深那些乐于时常见面的人之间的交情。

4. 茶会

茶会是一种更为简单的招待形式，一般只邀请三五个朋友参加，其风格比酒会更为清新淡雅。茶会的时间既可以在上午，也可以在下午，一般持续1至2个小时。

茶会可以在专业茶馆中进行，这样茶艺服务就可由专业茶艺师操作；也可以在家里进行，通常设在客厅，厅内设茶几、座椅，不排座位。每位客人都应有一个茶杯（配有杯托和茶匙）以及一个小碟。客厅里除了茶几，还应有一张用来放茶壶、茶叶缸、热水瓶、牛奶壶、糖缸以及食品的大桌子。

茶会以招待客人喝茶为主，间或吃一些水果、糕点。茶具和茶叶通常是比较考究的。客人到了，主人招呼客人入座后就可以起身去泡茶了。客人喝茶时，应一手持茶托，一手拿茶杯；吃点心时也一样，一手拿碟子，一手取食物。大家一边喝茶，一边聊天。

礼仪操作

一、宴请组织礼仪

一旦确定要举行宴会，就必须保证能成功进行，并达到预期目的，因此宴会举行前的计划与准备就显得十分重要，它是宴会能否圆满举行的前提。

（一）明确宴会的目的以及宴请的名义、对象和形式

1. 宴会目的

宴请目的一般有两类：一是为某个人而举行的宴请，如为某人接风、送行；二是为某件事而举行的宴请，如为庆祝某一节日、展览馆开幕、某项工程的动工和竣工等。

明确宴请目的一方面有利于组织方确定形式、规模及参加对象；另一方面也便于被邀请者事先准备，包括礼品选择。

2. 宴请名义

即以谁的名义发出宴会邀请，如果是为某人而举行的宴请，一般以个人名义发出邀请。以主人名义出面邀请的人，其身份和地位应与主宾相对等。在官方宴请中，主人与主宾的身份对等非常重要，无论是以己方低级官员邀请对方高级官员，还是以己方高级官员邀请对方较低级官员，都是不礼貌的。前者让对方感觉受到怠慢；而后者让对方感到压力。如果是为某事而举行的宴请，规模较大的，一般以组织的名义邀请比较合适；规模较小的，则以相关部门的主管领导的名义邀请为宜。

如邀请主宾偕夫人出席，则主人应以夫妇的名义共同发出邀请。

3. 宴请对象

如果是为某人而举行的宴请，一般需考虑邀请什么人作陪，通常不能邀请与主宾有矛盾的人出席。如果是为某件事而设的宴请，就需考虑邀请与此事有关的方方面面的人士，请到哪一级别以及请多少人。可以先草拟一份邀请名单，明确邀请人数，同时依据主宾级别确定主办方作陪人数。

列名单时一定要仔细核对，检查有无疏漏，事务性宴请切勿遗漏关键性人物。

此外，以夫妻名义邀请宾客时，要搞清对方是否独身，以免出现尴尬场面。

4. 宴请形式

宴请采用何种形式，在很大程度上取决于习惯做法。一般来说，比较正式的、隆重的、人数不多的宴请，以宴会的形式较为适宜；不太正式的、人数较多的宴请，冷餐会较为适合；简单但较注重情趣的，可以选茶会或烧烤聚会；具有某种庆祝意义的，可以选择酒会。

补充知识 6－2

正式宴会请柬范例

×××先生（女士）：

为欢迎美国×××州友好代表团访问杭州，谨定于××××年××月××日（星期×）晚×时在××饭店××阁举行宴会。

敬请光临！

浙江省人民政府

××××年×月×日

（二）选择宴请的时间和地点

宴会时间的选择应考虑主宾双方的情况，尤其要照顾来宾方面。按国际惯例，晚宴被认为是规格最高的。安排宴会的时间要注意避开重要的节假日、重要的活动日和双方或一方的禁忌日。如对西方人士，不要选 13 日，更不要选 13 日且星期五。伊斯兰教徒在斋月内白天禁食，宴请宜在日落后进行。宴请活动时间要与主宾商量，经主宾同意并确定时间后，再约请其他宾客。

一般的小型聚会形式的宴请则可事先与其他参加人商定后再确定时间。

宴请的地点要根据活动的性质、规模、宴请的形式、主人的意愿以及实际情况而定。越是隆重的活动，越要讲究环境和条件，因为它体现了对对方的礼遇。官方正式的宴会，应安排在政府、议会大厦或高级宾馆内。民间的宴请可以安排在酒店、宾馆，也可以安排在有独特风味的餐馆。如家中场地条件许可，小型亲密型宴请也可安排在家里进行。

（三）发出邀请

各种正式的宴请活动一般均应发出请柬。这是一种礼貌，亦对客人起提醒备忘作用。如果被邀请的是具有重要身份的人，往往还需单独发出邀请信，以示诚意。一般的便宴可以不发请柬，而用电话邀请；工作进餐还可以口头邀请。请柬一般应提前 1 周至 2 周发出，以便被邀请人事先做好安排。

请柬上要将宴会活动的目的、名义、邀请范围、时间、地点等写清楚，重大的活动还要注明着装的要求及其他附加条件。口头约好的活动，仍应补送请柬，并在请柬右上方或左下方注上“备忘”字样。需要安排座位的宴请活动，为确切掌握出席情况，需被邀请者答复是否出席的，请柬上一般应注明“请答复”字样。如只需要不出席者答复，则注明“如不能出席请答复”字样，并注明电话号码，以备联系。请柬发出后，也可以用电话询问对方能否到席。主办方要及时落实出席情况，以调整席位安排。

在请柬的信封上，被邀请人的单位、姓名、职务要书写清楚、准确。国际上习惯给夫妇二人发一张请柬，需要凭请柬入场的场合要注意每人发一张。

如果宴请的形式是宴会，那么请柬发出后还应打电话给被邀请人进一步确认邀请（询问对方请柬是否收到并请对方届时一定出席），这样一来可以表示邀请的诚意，二来可以及时落实出席的情况，以便安排和调整席位。

（四）确定菜单

按照预算安排菜肴档次、规格。

充分尊重来宾的口味、喜好及禁忌。不要以主人的喜好为准，也不要以为中国人喜欢的或认为名贵的菜肴也都适合外国人，比如海参、动物内脏，许多欧洲人都不喜欢。同时，注意营养搭配、荤素搭配；突出地方特色，尤其对异地客人，可在征求其意见的基础上适当突出本地特色。

菜单确定后，即可印制。在正式的宴会上，菜单至少每桌一份，印刷应力求精美；讲究的可以每人一份，以便大家用餐时心中有数，各取所需，菜单也可留作纪念。

补充知识 6－3

揭秘世界各国国宴菜单

国宴说起来很严肃，其实是一种饮食文化与民风民情的展示。不同国家和民族的文化背景不同，饮食习俗也千差万别，所以各国的国宴也因地因民族而异，五彩缤纷。

英国国菜：烤牛肉和约克郡布丁

英国：英国菜的特点是油少而清淡，讲究花样，注意色、香、味。“烤牛肉和约克郡布丁”被称为英国的国菜，是英国人待客的佳肴。这是用牛腰部位的肉加鸡蛋、牛奶和面粉、土豆一起在烤箱中烤制的菜肴。

墨西哥国菜：玉米宴

墨西哥人以玉米为主食，国宴也是一盘盘玉米美食。“托尔蒂亚”是将玉米面放在平底锅上烤出的薄饼，类似中国的春饼，香脆可口，尤以绿色玉米所制的薄饼最香。“达科”是包着鸡丝、沙拉、洋葱、辣椒，用油炸过的玉米卷；最高档的“达科”以蝗虫做馅。“达玛雷斯”是玉米叶包裹的玉米粽子，有鸡肉、猪肉和干果、青菜，肉香伴着香嫩叶的芬芳，吃后齿唇留香。“蓬索”是用玉米粒加鱼、肉熬成的鲜汤。整个国宴有面包、饼干、冰激凌、糖、酒等，这些也以玉米为主料制成，令人大开眼界。

日本国菜：生鱼片

日本人自称为“彻底的食鱼民族”。日本捕鱼量居世界第一位，但是每年还要从国外大量进口鱼虾，一年人均吃鱼100多斤，超过大米消耗量。日本人吃鱼有生、熟、干、腌等各种吃法，而以生鱼片最为名贵。国宴或平民请客以招待生鱼片为最高礼节。日本人称生鱼片为“沙西米”。一般的生鱼片以鲣鱼、鲷鱼、鲈鱼配制，最高档的生鱼片是金枪鱼生鱼片。开宴时，让你看到一缸活鱼，现捞现杀，剥皮去刺，切成如纸的透明状薄片，端上餐桌，蘸着佐料细细咀嚼，滋味美不可言。

西班牙国菜：海鲜饭

西班牙海洋渔业资源十分丰富，海鲜常作为国宴的美味佳肴。“巴爱雅（Paella）”举世闻名，它由用油炒过的大米加上各种海鲜或肉食作配料制作而成。政府高官常用此招待外国贵宾。

秘鲁国菜：烤肉串

秘鲁以烤肉串作为国菜，尤以烤牛心、羊心、鸡心为主。烤前将肉串放入酒、醋、盐、蒜、辣椒等原料腌拌数小时，烤时掌握好火候，烤出的肉串芳香四溢。

德国国菜：香肠、火腿

德国人是名副其实的“大块吃肉、大口喝酒”的民族－－吃猪肉喝啤酒。德国人每人每年的猪肉消耗量为65公斤，居世界首位。由于偏好猪肉，大部分有名的德国菜都是猪肉制品。德国最有名的食品为红肠、香肠及火腿。他们制造的香肠种类起码有1 500种以上，并且都是猪肉制品。最有名的“黑森林火腿”销往世界各地，这种火腿可以切得跟纸一样薄，味道奇香无比。德国的国菜就是在酸卷心菜上铺满各式香肠及火腿；有时用一整只猪后腿代替香肠和火腿。

丹麦国菜：“魔鬼太阳”

丹麦人爱吃鸡蛋糕与甜点，做出了风靡世界的丹麦奶酥。丹麦气候寒冷，大地是个天然的冷冻箱，肉类无腐败之虞，可以拿来生吃。丹麦最有名的国菜就是将生牛肉剁成泥状，上面放一个生蛋黄，与肉搅匀了用汤匙挖下来一口一口吃掉，这道菜叫“魔鬼太阳”，脾胃虚弱的人看到这道菜可能不习惯，但是丹麦人吃起这道大餐却是食之如甘饴。

（五）席位安排

安排席位时，先确定席位的高低，即哪里是首位、哪里是末位。中餐宴请席次的确定主要以门为依据：正对门的、离门最远的是首位，离门最近、背靠门的是末位。其他位置的席次是：离首位越近，位置越高；距离相等的右高左低，如图 6－1 和图 6－2 所示。

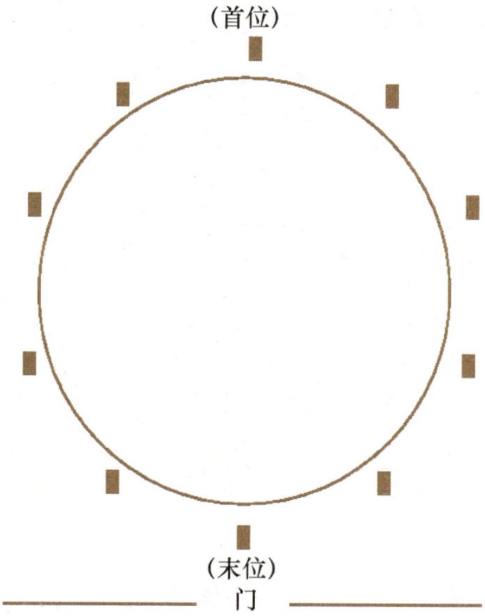

图 6－1　中餐首位、末位席位高低确定（1）

图 6－2　中餐首位、末位席位高低确定（2）

西餐宴请席次的确定主要依据主人的位置，即：离主人越近席位越高，离主人越远席位越低；距离相等的右高左低，如图 6－3 和图 6－4 所示。另外，西餐席位的排法是男女客人隔着坐（西餐宴请要求男女宾客人数相同），而且在席位安排上有两个首位和两个末位，分别由男女宾客、主人坐。

排定了席次后，就可以确定主人和主宾的位置了。如果是中餐的私人宴请，一般是主宾坐首席，主人坐末席，如图 6－5 所示。如果是中餐的工作宴请，一般是由主宾坐首席，主人坐在主宾的右侧，如图 6－6 所示。但如果主人的身份比主宾明显要高，主宾一般会把首席让给主人坐。

在日常生活中，私人宴请与工作宴请往往没有明确的界限，私人宴请中带有工作的性质，而在工作宴请中又掺杂着个人的关系和情感。因此，在中餐宴请中，主人与主宾的位置并不是非常确定的。大多数宴请都会依据宾主身份的高低来确定席次，即通常由身份最高者坐首席，但身份高者通常对坐首席再三推辞，以示谦虚以及对他人身份的尊重。

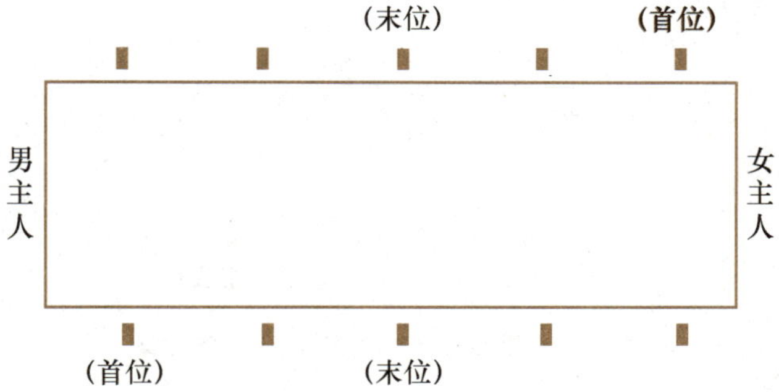

图 6－3　西餐宴请席次确定（1）

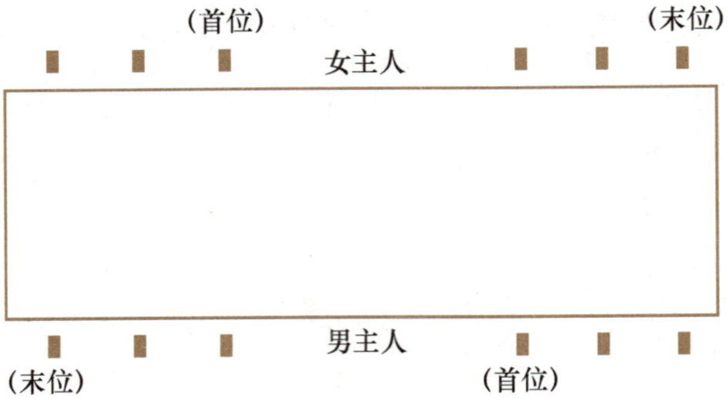

图 6-4　西餐宴请席次确定（2）

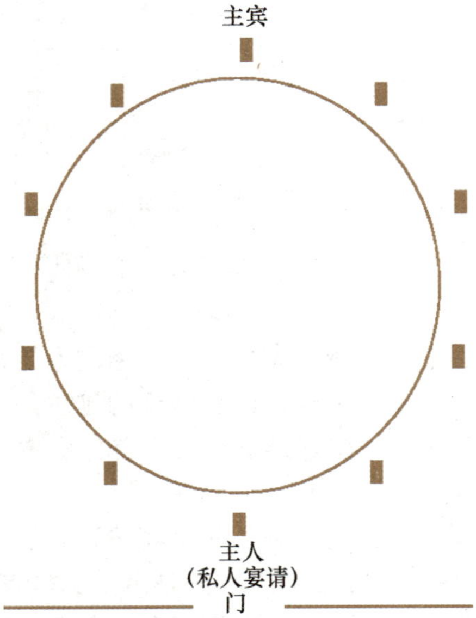

图 6-5　中餐私人宴请的席位

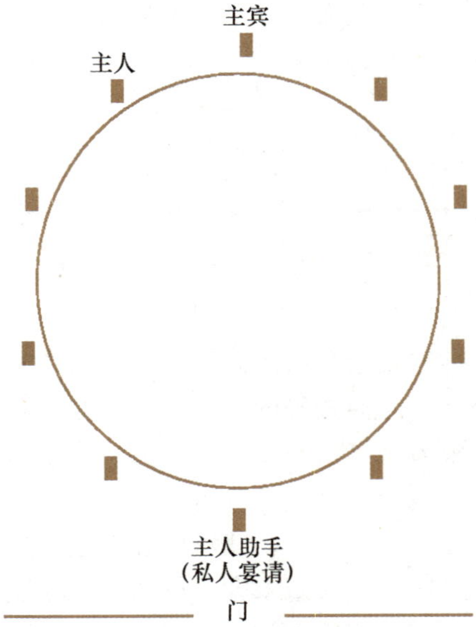

图 6-6　中餐工作宴请的席位

西餐宴请中，主人与主宾的位置是非常确定的。男女主人坐餐桌的两端，男主宾坐女主人的右侧，女主宾坐男主人的右侧，如图 6-7 和图 6-8 所示。

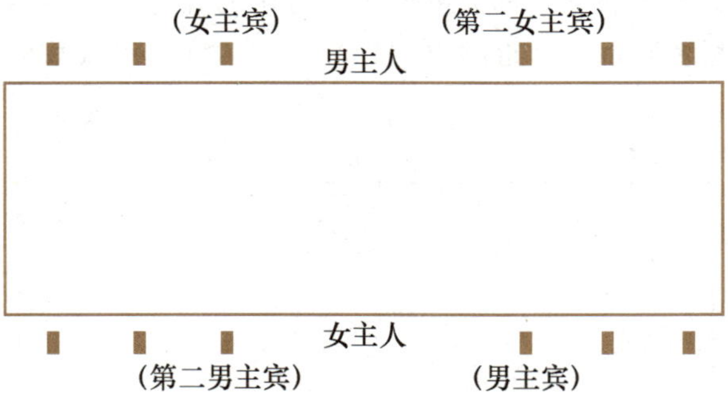

图 6-7　西餐主人与主宾席位安排（1）

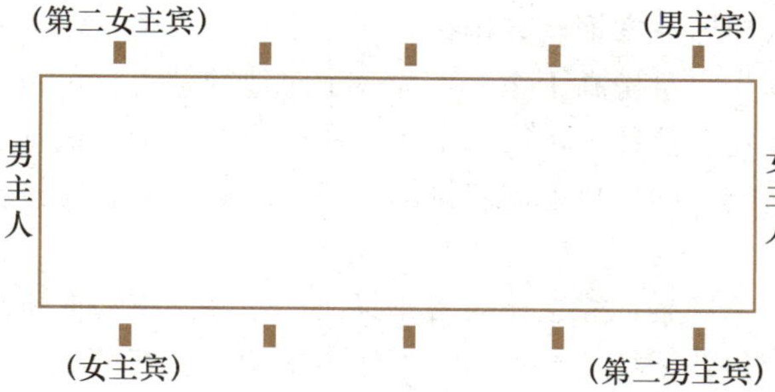

图 6-8 西餐主人与主宾席位安排（2）

如果是用中餐宴请外国客人，席位的排法通常是中西结合。1 号位由男主人坐，男主宾坐在主人的右侧，男主人的正对面坐女主人，女主人的右侧坐女主宾，如图 6-9 所示。如果主宾没有偕夫人出席，男主人与男主宾的位置照旧，即 1 号位由主人坐，2 号位由主宾坐，如图 6-10 所示。

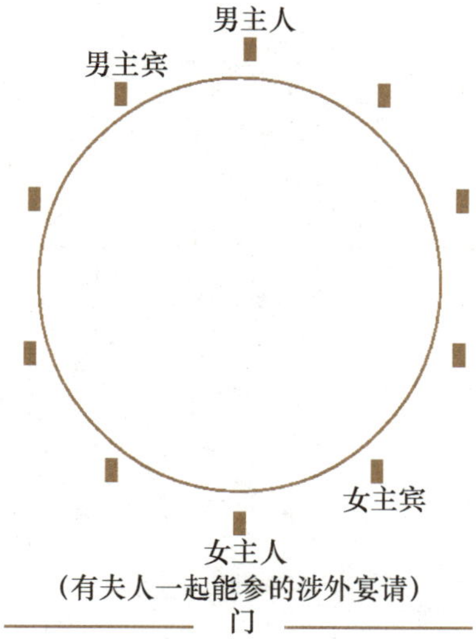

图 6-9 涉外宴请席位安排（1）

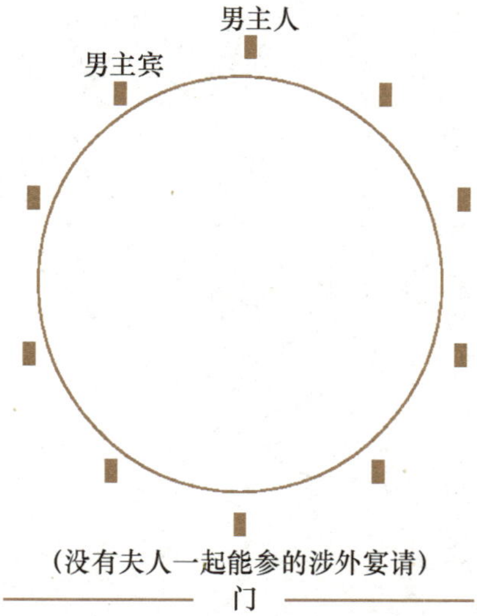

图 6-10 涉外宴请席位安排（2）

在确定了主人与主宾的位置后，其他宾客的位置主要依据礼宾次序而定。另外，还有一个依据就是方便客人交谈，即把身份大致相同、使用同一语言或是同一专业的、比较谈得来的人安排在一起，尽量避免把不认识的或是没有共同语言的甚至有矛盾或冲突的人排在一起。因为前面已经讲过，宴会需要客人在较长时间内共同进食、共同交谈，如果让没有话题可谈的客人坐在一起，会使客人感到索然无味，这就违背了宴请的初衷。

席位排定后就可以着手写座位卡。如果是涉外宴请，座位卡应写上中、外文两种文字，中文写在上面，外文写在下面。

值得一提的是，家宴和便宴通常不需要座位卡，但主人对客人的位置往往仍需预先有所安排，因此，作为客人也不能随意入座，而应听从主人的安排。

除上述安排外，按国际惯例，应将男女穿插安排，第一主人的右侧和左侧安排主宾夫妇，第二主人的右侧和左侧安排副主宾夫妇，以此类推。我国的习惯是以个人本身职务排列，以便谈话，如夫人出席，常把女方排在一起，主宾夫人坐女主人的右侧。如遇特殊情况，应灵活掌握。比如主宾身份高于主人，为表示对他的敬重，可以把主宾排在第一主人的位置，而主人则坐在主宾位置上，第二主人坐在主宾的左侧。假如需要配译员，一般应将译员安排在主宾的右侧；同一桌上需安排第二译员时，可将其安排在第二主人右侧。

（六）桌次的排法

如果宴请的客人不止一桌，往往还需要排桌次。排桌次也需先确定主桌，主桌通常是正对门、离门最远，或是处于场地的中间。其他桌次的位置则依据离主桌距离的远近确定高低，即：离主桌越近的位置越高；位置相同的，右高左低。两桌的排法通常如图 6－11 及图 6－12 所示；三桌的排法如图 6－13 及图 6－14 所示；四桌的排法如图 6－15 及图 6－16 所示；五桌的排法如图 6－17 及图 6－18 所示；六桌的排法如图 6－19 及图 6－20 所示。其他桌次的排法均按照此法类推。

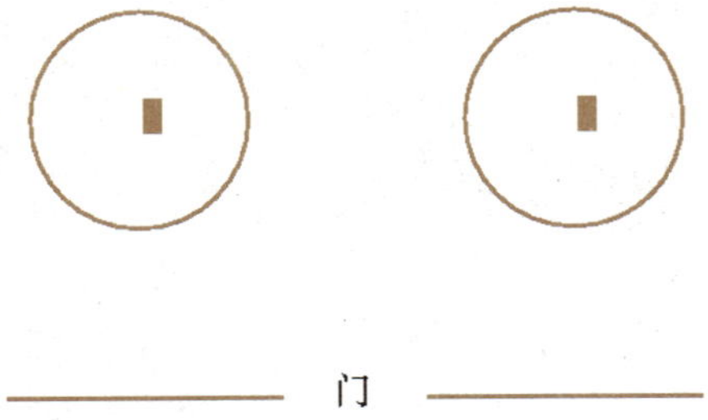

图 6－11　两桌的桌次排法（1）

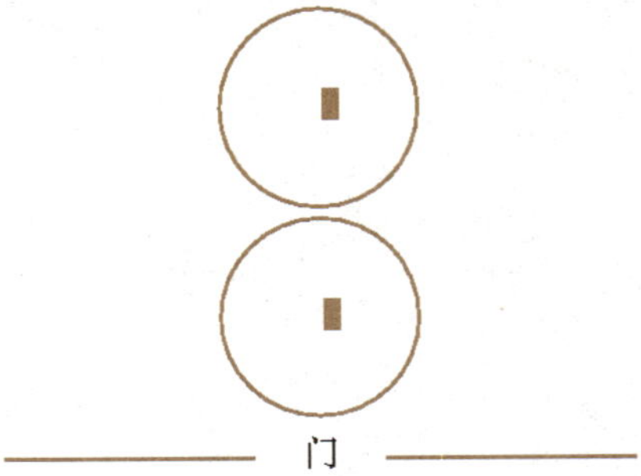

图 6－12　两桌的桌次排法（2）

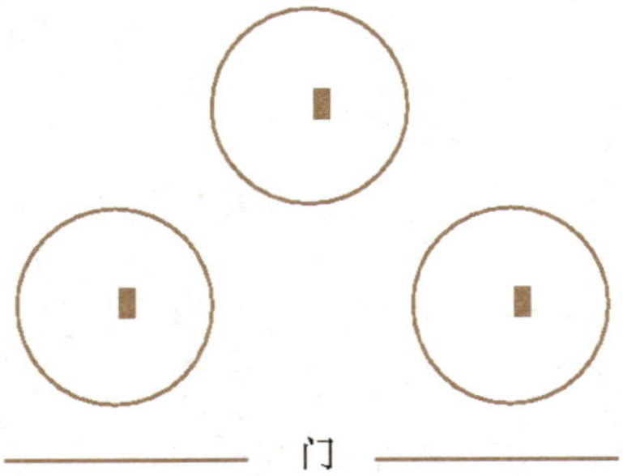

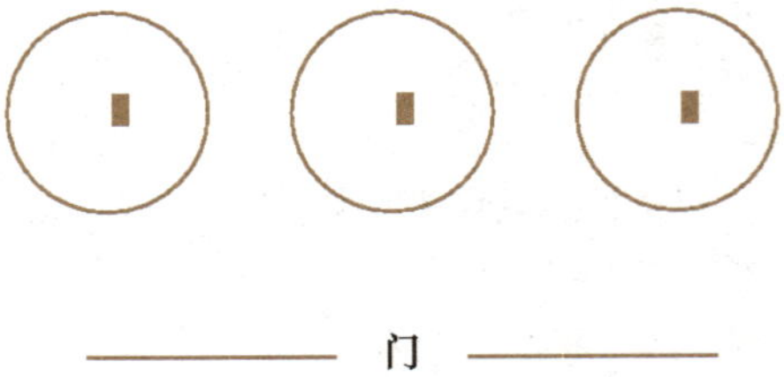

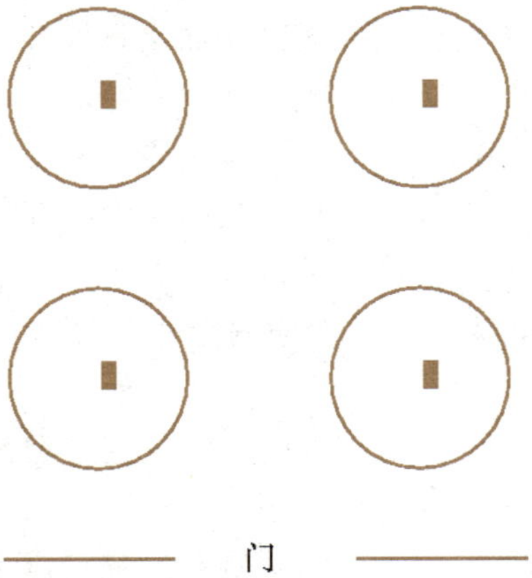

图 6－15　四桌的桌次排法（1）

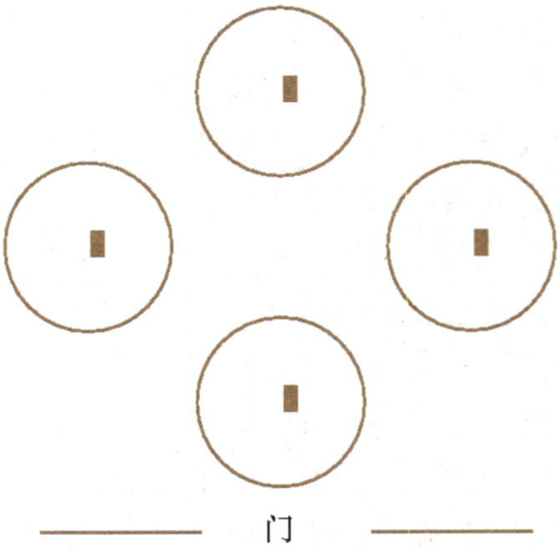

图 6－16　四桌的桌次排法（2）

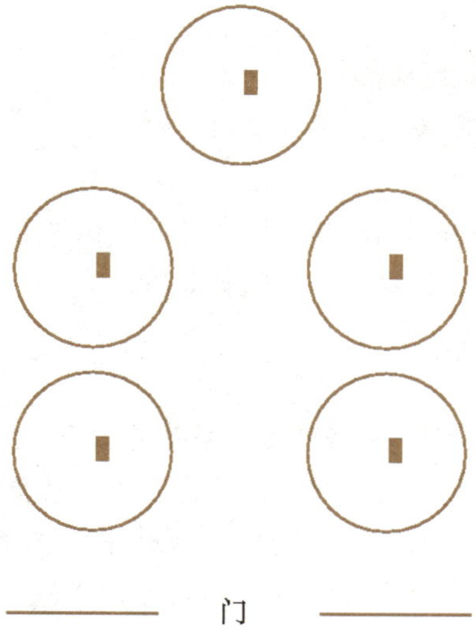

图 6-17　五桌的桌次排法（1）

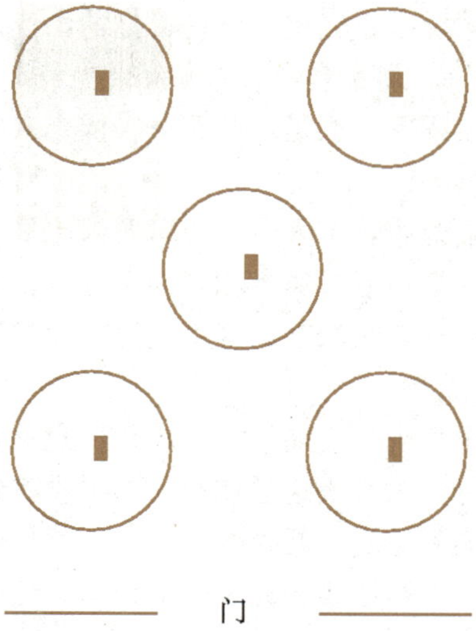

图 6-18　五桌的桌次排法（2）

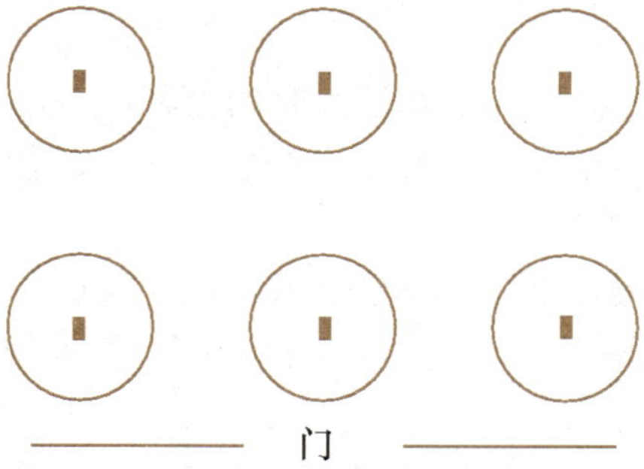

图 6-19　六桌的桌次排法（1）

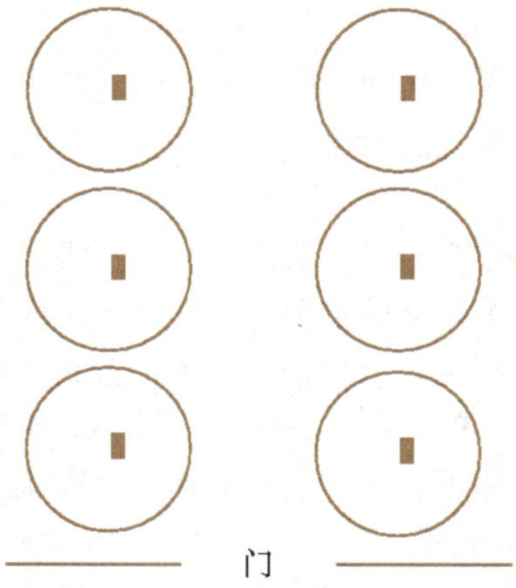

图 6-20　六桌的桌次排法（2）

如果在宴请之前有仪式，那么越靠前台的位置越高，位置相等的右高左低。

为了保证全体赴宴者临场不乱，都能迅速找到自己的席位，应在请柬上注明桌次。还可以在宴会现场悬挂桌次图，在每张桌上放置桌次牌、座次牌或姓名牌。宾客入场时，安排领台人员引导客人入座。

（七）宴会场地环境和背景音乐

场地环境布置要与主题吻合，官方的正式宴会布置应该严肃、庄重、大方，可以少量点缀鲜花、雕花等，不要用红红绿绿的霓虹灯做装饰。

总体环境要求：整洁、卫生、安静、高雅，灯光柔和不刺眼，充满文化气息。

音乐是美化宴会环境的重要添加剂，它对调节宴会气氛、增进客人就餐兴趣具有相当大的影响力。

席间音乐可以由小乐队现场演奏，如演奏小提琴、中提琴、大提琴、钢琴、扬琴、琵琶、笛子、二胡等；也可以播放音带。

音乐要求：轻快、愉悦、抒情，音量宜轻。

（八）宴会程序

宴会程序一般是：迎宾→等候→入席→致辞→就餐→结束→送客。

1. 迎宾

宴请开始，主人应在门口迎候来宾，有时还可由少数工作人员陪同主人列队欢迎客人。客人抵达后，宾主相互握手问候，随即由工作人员将客人引进休息厅。

在一些隆重场合，客人到达时设有专人负责唱名。

2. 等候

在主宾未到之前，客人应在休息厅等候，休息厅里应有与客人身份相当的人员照应，并有招待员为客人递送饮料。如果没有休息厅，客人可直接进入宴会厅，但不入座。

主宾到达后，迎宾线上的主人就从迎宾线上撤下来，陪同主宾一同进休息室与其他客人见面。如其他客人还未全部到齐，迎宾线上的其他迎接人员应继续留在迎宾线上迎接客人的到来。

等客人到齐后，主人或礼宾员就可以邀请众宾客入席进餐。

3. 入席

主人应陪同主宾一道入席。待全体客人入席后，宴会即开始。也有宾客先坐好，主人陪同主宾最后就座的，此时其他宾客应起立致意。

4. 致辞

宴会开始时一般由主人致祝酒词。祝酒词的主要内容是欢迎宾客的光临，也可随带讲一些有关宴会的事由，总的要求是简洁、明快、热情洋溢。致辞的长短，需视宴会的性质和规模而定，一般来说宜短不宜长，切忌讲些不相干的内容。

致辞的时间，各国的安排不尽相同。我国的习惯是，入座坐定后，主持人宣布宴会正式开始即可致辞，也有的在第一道菜上来之后致辞。主人致辞后，主宾可以接着致辞。

5. 就餐

宾主双方致辞完毕，宴会即进入比较放松、自由的就餐阶段，此时宾主间可以相互敬酒、言谈。这一阶段应注意的礼仪如下。

（1）敬酒礼仪。

敬酒可使宴会气氛更趋热烈。在高朋满座的宴会上，觥筹交错，相互敬酒会起到表示礼貌和友好、活跃气氛的作用。因此，宴请的主人一方，特别是公关人员，应设法寻找各种由头，向各位宾客敬酒，或促使他人之间相互敬酒。

一般是比较年轻的、身份较低者主动地向较年长的、尊贵的宾客敬酒。但筵席进行到中途以后，后者也可向前者敬酒，以示自己宽容、和蔼、大方。

宴请桌数较多时，主人或主宾在主桌敬完酒后，往往要到其他各桌敬酒，此时，公关人员应紧随其后进行照料，或做些必要的介绍等。

总之，敬酒在宴请的进行过程中有着非常重要的作用，公关人员应有一定的酒量，至少不要滴酒不沾。

（2）交谈礼仪。

1）提出共同关心的话题。不时提出一些能引发共同兴趣的话题，可以使进餐过程有一定的节奏感。但要注意，话题都不要谈得太久，因为任何一个话题都会有人非常感兴趣或非常擅长，同时也会有人不太感兴趣或不太擅长，长时间议论某一话题，势必会冷落一部分人。

2）注意引发更多人的谈话兴趣。公关人员要特别关心说话很少甚至没有说话的客人，应根据对其背景的了解，设法提出一些他们熟悉并感兴趣的话题。必要时，可以故意向他们提问，让他们有机会开口。

3）应与同桌的所有宾客交谈。不要只同几个熟人或只同一两个人说话，邻座如果不相识，可以主动自我介绍。讲话要掌握时机，内容要看具体对象而定。

4）始终保持热烈气氛。随着宴席时间的推移，人们的精力会发生变化，并呈下降状态。因此，进餐过程的后半段，往往会出现“降温现象”。此时，公关人员要始终保持精神饱满、有说有笑的状态，将热烈的气氛保持至终。

6. 结束

水果送上来往往是宴会接近尾声的标志。吃完水果后，通常由主宾先起身离席，宴会即告结束。

7. 送客

宴会结束后，主宾告辞，主人送至门口；主宾离去后，原迎宾人员按顺序排列，与其他客人握手告别。

宴请礼仪方面的工作不仅限于上述方面，其他诸如司机安排、车辆调度、最后送客以及意外情况的处理等，都要考虑周到。总之，只有十分精心地组织，才能保证宴会的进行万无一失。

二、常见宴会的礼仪要求

（一）冷餐会的礼仪要求

冷餐会多为自助餐。比较正式的自助餐多半是站着吃；如果主人准备了很多椅子，坐着吃也无妨；如果椅子不够，就需要将椅子让给老年人或身体较弱者。

年轻的男子应为女士服务，替她们端菜。女士自己要注意，第一盘可让男士为自己服务，但若是从头到尾都像个女王似的，一切让男士服务，就不可取了。

自助餐最大的优点是能随心所欲地选择各色菜肴。但若一味地取用价格昂贵的菜肴，或是盘中的菜肴明明已经堆积如山了还霸占在取餐桌旁不肯离去，甚至为了取食而推挤他人，都是极不礼貌的。取菜时，要依全餐的顺序，即自开胃菜开始，其次是鱼、肉、沙拉、水果等，这是自助餐的规矩。除此之外，将菜取好后坐在一旁与朋友聊天而不吃，或是选好菜后独自坐在角落埋头大吃，都是不礼貌的行为。

参加自助餐，无须等客人到齐一起用餐，可先后自由进食，这样就免除了主人因所请客人临时有事不能到来而使一部分座位空着的尴尬。

（二）酒会的礼仪要求

1. 酒会的布置

（1）场地。

在布置酒会时，寻找大小合适的场地非常重要。场地太小容易显得嘈杂，而场地太大则显得冷清，没有气氛。为了避免酒会过于嘈杂或过于冷清，最理想的场地是可以自动调节人群密度的、由一间大的主厅和几间毗邻的小间组合而成的场地。喜欢热闹的人可以待在大厅里享受酒会的热闹，而喜欢清静的人则可以去小房间享受小范围聊天的乐趣。

由于参加酒会的人通常比较多，因而场地的通风很重要。

酒会里一般不需要配备椅子，客人大都是站着喝酒聊天。但考虑到总会有些需要坐着的客人，特别是年纪大的客人，因此在四周最好能放些椅子。

（2）饮品。

应准备数种酒品，由客人选择。如果不想花费太多，可以只备两三种酒，同时别忘了另备两三种饮料给那些不喝酒的人饮用。

普通的鸡尾酒会一般给每人预备三杯酒。在一些特殊场合，最上等的是香槟鸡尾酒。调制鸡尾酒的器具必须备齐，包括鸡尾酒摇拌器、刀（用以切柠檬或柑橙）、过滤器、冰、混酒用的玻璃棒、柠檬、柑橙及樱桃等。

（3）点心。

鸡尾酒会中也要准备些点心，简单即可，一般包括果仁、脆薯片、各式三明治、热香肠、饼干等，有时也会摆些中式点心。

在酒会上，一般有招待员专门为客人调酒和斟酒，而食品可以让客人自己取或由招待员送到各位客人面前供其选用。

2. 参加酒会人员的礼仪要求

（1）主人的礼仪。

主人在酒会开始之初应站在离门较近的地方，以便于迎接客人。主人有义务为不认识的客人作介绍，并应保证不让任何一位客人孤独地待在某个角落里。如果人太多，无法为客人一一作介绍，可以拜托几个好朋友做这件事。另外，主人还应尽量同每一位客人交谈几句。

由于有些客人可能会晚到，所以必须有专人负责留意门口。在较大的酒会，男女主人都是分工合作的：男主人照顾酒水的供应，欢迎客人并给他们安放衣物；女主人则留在会场中欢迎来客，和他们应酬寒暄。

一些鸡尾酒会如举行的时间不长，则可不必另外预备房间让女客人存放衣物。但在较正式的场合下，这个房间是必需的，同时灯应一直亮着，以便女宾可以直接在那里梳理头发或化妆等。

在宾客众多的场合，女主人应经常留意大门口，看有无客人到来，并上前欢迎，把他们介绍给他们可能想结识的朋友。

在酒会进行过程中，主人要随时观察烟灰缸是否满了，酒和食品是否充足。

当酒会快结束时，主人应站在离门较近的地方，便于和客人告辞。

（2）客人的礼仪。

客人应当在会场中四处行走，同时自我介绍或为别的朋友介绍。如一群朋友正在聊天，某一个人走来试图加入，此时正在聊天的人中认识他的人便应主动把他介绍给其他不认识的人，然后再继续谈论话题。考虑周到的人还会对后加入的人略述一下刚才谈话的内容，便于其进入状态，成为圈子之中的一员。

客人可以随意选取自己合意的食物，不过要注意，狼吞虎咽是十分失礼的。

自始至终地一个人坐着喝酒或是只跟一个人交谈是不合适的，醉酒当然就更不合适了。

鸡尾酒会是允许客人半途离开正在和他谈话的人，而去跟别的朋友会面的，但这么做时应讲究技巧，不要让人有突兀之感。

中途要离去的客人要在人群中找到男主人，向他道别。如果男主人很忙，不必强求他抽身出来送客。

（三）茶会的礼仪要求

1. 茶具选择

茶具一般选择陶瓷器皿，“宜陶”和“景瓷”被称为茶具艺苑中的两朵奇葩。一般不宜用玻璃杯沏茶，也不要用热水瓶代替茶壶。

2. 茶叶选择

茶叶的选择应尊重客人的饮茶习惯，外国人一般饮红茶，并在茶中添加糖、牛奶或奶油等；我国由于幅员辽阔、气候各异，各地饮茶习惯也不尽相同：广东、福建、广西、云南一带习惯饮红茶，近几年由于受港澳台的影响，饮乌龙茶的人渐渐多起来；江南一带饮绿茶比较普遍；北方人习惯饮花茶；西藏、新疆、内蒙古地区的少数民族，则大多习惯饮浓郁的砖茶。

喝茶时，对茶主要从色、香、味来评价。色，即水色，以液艳色秀、水底明净为上；味，即滋味，以味醇甘鲜、苦而不涩为妙；香，即香气，以甘香清郁为佳。

有些涉外茶会还应准备咖啡和冷饮。

3. 饮茶礼仪

为客人沏茶前，要先洗手，并洗净茶杯或茶碗。要特别注意茶杯或茶碗有无破损或裂纹，残破的茶杯、茶碗是不能用来待客的。还要注意茶杯、茶碗里有无茶垢，茶垢一定要清洗掉。

沏茶前可事先征求客人意见，询问其是喜欢红茶、绿茶还是花茶。

茶水不要沏得太浓或太淡，每一杯茶宜斟八成满。正规的饮茶讲究把茶杯放在茶托上，一同敬给客人，杯把要放在左边。若是饮用红茶，可准备好方糖，请客人自取。喝茶时，不允许用茶匙舀着喝，而应直接端起茶杯、茶碗喝。

上茶时可由主人向客人献茶，或由招待人员给客人上茶。主人向客人献茶时，应起立，并用双手把茶杯递给客人，然后说一声“请”。客人亦应起立，以双手接过茶杯，道以“谢谢”，不要坐着不动，任主人为自己张罗，添水时亦应如此。

招待人员上茶时，要先给客人上茶，而后再给主人上茶。若客人较多，应先给主宾上茶。上茶的具体步骤是：先把茶盘放在茶几上，从客人右侧递过茶杯，右手拿着茶托，左手轻附在茶托旁边。若茶盘无处可放，应以左手拿着茶盘，用右手递茶，注意不要把手指搭在茶杯边上，也不要让茶杯撞在客人手上以致茶水洒客人身上。若妨碍了客人的工作或交谈，招待人员要说一声“对不起”，客人则应对招待人员的服务表示感谢。

如果用茶水和点心一同招待客人，应先上点心，点心应给每人上一小盘，或几个人上一大盘。点心盘应用右手从客人的右侧送上，待其用毕，即可从右侧撤下。

不论是主人还是客人，喝茶时只宜小口仔细品尝，切忌大口吞咽、发出声响。遇到漂浮在水面上的茶叶，可用杯盖拂去，或轻轻吹开，不可用手从杯中捞出扔在地上，也不要吃茶叶。

我国旧时有再三请茶作为提醒客人应当告辞的做法，因此在招待老年人或海外华人时要注意，不要反复劝其饮茶。

尽管不少国家有饮茶的习惯，但饮茶的讲究是各不相同的。比如日本人崇尚茶道，将之作为陶冶人的性情的一种艺术，以茶道招待客人重在渲染一种气氛，至于茶则每人小小的一碗，或全体参加者轮流饮一碗茶，不能喝了一碗又一碗，这和我国的饮茶礼节有所不同。

补充知识 6－4

我国的“茶文化”

1. 闽南的“高冲低斟”

闽南产茶、饮茶早在宋代就已出名。闽南人敬客时，冲水姿势很有趣，当地人称为“高冲低斟”，即头泡要低泡，斟茶时手放得很低，几乎接近杯底，这样才可以使杯中水的香味缓缓浸出。在冲泡二三遍时水要高冲，手举得离茶杯一尺多高，上下提拉茶壶三次，使茶叶吸水均匀，此时茶叶才能更好地在杯中显色、透香、吐味。斟茶技艺有“凤凰三点头”“关公巡城”“韩信点兵”等名称。

2. 四川的“盖碗茶”

四川饮茶风气历来很盛，上茶楼摆龙门阵是一大快事。四川茶馆很多，四川人爱喝盖碗茶，盖碗茶的名称来自茶具“盖碗”。盖碗的盖子很有用处，沏好茶后盖好盖子可以很快泡出茶味，还可以用盖子拂去漂浮在茶汤上的泡沫或茶叶末，打开盖子可以凉茶。

3. 云南的“雷响茶”

云南是茶树的原产地。至今云南有些地方仍保留着古朴有趣的雷响茶，这种饮茶方法是：先将茶投入砂罐内烘烤一定时间，冲入开水，这时砂罐内传出似雷响的声音，在场客人的笑声随着响声而起伏，响声夹杂笑声是吉祥的象征。然后进行煮茶，煮好后将茶倒入茶盅。当客人来到家里时，先捧上第一道茶，是加糖的糖茶，表示欢迎；客人饮后主人又上第二道不加配料的苦茶，并坐下来与客人叙家常；当主人觉得双方情感融洽时，便送上一杯象征吉祥的半花茶，为第三道茶，主客互相举杯祝福。

补充知识 6－5

世界各国的“茶文化”

茶起源于中国，但饮茶并非中国人的专利，事实上，世界上很多国家都有独具一格的饮茶习惯，下面来一起看看世界各国的茶文化。

1. 阿根廷：“非茶之茶”—马黛茶

阿根廷随处都可见到阿根廷马黛茶 YerbaMate，这种平民且普遍的马黛茶是阿根廷的“国宝”，在当地语言中，“YerbaMate”就是“仙草”“天神赐茶”的意思。

马黛茶本是冬青科的一种多年生木本植物，通常被称为巴拉圭草，树叶翠绿，呈椭圆形。南美人把绿叶和嫩芽采摘下来，经过晾晒、烘烤、发酵和研磨等工序，制成了芳香可口的阿根廷马黛茶。然而按照我们东方人对茶的理解，阿根廷耶巴马黛茶应该算是“非茶之茶”。

2. 德国：“有花无茶”—花果茶

德国是花果茶出口第一大国，花果茶主要是用各种花瓣加上苹果、山楂、洛神花、覆盆子、接骨木果、蓝莓、樱桃、葡萄、玫瑰果等果干制成的，再加上向日葵花、矢车菊、紫罗兰、玫瑰等花瓣作为调色和装饰，里面一片茶叶也没有，可谓真正的“有花无茶”。

3. 泰国：“清凉之茶”—冰茶

泰国人喜欢在茶里加冰，常常在热茶中加入一些小冰块，这样茶很快就冰凉了。在炎热的泰国，冰茶使人凉快舒适。泰国的冰茶可谓多种多样，在杯中放入薄荷或是加上各种各样的新鲜水果汁，都可以调出一杯特别的冰茶。

4. 南非：豆科植物路易波士

南非国宝茶呈针状，被称为“路易波士”。这种茶树的种植条件极为苛刻，只生长在开普敦周围方圆三百公里内的塞德博格地区，茶树需要种植 18 个月才可以收割。

5. 斯里兰卡：锡兰红茶

斯里兰卡红茶，又称“锡兰红茶”，是世界红茶市场的佼佼者。斯里兰卡是世界上第三大茶叶生产国，仅次于印度和中国。这样一个小岛，茶叶出口量居世界第一位。锡兰红茶被称为“献给世界的礼物”！

8. 加拿大：“茶加乳酪”—乳酪茶

加拿大人比较喜欢喝茶，但是他们泡茶的方法比较特别，先将陶壶烫热，放入一茶匙茶叶，然后以沸水注以其上，沁上七八分钟，再将茶叶倒入另一个壶供饮用，通常还要加入乳酪和糖，因为这个是他们的最爱。

9. 马来西亚：“是汤非茶”—肉骨茶

肉骨茶是风靡马来西亚的早餐，其实就是肉骨汤，是马来西亚的美食之一，是一道以猪肉和猪骨配合中药煲成的汤底。肉骨茶主要是选用肉排、猪肚等原料，加党参、当归等十余种中药和香料泡煮，汤汁浓郁，药材浓香，所以肉骨茶并不是茶。因为很多人在吃它的时候配上一杯茶以去油腻，所以有了这样的称呼，再配上特别的五彩紫米，醒神饱肚。

10. 土耳其：“活水”之称—苹果茶

在土耳其，人民最青睐的茶叶当属土耳其苹果茶，苹果茶并不是苹果和茶制成的，而是由果酸粉末调制的，它就像美味倒在冰上，适合在阳光明媚的夏季饮用。

11. 印度人：独特奶香奶茶

印度人在喝茶时要加入牛奶、生姜、豆蔻、肉桂、槟榔等，这样泡出的茶味与众不同，让奶茶更香烈且有益健康。而且他们喝茶方式也十分奇特，把茶斟在盘子里，伸出舌头去舔饮，可谓独具一格。印度奶茶又名焦糖奶茶，印度语叫 Chai，主要由红茶、牛奶、多种香料以及糖或蜂蜜组成。印度人忌用左手敬茶，认为左手是低下的，不洁的，必须用右手敬茶。

12. 俄罗斯：“因人而异”—花样茶

俄罗斯人先在茶壶里泡一壶浓浓的红茶，喝时倒少许在茶杯里，然后冲上开水，根据自己的习惯调成浓淡不一的味道。同时，俄罗斯人泡茶时每杯加一片柠檬，也可用果酱代替。在冬季时则有时加入甜酒，预防感冒。

第五节 舞会礼仪

礼仪原理

舞会是人们增进交往和友谊的一种社交活动。参加舞会，可以锻炼身体、陶冶情操、结识朋友、扩大交际、沟通信息，它是社交活动中一种集娱乐与交往为一体的方式。舞场，是高雅文明的场所，也是主要社交场所。参加舞会者必须懂得舞会礼仪，讲究礼节。

一、交谊舞基本知识

交谊舞又称宫廷舞或舞厅舞，我国 20 世纪 50 年代时称之为交际舞，其中严格规范的交谊舞又称为国际标准交谊舞，是一种国际性的社交活动舞蹈。

交谊舞是一门艺术。交谊舞会既是重要的社交活动，又是培养文明礼貌、陶冶情操、进行自我审美教育的场所。因此，懂得交谊舞的基本规则、掌握其基本知识是非常重要的。

（一）形式

交谊舞的基本形式有七种，即：

（1）布鲁斯舞（Blues），又称慢四步。

（2）慢华尔兹（Slow Waltz），又称慢三步。

（3）快华尔兹（Quick Waltz），又称快三步。

（4）狐步舞（Slow Fox Trot）即福克斯，又称中四步。

（5）快步舞（Quick Step）。

（6）伦巴舞（Rumba）。

（7）探戈舞（Tango）。

（二）舞姿

交谊舞的舞姿基本上是统一的，主要有下述三种。

1. 基本舞姿

男女相对站立，身体正直，两足并拢，足尖向前。男伴右手扶在女伴左肩胛骨下方，手掌向里，右臂向上平抬，支撑女伴左臂。女伴左臂轻放于男伴右臂上。双方身体均微向后仰，头略向左侧。男伴左手握女伴右手，并向外伸出，与肩平或略高于肩，臂成弧形，肘弯处稍大于 90°。

2. 散步舞姿

男伴身体右边与女伴身体左边相靠近，男伴身体左侧与女伴身体右侧分别向外转 90°，两个身体侧成V字形站立，手的握法同基本舞姿。

3. 外侧步舞姿

在基本舞姿基础上，男女伴各向左移动半步，双足并拢，彼此右边身体相对，手的握法同基本舞姿。

（三）要领

交谊舞中，男伴始终是舞蹈进行的引导者，因此男伴引导女伴的方法是跳好交谊舞的关键。引导的要领是，主要使用身体和右手，左手只起平衡和使舞姿优美的作用。

女伴也并非完全被动，要灵敏地去用腰部及左小臂接受男伴的引导信号，以变换自己的方向和舞姿，不可根据臆测率先踏行而影响舞姿。同时，女伴应注意男舞伴在做后退舞步时是否会与其他舞者相碰撞，要及时用手轻拉男伴肩部，使其从容避让。

二、舞会前的准备

不论是参加舞会还是举办舞会，精心准备都是必要的。具体事项如下所述。

（一）舞会组织者的准备

1. 确定时间、地点

举办舞会的时间最好在晚上，一般以晚7时至晚11时为宜，舞会时间控制在3小时左右，过迟则会影响休息。

考虑到舞会中的活动并不仅仅是跳舞一项，还包括休息、交谈甚至吃喝，因此，应选择附带酒吧或休息厅的场所，使客人们有一个交谈的地方。在酒吧或休息室里，客人们可以边喝饮料边交谈。

舞场的大小应视参加舞会的人数而定。另外，舞厅应该设有寄存处，以便客人寄存箱包或衣物，有时还应考虑舞厅外是否有足够的停车位。

2. 邀请客人

准备舞会的一个重要内容便是决定邀请哪些客人参加。通常会邀请一两位客人作为舞会的主宾，然后围绕这一两位主宾邀请其他客人。由于跳舞这一活动形式应该由一男一女共同完成，而舞会中按惯例应该是男士主动邀请女士，所以举办者对于男女人数的比例需要精心考虑。出席舞会的人数至少应该是男女各半，根据具体情况，可使男宾数量更多些，以保证每位女士都有机会起舞，不致受到冷落。

在选择来宾时，还应考虑来宾的个人情况，如客人之间是否熟悉，客人是否喜欢跳舞、是否具备幽默的谈吐、是否会自带舞伴，等等，并把这些情况加以综合，采取适当的对策，让每位客人都能玩得尽兴。

客人名单确定后，应事先发出邀请。邀请可以是通告（如单位组织的舞会），也可以电话联系，正规的舞会以发请柬为宜。

3. 选择音乐

音乐的安排往往会起到调节客人情绪的作用，它也会影响舞会的成功。举办者可以采用乐队伴奏，也可以播放唱片。如果舞会进行时间较长，应考虑请两支乐队，以使乐师们能轮流休息。播放唱片的舞会，需要有专门的音响师进行音响管理才能保证舞会的顺利进行。

在具体音乐的选择上，要考虑到以下几个方面：

（1）客人的喜好。了解客人对音乐的喜好是趋向于古典的还是现代的，是舒缓的还是热烈的，尽量做到投其所好。

（2）音乐与舞会各阶段的和谐。举办者要根据舞会的情况适时调节音乐的播放。发现冷场时，可播放一些激烈欢快的乐曲鼓动情绪，当舞会进入高潮后，可适当播放一些平缓优雅的舞曲，让客人兴奋的神经能够放松一下。有时也可在舞会进行过程中安排一些即兴节目，让客人们自娱自乐。

4. 准备其他物品

对于持续时间较久的舞会，必须供应合适的食品，如甜食、水果、点心等，点心不要太油腻。另外，还需备有餐巾纸。

考虑到舞会多在晚饭后进行，故充足的茶水和饮料是必须具备的。舞会饮料的选择余地要大，除了各种果汁、汽水等软饮料外，也可适当备一些酒精度很低的酒类，如香槟、葡萄酒等，增添兴致，但不要供应烈性酒，以免客人醉酒失态。

不要忘记准备充足的茶杯、牙签及吸管等易耗品。

（二）舞会参加者的准备

1. 保持良好的精神状态

参加舞会一定要保持良好的精神状态，切忌面带倦意和愁容，那样会影响整个舞会的气氛，如果身体确有不适，则应谢绝参加。在舞会上，参加者要时刻注意自己的言谈举止，要态度和蔼，行为得体，谈吐文雅，不说脏话，跳舞时不吸烟，不戴口罩和墨镜。

2. 保持整洁的仪容

由于跳舞时舞者距离比较近，因此在参加舞会前最好洗澡、洗发，男士要刮胡子，不要吃葱、蒜等有异味的食物，也不要饮酒，如果吃了这些食物，应漱口或嚼一点茶叶、口香糖以去味。女士要化妆，舞会妆应比日常妆浓一些，可加重眼影、腮红、粉底、口红的颜色，并与服装、首饰搭配，但也不能浓妆艳抹，以免给人轻浮之感。

3. 选择合适的服装

西方对舞会服装的要求比较高，如果是正式舞会，请柬上一般都会注明服饰要求。我国对舞会服装虽然没有太严格的限制，但起码要求端庄、得体。男士应穿西装或高档便装，不要穿牛仔服、运动衣、背心等；鞋子要选择皮鞋，不要穿旅游鞋、布鞋，更不能穿拖鞋。女士服装可以比较丰富，但一般应以裙装为宜。舞会上不要穿过紧、过露、过短的衣服，要系好衣扣，不要当众更衣或脱下外衣。

如果有一些小物品要随身携带，可以准备一个小包，放在寄存物品处。有些人喜欢将一大串钥匙别在裤腰上，叮当作响，这与舞会气氛不协调，应注意避免。

礼仪操作

一、邀舞礼仪

（一）邀舞顺序

正式的舞会上，第一支舞曲是主人夫妇、主宾夫妇共舞；第二支舞曲是男主人与女主宾、女主人和男主宾共舞。接下来，男主人须依次按照礼宾顺序，邀请第二位、第三位男宾的女伴共舞，而这些女士的男伴应适时邀请女主人共舞。男宾也应主动邀请女主人和主人方的其他女士共舞。

男女结伴参加舞会，依惯例，第一支舞曲应一起跳，舞会的最后一支舞曲，如有机会，两人也应一起跳。但是整个舞会，同舞应以两次为限，不能两人从舞会开始一直跳到结束，而应有意地交换舞伴，以扩大自己的交际面。

在舞会中，男宾要注意至少邀请女主人跳一次舞，如果女主人还有女伴、女儿等在场，出于礼貌，也该一一邀舞。若能做到有礼貌地邀请受冷落的女士共舞，无疑这位男宾将是舞会中最受欢迎的，主人也会对他十分感激，因为主人并不希望看到舞会中有客人受到冷落。

（二）邀舞的注意事项

（1）在舞会上，一般都是男士邀请女士跳舞。在关系很好、很熟的情况下，也可以女士邀请男士。

（2）男士如有意邀请一位素不相识的女士跳舞，必须先认真观察她是否已有未婚男友伴舞。如有，一般不宜前去邀请，以免发生误会。

（3）邀请时，男士应步履庄重地走到女士面前，弯腰鞠躬，同时轻声微笑说："想请你跳个舞，可以吗?"弯腰以 15 度左右为宜，不能过分，过分了反而会有不雅之嫌。

（4）在正常情况下，两个女性可以同舞，这意味着她们在现场没有舞伴。但两个男性不能同舞，因为这意味着他们不愿意向在场的女士邀舞，这是对女性的不尊重。所以，只有当两位女士已在舞池内起舞时，两位男士才可采取同舞的方式，追随到她们身边，然后共同向她们邀舞，再分别组成新的两对舞伴。

（5）如果是女士邀请男士，男士一般不得拒绝，音乐结束时，男士应将女士送到其原来的座位，待其落座后，说一声"谢谢，再会"再离去，切忌一跳完舞便不予理睬。

（6）在邀请别人跳舞时，邀请者的表情应自然、谦恭、有修养，不要紧张、做作，更不能流于粗俗。如果叼着香烟去请人跳舞，会招致女士拒绝，也会影响舞会的良好气氛。

（7）男士邀请女士跳舞，如果女士不想跳，不能勉强。不论男士或女士，若其一个人单独坐在远离人群的地方，别人就不要去打扰；如果是坐在一群人中间，则可以走过去邀请其跳舞。

（8）邀请舞伴时，要观察一下对方的情况，不要几个人同时抢邀一个舞伴，更不能为邀舞伴而发生争吵，在舞会上争夺舞伴是十分不礼貌的。

（9）男士如果邀请了女伴同赴舞会，便不应让舞伴独坐，而自己一直忙于邀请别人起舞。男士要记住，应在第一支舞曲和最后一支舞曲时邀自己的女伴同舞。

（10）男士应避免全场只同一个女子跳舞。男士如果仅仅和妻子跳舞也是不礼貌的。如果有人在舞会上把一位女士介绍给一位男士，这位男士就必须请她跳一次舞。

如你邀请的女士有男伴（或其丈夫、父亲等）在座，应先向其男伴微笑致意，简短地问一声"可以吗"，得到对方允诺后再邀其女伴共舞，这是礼节，不要以为这有失身份。如果是初次相识，不可握着女伴的手入舞池，只能或前或后相伴入舞池。

在西方社会，男士还可以中途拦下别人的舞伴，他只要走过去轻轻拍一下那位男士的肩膀，说一声"我可以吗"或"请让一下"就可以了。如果对方是长者，一般应先走过去等候，待他看见你时再鞠躬请问：“我可以接着跳完这一曲吗？”但在中国，这种做法不太能被人接受。

二、拒邀礼仪

参加舞会，邀请者固然应当彬彬有礼，受邀者也应当落落大方，彼此都应表现出良好的思想修养和高雅的文化素质。如果决定拒绝别人的邀请，则要注意礼貌待人。

(1) 一般情况下，女方最好不要拒绝别人的邀舞，如果决定谢绝，则应说：“对不起，我想休息一下。”或说：“真对不起，我不会跳舞。”以此来取得对方的谅解。

(2) 如果女士已经答应和别人跳这一场舞了，则应向其他前来邀请者表示歉意：“对不起，已经有人邀我了，等下一曲好吗？”

(3) 若已经婉言谢绝别人的邀请，则在一曲未终了时，女士不要再同别的男士共舞，否则会被认为是对所拒绝的邀请者的蔑视，是不礼貌的表现。

(4) 如果同时有两位男士邀请一位女士跳舞，该女士最好是礼貌地谢绝。如果已接受其中一位的邀请，对另一位则应表示歉意：“对不起，请等下一曲吗？”

(5) 当女士已经拒绝一次男士的邀请后，如果这位男士再前来邀请，若无特殊情况，女士不应拒绝，应愉快接受邀请。

(6) 如果自带舞伴，两个人多跳几场可以，但如果别人来请，不能一概拒绝，更不能说一些不礼貌的话。

(7) 如果夫妇二人同去参加舞会，跳过一曲后，有人前来邀请夫人，先生应按礼节促请夫人接受，绝不能代夫人回绝对方，否则会失礼。

三、共舞礼仪

(1) 步入舞池时，要尊重女舞伴，女在前，男在后，由女士选择跳舞的具体位置；跳舞时一般男士领舞在先，女士配合于后；一曲终了，应立于原处，面向乐队或主持人鼓掌表示感谢，男士再将女伴送回原处。

(2) 舞姿要端正、大方、活泼，整个身体应始终保持平、正、直、稳，保持好重心，身体不要摇晃。跳舞时，男女双方都应面带微笑，说话要和气，声音要轻细，不要旁若无人地大声谈笑。

(3) 神情、姿态要轻盈自若，给人以欢乐感，表情应谦和，动作要协调舒展，男士不要强拉硬拽，女士不挂、扑、靠、扭。

(4) 跳舞时，男方的右手应手心向下朝外，用大拇指的背面轻轻将女方挽住，而不应用右手手掌心紧贴女方腰部，左手使左臂以弧形向上与肩部成水平线举起，掌心向上，拇指平腰，只将女伴的右掌轻轻托住。女方的左手应轻轻地放在男士的右肩上，右手轻轻地搭在男士的左手上。跳舞时双方握得或搂得过紧，也是有失风度的。

(5) 跳舞时，双方的身体应保持一定的距离。跳四步舞时，舞步可稍大些，展现出庄重、典雅和明快的姿态；跳三步舞时，双方应保持一步的距离，让身躯略微昂起向后，使旋转时重心适当，表现出热情、舒展、轻快和流畅的情绪和节奏；跳探戈舞时，随着乐曲中切分音所含节拍的弹性跳跃，男女双方的舞姿与步法变化较多，舞步可稍大些；跳伦巴舞时，男女双方可随着音乐节奏轻轻扭动腿部及脚踝，臀部不应大幅度地摆动。

（6）跳三步舞时，考虑到女方的身体状况，不宜一味旋转不止，应适当穿插一些不转圈的交叉步或简单的进退步，这样一不会使舞伴过累，二显得舞步变换有致。

（7）行进中如触碰了舞伴脚部或冲撞了别人，要有礼貌地向对方颔首致歉。

（8）不要目不转睛地凝视舞伴，以免引起误会和反感。即使是夫妻或热恋中的情侣，在舞会上也不应过分亲昵。

（9）在双方共舞过程中，一般不可以中途退场或一方任意离去。实在非中止不可时，应向对方道歉，并陪对方走出舞池。无论双方的舞步多么不合，应尽可能坚持到曲终。实在无法合作，双方都礼貌地下场是允许的。一曲终了，男士应向女士表示感谢，并陪同女士走到座位上去，女士也应对男士点头致意。

（10）要按逆时针方向行进，不要旁若无人、横冲直撞。

四、其他应注意礼节

（1）舞间休息时不要吸烟、乱扔果皮，不宜高声谈笑、随意喧哗。对于自己不熟悉的舞伴，除非对方主动，否则不宜向其问长问短、闲聊不止。如果对方已同别人谈话，应主动回避。舞会开始时，不宜穿越舞场，应该顺边绕行。

（2）舞会结束后，或中途退场，应向主人辞行。辞行时应向主人表示舞会举办得很成功，玩得很愉快，并向主人表示感谢。有时，还可在一两天后寄上一封简短的感谢信表示谢意，这对主人来说会是莫大的报答。

除了向主人辞行外，对在舞会上结识的新朋友或旧相识，若方便，均应向他们道别，并说些客套话，如“真高兴认识您”“有机会再好好聊聊”等。

（3）舞会结束后，男士一般应送自己的舞伴回家，除非对方已有人送或是不愿意让自己送。女士在拒绝对方时，可以简单地说：“谢谢，已经有人送我了。”但如果女士想要男伴送自己回家，她随时有权利要求对方这么做。即便是舞会没有结束，女士如果觉得自己玩得不痛快想早点回去，也可以跟男伴说自己“累了”或是“不舒服”，示意其送自己回家。

补充知识 6－6

避免舞会尴尬的小常识

1. 参加舞会时，所有的男士、女士都必须穿着整洁得体。灯芯绒或格子呢的、肘部打补丁的休闲西装不宜出现在正规的舞会上。即使是夏天，男士也得穿长裤去参加舞会，穿西装短裤、沙滩裤跳舞是不礼貌的。

2. 不管是否为正式的舞会，都应穿舞鞋，不应穿运动鞋或任何胶底鞋，因为它会黏在地板上，当旋转时易使膝盖受伤。

3. 如果参加“迪斯科专场”舞会，装扮就不必受以上约束。T 恤、牛仔裤、超短裙、运动鞋都可以穿，人们只求在扭摆中获得宣泄，领带、高跟鞋反倒成了累赘。

4. 避免穿无袖或吊带的衣服，尤其是在较活跃的舞会中，因为触摸到舞伴湿漉漉的肌肤不是件愉悦的事。

5. 大耳环、手表、胸针、长项链、大皮带头，在舞池中都是危险物品，因为它们都可能勾到舞伴的衣服或刮伤对方，易带来麻烦。

6. 袖口低于腋窝的衣服并不适宜出席舞会，因为跳舞时男士常扶着女士的背部，不小心就会抓到宽松的衣袖。

7. 女士的长发应往上盘好，或梳理服帖，否则在转圈时头发甩到男士的脸上会很尴尬。

8. 无论参加什么舞会，舞会前不要吃蒜、韭菜等带刺激性气味的食品，也不要喝酒或大量吸烟，最好漱一下口，或嚼几片口香糖，因为满口异味会使你的舞伴受不了的。

9. 舞会前沐浴并使用除味剂，能避免体味带来的尴尬。

10. 舞会开始后，如果女士不愿意和某位邀请者跳舞，或不熟悉某种舞步而不想出丑，或确实想休息一会儿，她可以借一些理由推托，如："对不起，我觉得有些累，想坐一会儿。""谢谢，不过我的朋友正找我，我只好失陪了。"女士面对男士的邀请，千万别不声不响，无论是出于腼腆还是出于傲慢，沉默都会让男士觉得尴尬。

11. 少去邀请恋人中的一方跳舞，因为恋人大都不愿被别人打扰。当自己的恋人被别人邀请时，要大度一些，不要阻止，也不要一脸不悦。

12. 当想邀请的舞伴在人群中时，邀舞要明确说明对象，如"王××小姐，可以请您跳舞吗"，以免每个人都以为自己是被邀请的对象。

13. 对于拟邀请的对象，应确定当时他（她）正准备跳舞，当然这并不是很容易，要凭个人经验及常识来判断。当对方正与人密谈或耳语时，显然其不想跳舞。

14. 若你与其他人同时邀请一位女士共舞，这时切记不要打退堂鼓，说："你先，你先……"那可能令女士感到不悦。较理想的做法是，让女士自己选择与谁共舞。

15. 男士不要因为紧张而把舞伴搂得太紧，或把舞伴的手握得太牢，这样容易引起误会。女士也要放轻松，不要把全身的分量都压在舞伴身上。如果女士发现舞伴故意搂紧自己，或某支舞曲放个没完没了自己很不耐烦时，女士可以不失礼貌地说："我累了，想回座位上去。"

本章小结

在本章中，我们重点介绍了商务交往中常用的仪式礼仪。要想成为优秀的商务人员，必须学习和掌握商务交往中的各种礼仪。只有这样，才能让你在商务交往中赢得别人的尊重，使工作能够顺利进行。

思考与训练

一、思考题

1. 名词解释：

宴请礼仪 4M 原则　鸡尾酒会　正式宴会　冷餐会　舞会

2. 选择题：

（1）开业仪式宣读名单时，首先应宣读（　　）。

A. 知名人士名单

B. 重要领导名单

C. 致贺函的单位或个人名单

（2）若有三位领导剪彩，则绸花应准备（　　）。

A. 3 朵　　B. 4 朵　　C. 5 朵

（3）正式宴会邀请书的发出以提前（　　）为宜。

A. 3 天　　B. 1 周　　C. 1～2 周　　D. 1 个月

（4）男女结伴参加舞会，在整个舞会中，同舞应以（　　）为限。

A. 1 次　　B. 2 次　　C. 3 次　　D. 4 次

（5）交谊舞中的布鲁斯舞又称（　　）。

A. 快三步　　B. 慢三步　　C. 中四步　　D. 慢四步

3. 仪式礼仪主要有何作用？

4. 签字仪式的座位安排有何讲究？

5. 开业仪式要做哪些准备？

6. 剪彩仪式有哪些程序？

7. 在宴会上彼此敬酒致意，可以活跃气氛、融洽感情。请问如果你参加某次宴会，该如何敬酒呢？

8. 好友邀请你参加一次较正式的宴会，试问你该做哪些准备？

9. 舞会中，如果你不愿与邀舞者共舞，该如何处理？

二、实训题

1. 请设计一份某品牌专卖店开业庆典的请柬，并罗列应邀请的嘉宾。

2. 分角色（主持人、助签人、签字人、出席来宾）模拟一次签字仪式。

3. 单位组织舞会，你的女上司也参加了，事先朋友告诉你，她对跳舞兴趣不大，且舞技也很一般，此时你应该怎么办？

4. 你打算在家中宴请几位客人，共有七位来宾：一位你的老师、一位你的部门经理（顶头上司）、两位你的同事（其中一位与你的上司曾是中学同学）、三位你的朋友（他们与你同事的关系都不错）。七人中最年长的是你上司，其次是你的老师，其他人的年龄都比较接近，七人皆为同性。试排列一下就餐时的席位（圆桌），并说明理由。

第七章
涉外商务礼仪

有朋自远方来，不亦乐乎？

——孔子

学习目标

1. 了解商务人员涉外礼仪的原则和规范。
2. 通晓各国商务活动的礼仪规范。
3. 了解和遵守各国的礼仪禁忌。

导入案例

荆北是坐落在长白山脚下的一座风景如画的城市，旅游业是该市的支柱产业。1999年7月，加拿大某跨国公司看中了荆北得天独厚的旅游资源，拟在该市兴建一个大型游乐园，这无疑给荆北的发展带来极大的机遇。因此，该公司总裁劳尔先生亲赴荆北进行实地考察时，受到了当地有关部门热烈的欢迎。

劳尔先生的考察进行得相当顺利。考察的第5天，劳尔便与荆北有关部门达成了兴建游乐园的初步协议，准备年底动工。

为了表达荆北人民的友好，市外办的黄主任在劳尔先生临走的前一晚专程前往拜访，并赠送了一份贵重礼品：当地生产的鹿皮大衣。可出乎意料的是，劳尔先生并没有表现出一丝惊喜，而是满脸的惊讶："这是真的鹿皮做的?""当然，当然。"黄主任唯恐劳尔先生误以为假冒伪劣产品，赶紧解释，"这是采用本地最珍贵的鹿皮所制，每年才产50多件，请笑纳。"劳尔先生沉思良久，收下了大衣。

然而就是这件大衣，使得劳尔先生改变了初衷，他电告荆北方面不再考虑合作事宜。原来，劳尔是一个积极的环保主义者，坚决反对用动物裘皮制衣。荆北所赠送的礼品恰好触犯了其禁忌，使他决定撤销协议，那件大衣被他挂在公司总部的大厅，当作反面教材告诫人们放下手中的猎枪。

分析：

在涉外商务活动中，做任何事都要充分考虑对方国度的风土人情以及对方的喜好和倾向，如此才能真正取得商务活动的成功。

第一节　涉外礼仪概述

当今时代，现代化的交通工具及通信工具使得地球仿佛在变小，真正实现了“天涯若比邻”。随着中国改革开放的全面深入，社会主义市场经济体制的建立和完善，加上加入WTO，中国与世界上其他国家和地区的贸易往来、文化交流更加频繁。因此，作为一名商务人员，熟悉国际商务活动的礼仪规范，了解礼宾活动的一般程序，掌握涉外商务活动的礼仪禁忌，做到入乡随俗，是极其必要的。

一、涉外礼仪的含义

涉外礼仪是指国家或个人在对外交往和涉外工作中，在维护国家及个人形象的前提下，所执行的向交往国或个人表示尊重、友好与礼貌的礼仪规范。涉外礼仪是在长期的国际交往中逐步形成的，是国际通行的一种专用性礼仪规范。

二、涉外礼仪的原则

（一）不卑不亢，互相尊重

涉外礼仪的第一条基本原则是不卑不亢。涉外礼仪在一定程度上反映着一个国家的文明程度和社会风尚，也体现着一个国家对待其他国家的基本态度。在国际交往中，任何国家之间的关系都应当是平等的和相互尊重的。在外交礼仪上，既不能唯我独尊，盛气凌人，以强欺弱，也不应卑躬屈膝，妄自菲薄，丧失民族气节，这就是不卑不亢的原则。在应用外交礼仪时，倘若置这项原则于不顾，就必然会给国家和政府的形象带来损害。一味地“亢”，并不一定总会使自己扬眉吐气，反而会给人以虚张声势之感，甚至会伤害交往对象的自尊心；一味地“卑”，也并不一定真能委曲求全，讨好交往对象，反而有可能使对方得寸进尺，欲壑难填，同时也会严重地损害自己国家的利益。唯有不卑不亢，才是自尊自爱、平等待人的正确做法。

中国人待人接物一般较含蓄、委婉，但又特别客套、热情，而西方人则较外向且讲究实事求是。因此，在涉外交往中，我们还要把握好热情友好的分寸，防止过犹不及。“过头”了就会给人一种卑躬屈膝、低三下四的感觉；“不及”又可能给人留下自大狂傲、放肆嚣张的印象。因此，应本着互相尊重的原则与对方结交。相互尊重包括尊重对方和捍卫自尊两个方面。尊重对方就是不论对方的国家、民族大小，企业实力强弱，或者风俗习惯、宗教、法律等是否和我们相同，都不能歧视对方，要做到在人格上平等相待。尊重对方的前提是要有自尊，要敢于和善于对自己进行正面的评价，在言行举止方面做到从容得体。

（二）平等相待，礼尚往来

在涉外交往过程中，我们应该特别注意对任何交往对象都要一视同仁，给予平等的尊重与友好，对大国和小国、强国和弱国、富国和穷国不能厚此薄彼，也不应对大人物和普通人厚此薄彼。《法言义疏·修身》中说道："上交不谄，下交不骄。"就是告诫人们不能以权取人，谁位高权重就巴结逢迎谁，谁位卑无权就瞧不起谁，这种做法是非常庸俗和失礼的。除此之外，还应做到不以貌取人，不能根据对方的外貌与衣着来决定自己的态度。

人与人之间、企业与企业之间、国与国之间只有多接触、多了解、多沟通、平等相待，才能相互理解，从而建立起稳定和良好的关系，达到双赢的效果。《礼记·曲礼》中说道："礼尚往来，往而不来非礼也，来而不往亦非礼也。"如果只是单方表现热情，另一方反应冷淡，唯我独尊，不予理睬，甚至冷嘲热讽，是非常失礼的表现。严重的还有可能导致双方断交，产生敌对情绪。

（三）尚礼好客，客随主便

在对外交往中，作为主人，理应热情好客，待客要彬彬有礼、讲究规格。当发现我们的接待方式客人不适应时，可适当地采用对方习惯的礼节、礼仪，让客人感觉舒服自在，有宾至如归的感觉，以表示对客人的体贴和尊重。

当我们作为客人参加涉外活动时，不能一味地我行我素，给主人增添麻烦，或让主人无所适从，而应客随主便，做到入乡随俗，这才是真正体现了礼仪之邦的风范。也只有这样，才能成为受欢迎的客人。

（四）遵守外事纪律，注重礼仪礼节

遵守外事纪律就是在外事接待工作中要坚持维护国家主权和民族尊严，自觉遵守外事纪律，不得泄密；不利用工作之便营私牟利、索要礼品；不背着组织与外国机构及个人私下交往；不私自答应外国客人提出的不合理要求；参加外事活动，要严格按规章制度办事。

我国对外政策要求涉外交往时做到礼仪周到而不烦琐，热情接待而不铺张，活动内容丰富而不累赘。接待外宾的人员应仪容整洁，仪表大方，表情亲切、自然，熟悉各国、各民族的风俗习惯。陪同外宾时要注意自己的身份，言行举止要符合礼仪要求，坐立姿势应端庄，对外宾的穿着不品头论足，使来宾有宾至如归之感。

（五）尊重礼俗，求同存异

由于世界各国的社会制度、文化背景各不相同，所以各地的礼仪习俗存在一定程度的差异，在对外交往时，应理解对方、尊重对方。特别是对于那些并无恶意，但观点、立场、态度与自己不同的人，要做到和平共处、求同存异，"不伤主人之雅，不损客人之尊"，有宽广的胸怀和外交家的风度。既要遵守国际通行的礼仪惯例（即各国礼仪的"共性"），也要尊重交往对象所在国的特殊礼仪与习俗（即各国礼仪的"个性"）。此外，尤其要尊重宗教礼仪。对在外事活动中接触到的外国宗教信仰者所遵守的宗教礼仪，如他们表达信仰所举行的活动和仪式，以及特殊的讲究和禁忌，都要给予尊重。对各种宗教礼仪，不懂不要装懂，也不要随意模仿，更不能干涉。到访外宾参加宗教活动，要以不违反有关法律、不妨碍公务活动、不影响人民群众生活、不危及社会稳定和不损害国家尊

严为限。

要尊重国旗和国歌。国旗和国歌是国家的象征和标志。作为国民，必须遵守有关法律，尊重和珍爱国旗、国歌。在涉外活动中，要通晓有关国旗的外交礼仪，了解升挂国旗的场合。升挂国旗是一种礼遇，一般在外国元首、政府首脑及其他重要领导人到访，举行重大仪式，或国际会议会场及代表团驻地，或展览会、体育比赛等重大国际活动，或国际经济合作项目奠基、开工、落成、开业等情况下，可以升挂有关国家的国旗。演奏外国国歌的涉外活动，通常是官方正式的外交活动、重要的国际会议、国际性体育比赛等。其他场合一般不演奏别国国歌。出访时要尊重当地演奏、演唱国歌的习惯。

（六）慎重表态，信守约定

古今中外人士都推崇做人应该“言必行，行必果”。特别是在对外交往中，言行一定要谨慎，表态要慎重，切不可说大话、空话，更不能信口开河，做不负责任的承诺。西方人常常把信誉、商誉和荣誉连在一起，他们做事很认真且很有计划性，一旦作出决策，不会轻易改变。

在社交场合，有两种人是最不受欢迎的：第一种就是失约并且未事先打招呼的人。在西方的上流社会，这种人不大可能被再次邀请。第二种就是不守时的人，尤其是常常迟到的人，他们不珍惜别人的时间，没有礼貌，所以也不受欢迎。在我国，由于长期受小农经济的影响，日出而作，日落而息，在时间概念上并不特别强调精确，这使得一些人视迟到、改约、失约甚至违约为理所当然，认为这些都是小事，算不上什么失礼。但在今天这个生活和工作节奏越来越快的社会，在国际交往越来越密切的新时代，这种落后观念必须改变。在一切涉外交往中，必须认真而严格地遵守自己的所有承诺，做到言而有信。如果言而无信，有约不守或守约不严，不仅是不尊重对方，而且是缺乏文明教养的表现，会使个人形象、企业形象、国家形象受损。

三、涉外礼仪的规范

国际交往中有一些通用的礼仪规范。这些规范可以消除误会隔阂、增进沟通交流，是国际交往中的“世界语言”。涉外交往的主要礼仪规范有下述几个方面。

（一）遵守时间，不得失约

这是国际交往中非常重要的礼貌。参加各种外事活动，都要按时抵达。过早抵达，会使主人因准备未毕而难堪；过迟到达，会使主人与客人空等过久。如迫不得已迟到了，应诚恳地向主人和客人致歉并说明原因。若因故不能应邀赴约，要提前礼貌地告知主人，并表示歉意。

关于遵守时间，重要的是要做好以下几点：

（1）在有关时间的问题上，不可以吞吞吐吐、含含糊糊、模棱两可。

（2）与他人交往的时间一旦约定，即约会一经订立，就应予以遵守，而不宜随便加以变动或取消。

（3）在约会之中，不允许早退。

（4）万一失约，务必要尽早告知约会对象，解释缘由，并为此向对方致歉。绝不可以得过且过，或者索性避而不谈，装作若无其事。

（二）注重形象，仪表得体

尽管各国社会形态各不相同，经济发展水平不一，各民族人口有多寡之别，国家也有大小之分，但有一点是共同的，即文明的民族都很注重礼貌、礼节。文明程度越高的国家或民族，其国民就越讲礼貌、懂礼节，其国际形象也越佳。在交往中，人们对交往对象的个人形象非常关注，这不仅是因为个人形象真实地体现着个人的教养和品德、精神风貌和生活态度，还因为个人形象总是与国家形象、民族形象、企业形象密切相关。在对外交往中，一般来说，外国人对中国的了解主要来自他有机会接触到的中国人。一个中国人在对外交往中要是不注意维护自身形象，在某种程度上就有可能会损害国家的形象和所在企业的形象。

涉外活动对个人形象的具体要求有：注意个人卫生。衣着要整齐美观，衣领袖口要干净，皮鞋要上油擦亮，穿西装要打好领带，穿中山装要扣好领扣、领钩，梳理好头发，刮净胡子，修剪好指甲。

举止要落落大方，端庄稳重，表现自然，和蔼可亲，站有站相，坐有坐相。参加活动前不能吃葱、蒜等带有刺激性气味的食物，吸烟注意场所及烟量。

言谈的态度要诚恳，语气要和蔼，表达要得体，谈话内容要事先有所准备，要给别人留有说话的机会，言谈中手势不要过大，讲求倾听的艺术。不要询问女士的年龄、婚姻、工资收入等私人生活方面的问题，不要随意谈论当事国的内政、外交、宗教等问题。

要养成在公共场所遵守公共秩序、自觉礼让的习惯，以不妨碍他人、不打扰他人为基本行为规范。如在车站、机场、港口、商店、餐厅、俱乐部、体育馆、图书馆这类公共场所，说话的声音以小到不引起他人的注意为宜，手势也不宜过多。那种高谈阔论、指手画脚的行为是自身修养不够的体现，也是对他人的轻视。

（三）尊老爱幼，尊重女士

尊老爱幼、尊重女士是我国的一项传统美德，也是涉外交往中应遵守的基本礼仪。

尊重女士的具体体现是：在任何时候、任何情况下，男士要从各个方面尊重、照顾、保护、体谅女士，尽心尽力地为女士排忧解难。比如，在社交场合做介绍时，先把男士介绍给女士；参加社交聚会时，宾客见到站在一起的男女主人时，也应先与女主人打招呼；女士进入聚会场所时，先到的男士应站起来迎接；当男女双方握手时，只有等女士伸出手之后，男士方可伸手与之相握；上下车、进出电梯，均让女士先行；在旅途中，遇到携带行李的女士，男士应帮助提携并放好；如果男女并排行走，男士应当自觉请女士走在人行道的内侧，自己走在外侧；在需要同时称呼多人时，合乎礼仪的称呼方法是"女士们，先生们"；男士不得当着女士的面讲粗话、脏话或开低级下流的玩笑，言辞必须文明高雅、表达分寸得当，等等。

（四）通晓习俗，知书识礼

在涉外交往中，人们总认为语言不通是交往中的唯一障碍，其实在某些时候，对交往对象所在国的礼仪习俗不了解才是最大的障碍。当你欲往国外访问、经商、探亲或旅游观光时，当你接待外宾、与外宾洽谈生意或共同工作时，事先了解对方的礼仪习俗显得尤为重要。预先了解了对方的习惯、禁忌，就应该尽量遵从对方的行为习惯，避免误会，从而表现出对对方的最大尊重，成为一个彬彬有礼、受人欢迎的客人或是一个知书识礼、体贴周到的主人。

对于国外的许多礼仪习俗，我们常常会不理解，实际上，外国客人也同样对我们的许多礼仪习俗感到不理解。我们常用的招呼语“你吃了吗”在外国客人听来就觉得很奇怪，他们会误解为你要请他吃饭。国内外人士在许多问题的看法上是与非的界限是不一致的。在涉外交往中，讲究的是互相尊重、互相理解、求同存异，如此才能求得合作。

（五）小心慎言，不得犯忌

涉外礼仪强调以人为本，要求尊重个人隐私，维护人格尊严，并以此作为评判一个人在社交活动中有无教养、能否尊重和体谅交往对象的重要标准。对于西方人来讲，凡涉及经历、收入、年龄、婚恋、健康状况、政治见解等情况均属于个人隐私，别人不应查问。西方人特别是女士，一般不把自己的年龄告诉别人，询问年龄、打听异性婚否，会让人觉得讨厌。西方人不习惯给人留自己的家庭住址，也不随便请人到家里做客。关于宗教信仰和政治派别，在西方人看来是非常严肃的事，不可随便谈论。因此，在跟外国人打交道时，千万不要信口打探对方的个人情况。尤其是当发现对方不愿回答时，就应当适可而止。必要时，可以谈一些天气、交通、体育之类的中性话题，这也有助于良好谈话气氛的建立。

（六）保护环境，爱护动物

环境通常是指人类生存的外部条件，它是人类社会赖以生存和发展的基础，与人类的生活质量息息相关。爱惜和保护环境，从本质上讲，就是对整个人类的生存条件的爱惜和保护，因此每个人都有义务对环境加以爱惜和保护，不论是为了发展经济还是为了提高生活水平，都不能以牺牲环境为代价。注重环保不仅在涉外礼仪中备受关注，在日常生活里，也将能否以实际行为爱护环境视为一个人有没有教养、讲不讲社会公德的重要标志。

保护环境的原则具体包括三重含义：其一，要求保护人类的生存环境；其二，要求保护地球的自然环境；其三，要求维护公共场所的卫生环境。作为生活在地球上的一员，保护环境是责无旁贷的。

要遵守这项原则，不仅要具有保护环境的意识，而且要在日常生活中严格要求自己。不要在他人面前吸烟，不要随手乱丢废弃物品，不要采折花卉，等等，这些都是保护环境的具体表现。

另外，在对外交往中，还应当爱护动物。动物是维持自然界生态平衡不可缺少的因素，它为人类的衣食住行提供了宝贵的资源，也为美化人们的生活提供了丰富的内容。所以，我们应当爱护动物，遵守各国有关动物保护的规定或条例。

在西方，狗、猫一类的宠物是备受青睐的。与西方人交谈时，“狗肉味道好极了”一类的话语，是很不合适的。此外，还要尊重主人的宠物，不能用“母狗”“懒猫”之类的词语称呼主人的宠物。

接待外宾时，有些人为了表现自己的热情好客，不惜花巨款购买珍禽异兽来款待外宾。实际上，这种“好客”违背了人类生存的共同利益，违背了当前爱护环境、保护环境的主旋律，外宾对此常常毫不领情，甚至因此而反目，所以在涉外活动中应避免此类行为。

第二节　涉外活动中的礼宾次序

礼仪原理

一、礼宾次序的含义

外事活动中的礼宾次序，是指在国际交往中对出席活动的国家、团体以及各国人士按某些规则和惯例排列出的先后次序。礼宾次序往往是在各种活动中安排出席成员或人员位次的依据。礼宾次序是东道主国家给予其他各国来宾的一种礼遇，合理的礼宾次序是对参加活动的各国平等主权的尊重。如果礼宾次序排列不符合国际通行的规则和惯例，会被认为是对来宾的不尊重，并会因此影响正常的国际交往。

二、礼宾次序的要求

在中国古代通常是以左为尊，就座时以主人左侧的位置为上。而在国际交往中，一般应遵循以右为尊（即以主人的右侧为上）的原则，无论国旗悬挂、座次安排，还是坐车、行走，都应以右为尊。

（一）社交场合的一般要求

在一般社交场合，约定俗成的做法是：凡涉及位次顺序时，国际上都讲究右贵左贱。即以右为大、为长、为尊；以左为小、为次、为偏。行走时，应请外宾走在内侧即右侧，而我方人员则走在外侧即左侧；进餐时，主人应请客人坐在自己的右边。

（二）不同场合的特殊要求

(1) 同行时：两人同行，以前者、右者为尊；三人行，并行以中者为尊，前后行以前者为尊。

(2) 进门时：应让尊者先行。

(3) 上车时：位低者应让尊者由右边上车，然后自己从车后绕到左边上车。

(4) 坐轿车时：以后排右座为尊位，后排左座次之，后排中座又次之，前排副驾驶座一般为随员座。

(5) 迎宾引路时：迎宾时，主人走在前；送客时，主人走在后。

(6) 上下楼时：上楼时，尊者、女士在前；下楼时，位低者在前，尊者、女士在后。

(7) 在室内：以朝南或对门的座位为尊位。

（三）重大宴会上的礼宾次序要求

重大宴会上的礼宾次序主要体现在桌位、席位的安排上。

按国际上的一般习惯，桌位高低以离主桌位置远近而定。关于席位，我国习惯按客人职务、社会地位来排次序；外国习惯男女穿插安排，以女主人为准，主宾在女主人右上方，主宾夫人在男主人右上方。如果是两桌以上的宴会，其他各桌第一主人的位置可以跟主桌主人的位置同向，亦可以面对主桌的位置为主位。

礼仪操作

一、礼宾次序的排列方法

（一）按身份与职位的高低排列

如按国家元首、副元首、政府总理（首相）、副总理（副首相）、部长、副部长等顺序排列。由于各国的国家体制不同，部门之间的职位高低不尽一致，所以，首先要熟悉各国的规定，然后按相等的级别和官衔进行安排。

（二）按字母顺序排列

多边活动中的礼宾次序有时按参加国国名字母顺序排列，按英文字母顺序排列的居多，也有少数情况按其他语种的字母顺序排列。这种排列方法多见于国际会议、体育比赛等。例如奥运会开幕式上，体育代表队出场顺序按国名字母顺序排列（东道国一般排在最后）；而代表团观礼或召开理事会、委员会等，则按出席代表团的团长的身份高低排列。

（三）按通知代表团组成的日期先后排列

在多边活动中，有时会按通知代表团组成的日期先后来排列礼宾次序，这主要适用于各代表团的团长身份相当的情况。有时也按代表团抵达活动地点的时间先后排定礼宾次序。

二、影响礼宾次序排列的常见因素

（一）政治因素

在多边活动中，礼宾次序的排列需尽可能考虑客人之间的政治关系。若双方政见分歧大，两国关系紧张，就要尽量避免安排在一起。

（二）身份、语言、专业等因素

席位安排主要依据礼宾次序。在排席位前，要将经落实能出席的主宾双方名单分别按礼宾次序列出来，并考虑语言习惯、专业对口等因素，以便于宴席上的交谈与沟通。

三、礼宾次序排列中应注意的问题

在实际操作时，礼宾次序是一个政策性强、敏感度大的问题，若礼宾次序的安排不符合国际惯例或不适当，就会引起不必要的误解。排列礼宾次序时应注意的问题如下：

（一）席位安排的忌讳

安排宴会的席位时，有些国家忌讳以背向人，特别是安排长桌席位时，主席台背向群众的一边和观众席第一排背后主席台的座位，均不宜安排坐人。陪同、译员一般不上席，为便于交谈，译员坐在主人和主宾的背后。

（二）听取外事、礼宾部门的指导

为了使礼宾次序排列得准确无误，重大的、涉外的礼宾次序一定要在外事、礼宾部门的指导下，慎重地、细致地加以安排。

（三）选择礼宾次序排列的最佳方案

礼宾次序的安排应慎之又慎，尽量避免因礼宾次序安排不周而产生矛盾。安排时需多

拟出几种方案，从中选择最佳或最满意的方案。

（四）努力做好善后工作

由于安排、考虑不周或其他原因而引起礼宾次序上的风波，组织单位、部门和主管人员要努力做好善后工作，应向来宾作解释，尽量缓解“一人向隅，举桌不欢”的气氛，并使这种情形的影响减少到最小的范围、降低到最低的程度。

第三节　涉外称呼礼仪

礼仪原理

正确、适当的称呼不仅反映自身的良好教养、对对方的尊重，还恰当体现了双方关系的紧密程度。选择称呼时务必注意两点：一是合乎常规；二是入乡随俗。

在国际交往中，因为国情、民族、宗教、文化背景的不同，称呼就显得千差万别。有两点需要特别注意：一是要掌握一般性规律；二是要注意国别差异。

在使用称呼时，一定要避免下面几种失敬的做法：

（1）错误的称呼。常见的错误称呼无非就是误读或是误会。误读是指念错姓名。为了避免这种情况的发生，对于不认识的字，要事先查过；如果是临时遇到，就要谦虚请教。误会，主要是对被称呼者的年纪、辈分、婚否以及与其他人的关系作出了错误判断。比如，将未婚妇女称为“夫人”，就属于误会。

（2）使用不通行的称呼。中国人经常把配偶称为“爱人”，而对外国人来说，“爱人”是“情人”的意思。

（3）使用不当的称呼。

（4）使用庸俗的称呼。

（5）称呼外号。

礼仪操作

一、外国人的姓名

英美人的姓名，一般分为两节或三节，最后一节是姓，前面的是名。子女承父姓，妇女婚后从夫姓。如 William Henry Harrison，译为威廉·亨利·哈里森，William 是教名，Henry 是本人名，而 Harrison 是姓。又如玛丽·怀特（Mary White）女士与约翰·威尔逊（John Wilson）先生结婚，则婚后女方姓名为玛丽·威尔逊（Mary Wilson）。英美人书写姓名时，常把名字缩写，但姓不能缩写。如 W. H. Harrison，可译为 W. H. 哈里森。

法国人的姓名也是名在前、姓在后，一般由二节或是三节甚至四节、五节组成，最后一节才是姓，其余都是名，多数是教名和由长辈起的名字。法国妇女婚后也从夫姓。

西班牙人的姓名常为三节或四节，前一、二节为本人名字，倒数第二节是父姓，最后一节为母姓。已婚妇女常把母姓去掉而加上丈夫的姓。口头称呼常称父姓，或第一节名加上父姓。

俄罗斯人的姓名一般由三节组成，其顺序是本名、父名、姓。但有时也可将姓置于最前面。本名、父名都可以缩写，而姓不能缩写。妇女婚前用父姓，婚后多用夫姓，但本人名字和父名不变。口头称呼时一般可只称姓或只称名，表示客气和尊重时也可称名字加父名。

日本人的姓名排列顺序与我国相同，即姓在前、名在后，但姓的字数常常比我国汉族的姓的字数要多。一般常见的是由四个字组成的姓名，如福田赳夫、二阶堂进等，“福田”“二阶堂”是姓，“赳夫”“进”是名，姓和名往往不易区分。公关人员在接到名单后应设法搞清楚，以免误叫。称呼时，对男子可在姓后加“君”，如“福田君”。

柬埔寨人的姓名顺序为姓在前、名在后，贵族承父姓，并在姓前加封号，或在后加教名；平民以父名或祖父名为己姓。

二、国际上的称呼

在国际交往中，一般称男士为“先生”，称已婚女子为“夫人”，统称未婚女士为“小姐”。对不了解其婚姻状况的女士，可称“小姐”。这些称呼均可冠以姓名、职称、衔称等，如“怀特先生”“议员小姐”。对地位高的官员可称“阁下”，如“部长阁下”“总理先生阁下”等。但美国、墨西哥、德国等没有称“阁下”的习惯，对有地位的男士可称“先生”。在君主制国家，按习惯称国王、王后为“陛下”，称王子、公主、亲王为“殿下”。对有公、侯、伯、子、男等爵位的人士既可称爵位，也可称“阁下”“先生”。对医生、教授、法官、律师以及有博士学位的人士，均可单独称“医生”“教授”“法官”“律师”“博士”，同时也可以加上姓氏或“先生”，如“史密斯教授”“法官先生”。对军人一般称军衔，或军衔加“先生”，如“少校先生”。知道姓名的也可冠以姓与名，如“詹森少校”“莫利中尉先生”等。有的国家对将军、元帅等高级军官称“阁下”。对服务人员一般可称“服务员”，如知道其姓名，可单独称名字。在日本，只有对教师、医生、年长者、上级和有特殊才能的人才称“先生”；对女士一般不称“女士”“小姐”，而称“先生”，如“山口英子先生”。

第四节　涉外馈赠礼仪

礼仪原理

“来而不往非礼也”，礼尚往来是国际通行的礼仪惯例。在商务活动中，主人为表达好客、热情或客人表示对主人盛情款待的感谢，一般都会赠送礼物，这就要了解礼物赠答的礼仪。

一、送礼的“约定俗成”

涉外活动中有一些约定俗成的规则需要遵守，例如：

（1）外国人在送礼及收礼时，都很少说谦卑之辞。中国人在送礼时习惯说“些许薄礼，请笑纳”，而外国人习惯说“我给你带了我精心准备的×××”；中国人习惯在受礼时说“受之有愧”等自谦语，外国人则认为这是无礼的行为，会使送礼者不愉快甚至难堪，应大声赞美表示喜悦。所以，在涉外活动中，接受礼物应该用双手，并微笑着向对方致谢。

（2）礼品不必太贵重，太贵重的礼物易引起“重礼之下，必有所求”的猜测。一般可送纪念品、鲜花或给对方儿童买件称心的小玩具。

（3）外宾十分讲究礼品外包装的精美。另外，送礼一定要公开、大方，把礼品不声不响地丢在某个角落然后离开是不适当的。

（4）西方人大都习惯在收到礼品后立即打开，并说感谢的话，以示对送礼人的尊重，你不用介意他是否真正喜欢。

（5）拒绝收礼一般是不允许的。若因故不得不拒绝，态度应委婉而坚决。

二、礼品的选择标准

（一）不宜贵重

赠送礼品，不是为了满足某人的奢望，也不是显示自己的富有，而只是为了表达自己的友好、慰问、祝贺、感谢等心意，因此，并非越贵重的礼物就越合适。相反，礼物过于贵重，会使对方觉得为难。

（二）有民族特色

礼品的民族性越强，外宾就越喜欢。因为每个国家都有自己的历史和传统文化，这对异国、异民族来说有强大的吸引力。中华民族的文化源远流长、瑰丽多彩，选择浓缩了历史文化、体现民族特色和地方特色的物品作为礼品送给外宾，如具有一定纪念意义的工艺品、书籍、字画册、瓷器制品等，能使外宾感到新奇独特，觉得受到了重视。

（三）携带方便

送礼要注意礼品的体积和坚固性。体积过大和易碎的物品，对于外宾来说是不方便的。尽管现在的礼品都有较坚固的盒子包装，但若送瓷器，还须提醒对方上面不要压重物。

（四）针对喜好

送礼时要了解对方所属国家、民族的消费传统、欣赏习惯、宗教信仰等，并适当考虑受礼人的个人爱好。有的物品在这个国家很受欢迎，在其他国家可能就反响平平，甚至令人厌恶。因此，要根据不同国家、地区的习惯与个人的爱好做选择。

礼仪操作

一、一些国家的馈赠习俗

（一）美国

给美国人送礼可“以玩代礼”，邀请对方共度良宵也可算作送礼。当然，也可以送葡萄酒或烈性酒。他们尤其喜欢具有浓厚乡土气息或别致精巧的工艺品。送礼可在应酬开始前或结束时进行，不要在应酬中将礼物拿出来。

美国人忌讳黑色，忌讳蝙蝠图案，他们认为这是凶神的象征；忌讳不带礼物就去亲友家赴宴，忌讳送妇女香水、化妆品或衣物。

（二）日本

送礼是日本人的一大喜好，他们比较注重品牌，喜欢名牌礼物和精美包装，但忌讳用白色包装，也不喜欢在礼品上扎蝴蝶结。送礼者不宜在礼物上刻字作画以示纪念，因为对方可能还要将此礼品继续转送。送礼不在贵重，只要能给对方留下深刻印象就好。

在交往中，第一次见面就送礼较为普遍。日本人送礼最多的时候是12月和7月。日本人一般不当着客人的面打开礼品盒。另外，所送的礼品上不宜印有公司名字。

日本人忌讳三人合影，颜色上爱好淡雅，讨厌绿色，忌用荷花、狐狸、獾等图案，忌讳白色的花，也忌讳把玫瑰和盆栽植物送给病人，忌讳送菊花，因为菊花是日本皇族的标志。忌讳数字“4”和“9”，忌讳2月和8月，因为这两个月是营业淡季。严禁以梳子为礼品，因为日语“梳子”和“苦死”谐音。

（三）欧洲国家

欧洲国家不盛行送礼。如果是圣诞节、复活节、生日或者结婚等，则要赠送礼品。赠礼多数是在馈赠人与亲戚朋友和对自己有过帮助的人之间进行。即使要送，也只是送一些工艺品作纪念。

应邀到欧洲人家里去吃饭，通常要送给女主人一束鲜花，花的数目不能是13或双数。讲法语的地区不送菊花，在德、法、瑞士只有情人节才送红玫瑰。送礼时，人们习惯用一层漂亮的礼品纸把礼品包起来，并在礼品上系一条彩带。给英国人送礼要轻，可送些鲜花、小工艺品、巧克力或名酒。送礼一般在晚上。

德国人喜欢价格适中、典雅别致的礼物，包装一定要尽善尽美。

法国人最讨厌初次见面就送礼，一般可在第二次见面时送，礼品常是几枝不加捆扎的鲜花。法国女士忌送香水、化妆品，因为这有过分亲密、图谋不轨之嫌。

英国人忌用大象图案，认为大象是蠢笨的象征；忌用孔雀图案，他们把孔雀看成是淫鸟、祸鸟，用孔雀开屏比喻自我吹嘘；忌送百合花，他们认为百合花意味着死亡。

法国人忌讳黄色的花，认为是不忠诚的象征；忌讳黑桃图案；忌讳仙鹤图案，认为仙鹤是愚蠢汉和淫荡的象征；忌讳墨绿色，因为墨绿色是纳粹的军服色。

德国人在颜色上的忌讳较多，忌茶色、红色和深蓝色。

意大利人忌讳菊花，因为菊花盛开的季节是他们扫墓的时候。送花时，花枝、花朵要单数。忌讳送人手帕作礼物，因为手帕象征着情人的离别。

俄罗斯人忌讳别人送钱，认为这是对其人格的侮辱。如果送花要送单数，双数不吉利。对颜色喜红忌黑，对“7”这个数字情有独钟。好喝酒，但忌食狗肉。忌讳打碎镜子，因为这意味着灵魂的毁灭，预示个人生活将出现不幸；而打碎杯子和碗，特别是盘子和碟子，则意味着获得幸福。

南斯拉夫人喜欢用花作礼品。送一朵花是常见的，如探望病人时表示慰问。送什么鲜花要区分对象和事情，不能买花便送。红玫瑰花只有情人间才送，色彩不太鲜艳的花适合送给病人，菊花不能用于祝贺喜事。如果花束是用透明纸包装可以直接送，如用礼品纸包装，赠送时必须拆去礼品纸。

（四）阿拉伯国家

阿拉伯地区沙漠广袤，人们特别钟爱骆驼和马，喜爱绿色和蓝色。如果挑选一两件造型生动逼真的木雕或石雕的骆驼或马，必受阿拉伯人的欢迎；若是一幅花卉或山水画，也是极受珍视的礼品；但仕女画不受欢迎，因为阿拉伯人不愿意让女子的形象高悬在厅堂上。与阿拉伯人初次见面时不能送礼，否则被视为一种行贿；不要把酒作礼品送给阿拉伯人，因为绝大多数阿拉伯国家明令禁酒；不能直接向阿拉伯妇女送礼，须先通过其丈夫或父亲转赠，送饰品给她们更是大忌，但给孩子送礼特别受欢迎；除非是朋友之间，否则送礼最好在有第三者在场时进行，不要私下送礼。

阿拉伯地区富人较多，因此他们送礼讲究贵重值钱，也同样希望收到贵重的礼品。他们喜欢中国、美国、德国的产品，但禁用六角星做图案。

（五）拉丁美洲国家

到拉丁美洲人家里做客不要空手。公事交往中，在彼此关系没有较熟前不要送礼。妇女给男人送礼一定要谨慎。送礼数目忌“13”，颜色不能是黑色或紫色。

加拿大人忌讳黑色和紫色；忌讳送百合花。

墨西哥人忌讳送黄色和红色的花，他们认为黄色意味着死亡，红花会给人带来晦气；忌讳蝙蝠的图案及造型；忌讳紫色，在墨西哥只有棺材才涂这种颜色。

（六）非洲国家

非洲国家如埃及、利比亚、摩洛哥等国信奉伊斯兰教。埃及人喜欢绿色和白色，讨厌黑色和蓝色，喜欢金字塔图案，“针”是其特有的忌讳物和忌讳语；利比亚禁酒法律极为严厉，且规定女子须戴面纱；摩洛哥人喜欢绿、红、黑色，忌讳白色，忌讳六角星和猫头鹰图案，认为“3”“5”“7”“40”是积极的数字；苏丹人喜欢牛，一般忌讳杀牛。

二、送礼小知识

（1）选择的礼物首先要你自己喜欢，自己都不喜欢，别人又怎么会喜欢呢?

（2）为避免发生连续选同样的礼物给同一个人的尴尬情况，最好每年送礼时做一下记录。

（3）千万不要把以前接收的礼物转送出去或丢掉，送礼物给你的人会留意你有没有用他所送的物品。

（4）不要事先问对方喜欢什么礼物，一方面他要求的可能会超出你的预算，另一方面你即使照着他的意思去买，也可能会因有所偏差而不合他的意。

（5）切忌送一些将会刺激别人感受的东西。

（6）不要打算以你的礼物来改变别人的品位和习惯。

（7）即使你比较富裕，送礼物给一般朋友也不宜过重，送一些有纪念意义的礼物较好。

第五节　世界各国文化习俗

一、涉外活动中的常见禁忌

（一）数字的忌讳

在西方国家，“13”这个数字是凶险和不吉利的代名词，人们对它噤若寒蝉，唯恐避之不及。西方人还认为“星期五”也是不吉利的。

日本和韩国等东亚国家特别忌讳“4”这个数字，将其视为预示厄运的数字而尽量加以回避。日本的医院没有“四号病床”“四号病房”。此外，“9”的发音与日语“苦”的发音相近，因而也为日本人所忌讳。

（二）颜色的忌讳

颜色同我们的生活息息相关，不同的颜色能给我们带来不同的感受，因而颜色具有调节情绪、反映个性的作用。然而，在不同的国家，人们对各种颜色的态度却是不一样的。这样，颜色在人们眼中就具有社会意义和文化意义。不同国家或民族的人对不同颜色的忌讳就是源于此。许多欧美国家以黑色为丧礼的颜色，认为黑色庄重，可表示对死者的悼念；德国人忌讳用黑色、白色或咖啡色的包装纸包扎礼物；意大利则忌讳紫色；巴西人以棕色为凶丧之色，所以特别忌讳棕色；墨西哥人不喜欢黄色或红色的花，也不喜欢紫色的物品；日本人忌讳绿色；巴基斯坦人、叙利亚人和埃塞俄比亚人都忌讳黄色；泰国人忌讳褐色；蓝色在埃及被视为恶兆；比利时人也忌讳蓝色；土耳其人忌讳花色。

（三）花卉的忌讳

花的颜色有不同的含义。一般来说，红色的花代表爱情，粉红色的花代表友谊，白色的花象征纯真，橙黄色的花意味着希望；浅色的花象征温柔，深色的花表示坚定。所以，送花时要因人因地而异，尤其要注意不同国家和民族对花的不同忌讳。英国人认为白色的百合花象征死亡，而菊花只用于万圣节或葬礼；在法国，黄色的花被认为是不忠诚的象征，菊花代表哀伤，只在葬礼上送，康乃馨也被视为不祥；荷花在日本被视为不祥之物，意味着祭奠；菊花在拉丁美洲被视为“妖花”；在墨西哥，黄色的花代表死亡，红色的花代表符咒，另外，墨西哥人也不喜欢紫色的花；在国际交往中忌讳将菊花、杜鹃花或黄色的花送给客人。

（四）动物图案的忌讳

美国人最忌讳的动物是蝙蝠，将其视为凶神恶煞；英国忌讳大象图案，在英国人眼里，大象是愚笨的象征，山羊图案在英国也不受欢迎，人们将其与不正经的男人联系在一起；法国人不喜欢孔雀，把它看作淫鸟、祸鸟，仙鹤在我国和日本象征着吉祥长寿，而法国人则把它当作愚蠢和淫荡的象征；日本人对饰有狐狸和獾的图案的物品很反感，认为它们是贪婪、狡诈的象征；在伊斯兰教盛行的国家和地区，忌用猪作图案，也不使用猪皮制品，我国的熊猫在伊斯兰教国家也属禁忌之列；以狗的图案作商标的物品在一些非洲国家不受欢迎。

二、世界各国的文化习俗与禁忌

不同的文化体系背景下产生的民族风俗存在着极其巨大的差异。我们习以为常的事，在有的国家则是人们所忌讳的，而我们认为的陋习，在其他民族的人看来也许是天经地义的。因此，多了解一些世界各国的风俗习惯和禁忌，才能真正做到尊重他人，并避免一些不必要的麻烦。

（一）日本

日本人十分讲究礼貌，注重礼节，在与人交谈时总是语气柔和，面带微笑，躬身相待。日本人善用礼貌用语，在语言上还分敬体与简体两种。凡对长者、上司、客人都要用敬语说话，以示尊敬；对平辈、平级、小辈、下级一般用简语讲话。日本人最常用的敬语有“拜托您了”“请多多关照”“打扰您了”等。

日本人与人见面多行鞠躬礼，初次见面向对方鞠躬 90°，而不一定握手，只有见到老朋友才握手，有时还拥抱。日本人在室外一般不作长时间谈话，只限于互致问候。日本人接待客人不是在办公室，而是在会议室、接待室，他们不会轻易领人进入办公机要部门。

日本的商界人士没有偕夫人出席宴会的习惯。商界的宴会多为在大宾馆举行的鸡尾酒会。日本人没有互相敬烟的习惯，当着别人的面而自己想吸烟时，通常须征得对方的同意才可以。以酒待客时，斟酒者右手持壶，左手托底，壶嘴不能碰到杯口，客人则需右手持杯，左手托杯底。客人若善饮，杯杯都喝光，主人会高兴并鼓励多喝，但主人和其他客人并不陪饮。不想喝时，不可把酒杯向下扣放，应等大家喝完一齐扣放，否则会被视为不礼貌。日本人的茶道已不是一种日常生活中的饮茶，而是以茶艺形式进行交际，同时也是一门煮茶、品茶的特殊艺术。它以“和、敬、清、寂”为精神，用它来款待远道而来的尊贵宾客是对客人的最高礼遇。

日本人重视仪表，认为衣着不整齐是不礼貌的行为。和服是日本传统的民族服装，在隆重的社交场合或节庆时日本人会穿和服，在商务场合及其他工作场合主要以西服为正式服装。

日本人将送礼看作向对方表示心意的物质体现，认为礼不在厚，赠送得当便会给对方留下深刻印象。送日本人礼品要选择适当，中国的文房四宝、名人字画、工艺品等最受欢迎，但字画的尺寸不宜过大。所送礼品的包装不能草率，应精心打理。按日本习俗，向个人赠礼须在私下进行，不宜当众送出。

日本人有不少语言忌讳，如“苦”和“死”，就连与之谐音的一些词语也在忌讳之列，如数字“9”的发音和“苦”相同，“4”的发音与“死”相同，所以在安排日本人住饭店或进餐厅时，不要让他们住第 4 层或坐 4 号餐桌；“13”也是日本人忌讳的数字，许多宾馆没有 13 层和 13 号房间，机场也没有 13 号停机坪。

日本人忌讳荷花图案，因为在日本荷花是被用来纪念亡人的；日本人不愿接受菊花或有菊花图案的东西作礼物，因为菊花是皇室家族的标志；看望病人忌送盆花或带着泥土的花，因为这种花的日本发音与“卧床不起”相似。日本商人忌 2 月和 8 月，因为这两个月是营业淡季。日本人忌三人合影，因为三人合影，中间人被夹着，这是不幸的预兆，应当避免。但这些主要是传统的习俗，现代年轻人已经不太注重。

（二）新加坡

新加坡是马来半岛南端的小国，民族构成多元化，导致其宗教信仰多元化，官方语言多元化，文化习俗也多元化。各民族各有特色，各行其礼。华裔保持中华遗风，见面讲汉语，通常的见面礼是握手；印度血统的人因多数信奉印度教，故仍保持着印度的礼节和习俗，如妇女额上点檀香红点，见面行合十礼；而马来血统、巴基斯坦血统的人则按伊斯兰教教规待人接物。

新加坡人视黑色为不吉利，黑、白为其禁忌色。与新加坡人谈话，忌谈宗教与政治方面的问题。

（三）韩国

韩国人崇尚儒教，尊重长者，长者进屋时大家都要起立，和长者谈话时戴有墨镜的要摘掉。吃饭时应先为老人或长辈盛饭上菜，老人动筷后，其他人才能吃。韩国人见面时的传统礼节是鞠躬，晚辈、下级走路时遇到长辈或上级，应鞠躬、问候，站在一旁，让其先行，以示敬意。男人之间见面打招呼是互相鞠躬并握手，鞠躬礼节一般在商务活动中不使用，女人一般不与人握手。“先生”这一称呼在韩国使用得很普遍。韩国有一半以上的人姓“金”“李”“朴”这三个姓，因此称呼其应在姓后加头衔。韩国人也很乐意交换名片。

在韩国，如有人邀请你赴宴，你应带小礼品，最好挑选包装好的食品。韩国人用双手接礼物，但不会当着客人的面打开。不宜送外国香烟给韩国友人。酒是送韩国男性最好的礼品，但不能送酒给女性，除非你明确指出这酒是送给她丈夫的。在赠送韩国人礼品时应注意，韩国男性多喜欢名牌纺织品、领带、打火机、电动剃须刀等；女性喜欢化妆品、提包、手套、围巾类物品和厨房里用的调料；孩子则喜欢食品。如果送钱，应放在信封内。若要拜访必须预先约定。韩国人很重视交往中的接待，宴请一般在饭店或酒吧举行，夫人很少在场。韩国人用餐时不兴交谈，更不能发出“唧唧”的声音。

与年长者同坐时，坐姿要端正。韩国人的餐桌是小矮桌，放在地炕上，用餐时宾主都应席地盘腿而坐。若是在长辈面前，应跪坐在自己的脚底板上；无论是谁，绝对不能把双腿伸直或叉开，否则会被认为是不懂礼貌或侮辱人。未征得同意，不能在上级、长辈面前抽烟，不能向其借火或接火。进入家庭住宅或韩式饭店应脱鞋。在大街上吃东西、在众人面前擤鼻涕，都被认为是粗鲁的行为。

（四）美国

美国人性格开朗，乐于与人交际，而且不拘泥于正统礼节，没有过多的客套。与人相见不一定握手为礼，而是笑笑，说声“Hi”（你好）就算有礼了，分手时也习惯挥挥手，说声“Bye”（再见）。如果别人向他们行礼，他们也会用相应的礼节作答，如握手、点头、行注目礼、行吻手礼等。行吻礼只限于对特别亲近的人，而且只吻面颊。美国女性对男女平等非常重视，因而要充分尊重她们。见面时，如果她们不先伸手，不能抢着要求握手；如果她们已伸手，则要立即作出相应的反应，但握手不能握得又重又紧，长时间不松手。美国人通常不主动送名片给别人，只在对方提出想保持联系时才送。当着美国人的面如想吸烟，需先问对方是否介意，不能随心所欲、旁若无人。美国人平时不太讲究衣着，爱穿什么就穿什么，具有个性，只有在正式的社交场合才讲究服饰打扮。

美国人在讲话中常使用礼貌用语，在同别人交谈时喜欢夹带手势。他们不喜欢别人不礼貌地打断他们，忌讳被人问及个人私事；交谈时与对方总保持一定的距离，认为靠得太近或太远都是失礼。在为美国人点烟时，切记不能连续点三个人，否则会引起他们的反感，正确的方法是按一次打火机点一根烟。和其他欧洲国家一样，美国人也忌讳数字"13""星期五"等。他们还忌讳蝙蝠图案，认为蝙蝠吸人血，是凶神的象征。美国人忌讳与穿着睡衣的人见面，他们认为穿睡衣就等于没穿衣服。不提倡人际交往中送厚礼，将送厚礼视为别有用心。

（五）英国

英国人很重视传统，很重视礼节礼貌，英国人的绅士风度世界闻名。重传统表现在：喜欢称世袭头衔或荣誉头衔，若无头衔至少要用"先生""夫人""阁下"等称呼；当众一般不行拥抱礼；不谈政治、宗教与皇室的小道消息，谈论天气是世界著名的英国话题。重礼仪表现在：十分讲究服饰礼仪，什么场合穿什么服饰；守时守约，照章办事，语言文明、含蓄，办事公私分明。

若英国人请你到家赴宴，你可以晚去一会儿，但不可早到，因为有可能主人还没有准备好，早到会失礼。英国人下班后不谈公事，特别讨厌就餐时谈公事。安排英国客人住宿时，要特别注意他们喜欢住大房间并愿独住的特点。

英国人对数字除忌讳"13"外，还忌讳"3"。与英国人说话，如坐着谈，应避免两腿张得过宽，更不能跷起二郎腿；若站着谈，不可把手插入衣袋。英国人还忌讳当面耳语以及说话时互相拍打肩背。

（六）法国

法国人谈问题不拐弯抹角，不急于做出结论，做出结论后都明确告知对方。约会讲究准时，不准时被认为是无礼貌。在公共场所，不能随便指手画脚、掏鼻孔、剔牙等。男女一起看节目，女士应坐在中间，男士坐在两边。不赠送或接受有明显广告标记的礼品，较喜爱香槟酒、白兰地、糖果、香水这类礼品，喜欢有文化价值和艺术水平的礼品，能体现文化修养的书籍、画册等深受欢迎。他们不喜欢听蹩脚的法语。法国人待人彬彬有礼，礼貌语言不离口，如偶尔碰了别人一下，会认为自己失礼而马上说"对不起"；在公共场所从不大声喧哗。

（七）德国

德国人非常注重规则和纪律，干什么事都十分认真。凡是有明文规定的，德国人都会自觉遵守；凡是明确禁止的，德国人绝不会去触犯。德国人非常守时，对约定好的时间，无特殊情况，绝不轻易变动。德国人应邀到别人家做客或者是外出拜访朋友，都会按时到达，不会让主人等或者不得不提前招待客人。如有特殊原因无法准时赴约，都会向朋友表示歉意，并请求原谅。

德国人比较注意礼仪。两人相遇时，不管认识不认识，也不管是在路上还是在办公室、宾馆、电梯等地方，都相互打招呼，问声"您好"。在餐馆吃饭时，也要向邻座已就座的顾客点头问候。朋友见面以握手为礼，告别时亦如此。十分要好的、长时间未见的朋友相见或好友将长期分开时可以相互拥抱。在正式场合，男士可对女士行吻手礼，但多半是做个吻手的样子，并非真的吻到手背上。

德国人很重视穿戴。工作时穿工作服，下班后虽可以穿得随便些，但只要有客人来访或需外出活动，就一定会穿戴整洁。看戏、听歌剧时，女士要穿长裙，男士要穿礼服。在宴会上，一般男士坐在女士和职位高的人的左侧，女士离开席位和返回席位时，男士要站起来以示礼貌。德国人不喜欢别人直呼其名，而希望称其头衔。

通常来讲，同德国人打交道比较干脆。凡是他们能办的，他们都会马上告诉你“可以办”；凡是他们办不到的，他们也会明确告诉你“不行”，很少摆架子，或者给人以模棱两可的答复。与德国人交谈时，可谈有关德国的事及个人业余爱好和体育运动，但注意不要谈篮球、垒球和美国式的橄榄球运动。见面与告别时一定要握手致意。

德国人对颜色禁忌较多，茶色、黑色、红色、深蓝色他们都忌讳。德国人还忌讳吃核桃，忌讳乱送玫瑰花，玫瑰只宜送情侣。

（八）俄罗斯

俄罗斯人性格豪放、开朗，喜欢谈笑，组织纪律性强，习惯统一行动。他们与人相见，开口先问好，再握手致意。朋友间会拥抱并亲面颊。与人相约讲究准时。他们尊重女士，在社交场合，男士须帮女士开门、脱大衣，用餐时为女士分菜。称呼俄罗斯人要称其名和父名，不能只称其姓。他们爱清洁，不随便在公共场所扔东西。俄罗斯人重视文化教育，喜欢艺术品。

俄罗斯人忌讳别人说他们小气，忌讳打听私事，忌讳在背后议论第三者，忌讳问女性年龄等。对于数字，俄罗斯人忌讳“13”，而喜欢“7”，认为“7”象征幸运和成功。送礼也喜爱用单数，认为双数不吉利。

本章小结

本章介绍了涉外礼仪的基本原则和规范，还对礼宾次序、称呼、馈赠、各国习俗等作了简要的阐述。

思考与训练

一、思考题

1. 名词解释：

涉外礼仪　礼宾次序

2. 选择题：

(1) 同行时，两人同行以前者、右者为尊，三人行以（　　）为尊。

A. 左者　　B. 右者

C. 中者　　D. 长者

(2) 日本人最讨厌的颜色是（　　）。

A. 白色　　　　　　　　　　B. 黑色

C. 红色　　　　　　　　　　D. 绿色

3. 判断题：

（1）外交礼仪的第一条基本原则是不卑不亢、互相尊重。（　　）

（2）与外国客人打交道时，为活跃气氛、加深彼此了解，可以适当聊一些个人家庭、经济等方面的话题。（　　）

（3）向外宾赠送礼品时，在不清楚对方爱好的情况下可以送一些我国的特色纪念品，如竹编、熊猫玩具、中国画等。（　　）

4. 涉外礼仪规范主要有哪些内容？

5. 各国有哪些常见禁忌？试列举一些。

二、实训题

1. 小张医生作为我国援非医疗队的一员，被派往中非某国。在一次巡回医疗中，他来到一个土著部落。该部落酋长以最隆重的仪式欢迎他的到来，请他用鲜牛粪洗手，喝直接从牛身上取下来的鲜血。小张为难了，你说他该怎么办？

2. 你代表所在企业与一外商谈妥了一项进出口协议，就在当晚你赴庆祝酒会途中，发生了严重堵车，按时到达已不可能，此时你应怎么办？

图书在版编目（CIP）数据

商务礼仪/周朝霞主编. —4版. —北京：中国人民大学出版社，2019.8
21世纪高职高专规划教材·市场营销系列
ISBN 978-7-300-27085-2

Ⅰ.①商… Ⅱ.①周… Ⅲ.①商务-礼仪-高等职业教育-教材 Ⅳ.①F718

中国版本图书馆CIP数据核字（2019）第139267号

“十二五”职业教育国家规划教材
经全国职业教育教材审定委员会审定
普通高等教育“十一五”国家级规划教材
21世纪高职高专规划教材·市场营销系列
商务礼仪（第四版）
主　编　周朝霞
副主编　邢　伟　戚姚云
Shangwu Liyi

出版发行	中国人民大学出版社		
社　　址	北京中关村大街31号	**邮政编码**	100080
电　　话	010－62511242（总编室）		010－62511770（质管部）
	010－82501766（邮购部）		010－62514148（门市部）
	010－62515195（发行公司）		010－62515275（盗版举报）
网　　址	http://www.crup.com.cn		
经　　销	新华书店		
印　　刷	唐山玺诚印务有限公司	**版　　次**	2006年3月第1版
开　　本	787 mm×1092 mm　1/16		2019年8月第4版
印　　张	11	**印　　次**	2024年2月第6次印刷
字　　数	260 000	**定　　价**	29.00元